인도의 종파주의

Communalism in India

고홍근 · 김우조 · 박금표 · 최종찬

한국외국어대학교 출판부

이 책은 한국학술진흥재단의 2002년도 기초학문육성 인문사회분야
지원사업에 의하여 제작되었습니다(KRF-2002-072-BS2095).

머리말

현재 인도의 정치적·사회적 가장 큰 문제는 종파주의(Communalism)이다. 종파주의를 사회문화적 관점에서 정의한다면 '본질적으로 문화적 자기중심주의에 기반한 배타적이고 공격적인 공동체주의'라고 볼 수 있다. 그러나 한 사회 내에 다수의 종교가 존재한다고 해서 종파주의가 발생한다고 단정할 수 있을 정도로 종교와 종파주의 사이의 관계는 단순하지 않다. 또 국민 대다수의 사회적·문화적 생활에 광범위하게 퍼져 있는 종교의 영향력을 단순히 종파적 현상으로 간주해서도 안 된다. 우리 사회에서도 볼 수 있듯이, 내세에 대한 서로 다른 신앙형태와 서로 다른 종교적 윤리체계를 신봉하는 사람들이 비교적 평화롭게 공존하는 경우를 세계에서 쉽게 찾아 볼 수 있다. 그러나 인도와 같이 종파갈등이 빈번하게 발생하는 국가에서는 종교의 영향력이 단순히 신앙이나 개인의 생활방식의 문제로 남아있지는 않는다. 인도에서는 종교들 사이의 관계가 역사성을 가지고 있고 정치가들의 개입이 빈번하며 종교적 정체성에 대한 대중적 확신이 만연되어 있으므로 종교의 영향력이 곧 종파주의의 강도에 대한 척도가 된다. 여기서 주목해야 할 것은 이와 같은 현상이 종교들 사이의 세계관 그리고 기본교리와 종교적 관습의 차이와는 거의 관계가 없다는 점이다.

인도에는 다양한 종교 집단들이 있지만 종파주의의 중심이 되는 것은 힌두와 무슬림들이다. 힌두와 무슬림 사이의 갈등은 그 역사가 이미 100년을 넘고 있다. 이것은 인도에서 민족주의가 대중의 종교적 감수성에 호소하는 형태로 발전을 했으며 힌두와 무슬림을 경쟁·대립시키는 영국의 분리통치(Divide and Rule)정책의 영향 그리고 1947년 인도와 파키스탄의 분리독립 과정에서 벌어진 학살로 더욱 심화되었다.

2001년 인구센서스에 따르면 인도 인구의 80.5%가 힌두이고 13.4%가 무슬림들이다. 이 두 집단사이에는 결혼과 같은 가장 기본적인 사회적 교류도 무척 드물며 같은 도시에서도 서로의 거주구역이 다를 정도로 격리된 환경에서 살고 있다. 이와 같은 상황 속에서 두 집단의 구성원들은 상대에 대해 출처가 분명하지 않은 선입견에 사로 잡혀 있다. 즉, 무슬림은 힌두를 교활하고 착취적이며 인색하다고 규정하며 힌두는 무슬림을 웃는 얼굴 뒤에 언제나 칼을 숨기고 있는 위선자로 생각한다. 두 집단 사이의 사회적 단절뿐만 아니라 부정적 심리구조가 가져다 준 위기의식은 긴장상태를 거의 영구화하고 있다. 예를 들어, 힌두 청년이 힌두 처녀에게 휘파람을 불었다면 단순한 장난이나 성희롱으로 치부되지만 그 처녀가 무슬림이라면 종파폭동의 원인이 된다. 또 무슬림의 소가 힌두의 밭에 들어간 것도 폭동을 일으키고 힌두의 상점이 무슬림의 그것보다 장사가 잘되는 것도 원인이 된다.

1954년 이래 인도에서는 37시간에 1번꼴로 종파폭동이 발생하였고 3만 명에 가까운 사람들이 살해당했다. 더욱 놀라운 것은 폭동에 참여하여 살상행위를 하는 사람들의 대부분이 폭력배들이 아니라 극히 평범하고 정상적인 사람들이라는 것이다. 이것은 상대 종파로부터 뚜렷한 위협행위가 없음에도 불구하고 항상 자기방어를 위해 선제공격이 필수 불가결하다는 전쟁문화가 인도 사회를 지배하고 있다는 증거이기도 하다.

종파주의가 인도 사회에서 더욱 기세를 떨치는 가장 큰 원인은 정치가들에게 있다. 1999년에서 2004년까지 정권을 장악했었던 인도인민당(Bharatya Janta Party: BJP, 이후 BJP)이 그 대표적인 예이다. 힌두국수주의를 표방하는 BJP는 '인도의 모든 불행은 무슬림들이 힌두의 전통과 미풍양속을 파괴하고 힌두들의 이익을 가로채고 있기' 때문이라는 비록 위험하지만 매우 이해하기 쉽고 단순한 주장을 통하여 농민층, 도시의 저소득 중산층과 빈민층의 지지를 얻었다. BJP의 성공을 본 다른 정당들도 최근에는 '신앙고백의 정치(Confessional Politics)'에 매력을 느끼고 있는 것으로 보인다. 힌두교의 성지를 찾아 그 흙에 입을 맞추고 사원에 봉헌물을 바치는 정치가들의 모습이 자주 언론매체에 등장하고 있다. 물론 독실한 신앙심을 가진 사람이 청렴하고 훌륭한 정치가가 될 수도 있다. 이것은 '세속주의와 종파주의의 왜곡된 관계'의 전형적인 표본인 것이다. 즉, 종교는 공식의 장에서 물러나야 한다는 세속주의의 기본명제와 종교를 집단 구별의 기준으로 삼는 명제가 공존하는 상황이 벌어졌다. 일반적으로 세속국가에서는 인간생활을 공적인 측면과 사적인 측면으로 나눌 때 종교는 사적 생활의 범주에 포함되며 이것을 통해 국가와 종교에 대한 각각의 충성에서 발생하는 갈등과 모순을 어느 정도 극복할 수 있다. 그러나 세속국가의 형태를 취하면서 종교가 제도적으로 공인되고 개인의 정체성의 가장 중요한 기준이 되는 상황에서 인도인들은 정신의학적인 용어로 '이중구속(Double Bind)'의 심리적 위기상황에 빠지게 되었던 것이다.

더군다나 자본주의로 대표되는 새로운 경쟁체제가 확산됨에 따라 개인보다는 집단을 배경으로 투쟁하는 것이 보다 유리하다는 사실을 인도인들은 쉽게 발견하였다. 그에 따라 인도에서는 종교적 가치를 기반으로 세속적 이익을 추구하는 분열증적인 행태가 일반화되었고 그것이 다시 종파간의 경쟁과 갈등, 폭력으로 발전하게 되었던 것이다.

이 책은 다음과 같은 특징을 갖는다. 첫째, 인도 종파주의의 배경과 원인 그리고 그 발전과정과 고질성(痼疾性), 정치·사회적 영향을 총체적으로 분석하고 있다. 둘째, 종파주의에 대한 인도인들의 태도와 심리적 상태를 분석하는 것이다. 부딸리아(Butalia, 1998: 5)의 지적과 같이 '정상적이고 온화한 사람들이 단지 다른 종교집단에 소속되어 있다는 이유만으로 이웃사람들을 집에서 쫓아내고 살해하는' 현상을 인도의 역사 속에서 지속되어왔던 폭력성이 종파주의라는 새로운 이름으로 나타나고 있는 것이라고 단순화하기는 어렵다. 그러므로 이 책에서는 혁명이나 전쟁의 기간에나 발생할 수 있는 사건들이 인도에서는 일상이 되고 있는 이유를 인도인들의 태도와 심리적 상태에서 찾고자 하는 것이다. 즉, 문학작품 등을 통하여 각기 다른 시대에 나타나는 일반적인 인도인들의 태도와 생각을 분석함으로써 인도 종파주의에 대한 보다 심도 있고 사실적인 분석을 시도하고 있다. 셋째, 인도 종파주의를 '고질화된 사회갈등(Protracted Social Conflict)'의 한 유형이라는 전제를 가지고 그 분석을 시도하고 있다. '고질화된 사회갈등'이론은 아자르(Edward E. Azar)가 개발한 것으로서 갈등을 폭력적 행위가 표출되는 시점만을 가지고 분석하는 기존의 연구방식을 떠나 은밀하고 잠복적인 형태의 갈등까지 포함시킴으로써 갈등의 기원과 그 동태화 과정을 보다 명확히 하고 있으므로 인도 종파주의의 내재적 측면까지도 분석한다는 장점을 갖는다. 넷째, 학제 간 연구이다. 이 책의 필진들은 인도정치, 인도사, 인도어문학 등의 서로 다른 분야의 전문가들로 구성되어 있다. 이것은 인도 종파주의가 가진 복합성과 다면성을 고려하여 구성되어진 것이다. 마지막으로 이 책의 구성은 1부에서는 인도 종파주의를 분석하는 틀이 되는 '고질화된 사회갈등이론'을 간략히 소개하였고 그 이론에 의해 인도 종파주의를 분석하였다. 2부에서는 역사학적 관점에서 인도 종파주의의 전개과정을 서술하였고 마지막 3부에서는 종파주의를 주제로 한 문학작품을 분석하여 종파주의에 대한 인도인들의 시각을 현시적으로 분석하였다.

그리고 이 학술서는 한국학술진흥재단의 2002년도 기초학문육성 인문사회분야 지원사업으로 선정되어 남아시아연구소에서 2년간 수행했던 연구과제 '인도 종파주의에 대한 연구: 경험주의적 접근'의 연구성과물을 토대로 하고 있다.

목 차

머리말 1

제1부 **인도의 종파주의와 고질화된 사회갈등이론 / 고홍근** 11

I. 분석의 틀 : 고질화된 사회갈등이론 11

1. 기원
2. 동태화의 과정
3. 갈등의 결과

II. 기원과 동태화 22

1. 종파적 구성분포
2. 종파집단간의 경쟁
3. 통치와 정부의 역할

III. 갈등의 고착화 : 근본주의의 등장 28

1. 근본주의 확산의 배경
2. 인도의 힌두화와 이슬람분리주의
3. 근본주의의 전개 : 아요댜사건과 까슈미르사태
4. 근본주의의 인도적 양상

IV. 인도 종파주의의 성격 53
1. 고질성
2. 폭력성
3. 폐쇄성
4. 역사의 왜곡 : 종파주의자들의 전략

제2부 **역사적 관점에서 바라본 인도의 종파 갈등 /박금표** 73

I. 머리말 73
II. 힌두와 무슬림의 역사적 관계 74
1. 무슬림의 인도 침입과 국가건설 : 힌두와 이슬람의 만남
2. 함께 어울려 살아야 하는 힌두와 무슬림의 노력
3. 세포이 대폭동(Sepoys Mutiny)과 국민회의 : 상하 지위의 전복
4. 벵갈분할령 : 전복된 심리갈등의 폭발과 영국의 역할

III. 1935년 인도통치법 개정과 힌두 무슬림의 갈등 99
1. 사이몬위원회
2. 〈네루보고서〉와 〈진나 14개조〉
3. 원탁회의
4. 두 국가 이론(two nation theory)

IV. 인도와 파키스탄의 분리독립과 힌두 : 무슬림 갈등의 동태화 120
1. 〈라호르선언〉과 〈인도철퇴 선언〉이 미친 심리적 영향
2. 간디-진나 회담과 힌두-무슬림의 심리적 갈등
3. 제2차 세계대전의 종전과 종파갈등의 표출
4. 인도-파키스탄의 분리독립과 종파갈등의 동태화

V. 맺음말 142

제3부 **인도 종파주의에 대한 문학적 접근 / 최종찬, 김우조** 147

I. 소설 『아자디』에 나타난 종파갈등 147

1. 들어가기
2. 작가와 소설 『아자디』
3. 종파갈등의 요인
4. 종파갈등과 단절
5. 종파적 폭력행태의 특성
6. 나가기

II. 힌디소설문학에 나타난 힌두 : 무슬림의 갈등 –'아므리뜨사르에 다 왔소'와 '벨나무 잎'을 중심으로– 167

1. 들어가기
2. '아므리뜨사르에 다 왔소': 힌두 –무슬림 갈등의 심리적 고착화
3. '벨나무 잎': 힌두–무슬림 갈등의 심리적 경직화
4. 두 작품에 나타난 힌두–무슬림 갈등의 해소책과 악순환
5. 나가기

III. 기딴잘리 슈리의 『그 해의 우리 도시』에 나타난 힌두 –무슬림 갈등의 심리적 고착화의 확대 193

1. 들어가기
2. 『그 해의 우리 도시』의 구성
3. 갈등의 심리적 고착화의 확대와 그 결과
4. 형상화의 특성
5. 나가기

참고문헌 238

찾아보기 248

제1부 인도의 종파주의와 고질화된 사회갈등이론

I. 분석의 틀: 고질화된 사회갈등이론*

종교처럼 사람을 극명하게 구분하는 것은 없다. 한 사람이 인도인 아버지와 미국인 어머니사이에서 태어 날 수 있고 두개의 국적을 가질 수는 있지만 힌두교의 신자와 기독교의 신자가 동시에 될 수는 없기 때문이다. 따라서 정치적 정체성보다 종교적 정체성은 개인에게 있어서 보다 불변적이고 배타적인 것이 된다. 즉, 종교에 대한 물음은 '당신은 어느 편인가 ?'라는 것이 아니라 '당신은 누구인가 ?'라는 의미를 더 많이 포함하고 있기 때문이다. 인도와 같이 가족 중심적 행태와 비조직적 종교가 사회를 지배하는 분위기에서는 특정 종파의 신자로 인정받는 것은 그 사회의 구성원으로서의 자격을 얻는 것과 거의 동의어인 것이다. 또 소속하였던 종교에서 추방당하는 것은 신자로서의 자격을 상실하는 것만이 아니라 사회적으로도 모멸 받는

---

* 이 글은 『부산정치학회보 』7집 1호에 발표된 고홍근의 논문을 수정, 보완한 것임.

대상으로 전락하는 것이다. 따라서 인도에서 종교는 단순한 신앙의 문제가 아니라 사회적 정체성과 관련이 있는 것이다. 물론 종교 자체가 종파주의적 열정이나 강도를 결정하는 일은 없다. 그러나 전시적이고 공격적인 광신이 종파적 이념을 형성하고 정치적으로 영향을 미치는 것이다. 예를 들어, 종교의식의 차이점에서 발생하는 이질감이나 불균등한 경제현실 등이 다른 종파에 대한 잘못된 인식을 산출하는 것이다. 이런 종류의 광신은 흔히 종파주의자들이 성장할 수 있는 토양을 마련해 주며 종교적 관행과 신앙의 차이점에 대한 반복적인 강조는 종파적 정체성을 확립시키는 근본요소가 되기 때문이다.

인도의 종파주의를 이해하기 위해서는 그 언어적, 문화적, 종교적 그리고 사회·경제적 양상의 다양함을 먼저 고려하여야 한다. 이 다양함은 이익의 분배과정에 있어서 불평등과 불균형이 증가하는 원인이 되고 있으며 이것이 사회적, 계급적 차별과 일치할 때에는 불균등한 발전과 부의 불평등한 재분배가 종파적 차별에 의해서 기인한다는 믿음의 원천이 되기도 한다. 따라서 인도의 종파주의는 단순히 종교적 관습의 차이 그리고 종교적 세계관의 차이에서 발생하는 현상으로 볼 수는 없는 것이다.[1)]

인도의 종파주의에 대한 연구는 대체로 두 가지 방향으로 진행되어 왔었다. 첫째, 짠드라(Bipan Chandra)를 중심으로 하는 좌익경향의 연구자들[2)], 둘째, 듀몽(Louis Dumont)과 나이두(Ratna Naidu)가

---

1) 1975년에 시행된 여론조사에서 '힌두교와 이슬람의 근본교리 때문에 힌두와 무슬림사이에 차별이 존재한다고 생각하는가 ?'라는 질문에 214명의 무슬림 중 75명이 긍정, 103명이 부정, 31명 이 모르겠음, 5명이 답변유보를 했고 힌두응답자 214명중 48명이 긍정, 141명이 부정, 22명이 모르겠음, 3명이 답변유보를 하였다. 이와 같이 양종교의 신자 중 상당수가 종파주의가 교리상의 차이에서 기인한 것이 아니라는 점에 찬성하고 있다(Harman, 1976: 37).

2) 이 범주에 드는 학자들은 조시(P. C. Joshi), 엔지니어(Asghar Ali

이끄는 사회·문화적 접근방법이 그것이다[3]. 먼저 짠드라의 경우, 그는 인도의 종파주의를 근본적으로 종파적이고 세속적인 이익을 추구하는 각 종교집단의 엘리트들과 식민세력에 의해 확산된 근대적 정치이념으로 규정했다(Chandra, 1987: 1-33). 즉, 짠드라에게 있어서 종파주의는 근대적이고 정치적이며 엘리트적인 현상인 것이다. 문화·역사적 접근방법을 택한 듀몽은 종파주의의 근원을 힌두와 무슬림 사이의 '보편적인 이념의 통합(General Ideological Synthesis)'의 결핍 때문으로 보았고 영국통치하에서 벌어진 민족주의 정당들의 복고주의운동이 전통적인 가치를 더욱 강화시키는 결과를 가져왔다고 주장했다. 그러나 근대적 정당들은 전통적인 사회구조와 그에 관련된 가치들을 압도하지 못했고 그에 따라 종교가 정치에 개입된 것은 당연한 귀결이라는 것이다(Dumont, 1970: 89-110). 다시 말해, 듀몽은 종파주의를 전통적 가치와 근대적 가치의 부조화의 결과로 인식했다. 한편, 같은 사회·문화적 접근방법의 범주에 드는 나이두는 보다 명확하게 종파주의를 분석했다. 그녀는 인도와 말레이지아에 대한 비교연구에서 종파주의는 아시아-아프리카의 전식민지국가에서 경제적, 정치적 이익을 위한 경쟁이 개인적 차원이 아니라 인종·문화적 집단의 차원에서 이루어지기 때문에 일종의 제로섬 게임(Zero-sum game)의 양상을 나타낸다고 주장했다(Naidu, 1980: 124-6). 즉, 나이두는 종파주의를 '정치·경제적 그리고 문화적 요소(Politico-econo- mic and cultural factors)'의 산물로 간주했다.

그러나 앞의 세 사람의 학자들의 연구는, 나이두의 경우는 어느 정도 예외에 속하겠지만, 인도에서 종교적 정체성이 사회조직의 가장 중요한 기초가 되고 역사적으로 계승되어 온 상호갈등에 대한 인식

Engineer) 등이다.

3) 사베르왈(Satish Saberwal), 로빈슨(Francis Robinson) 등이 이 범주에 포함된다.

이 종파집단을 유지하고 결집시키는데 중요한 역할을 한다는 것을 무시했다. 또 그들은 엘리트 또는 정당의 행위를 중심으로 종파주의를 분석했기 때문에 종파주의가 갖는 다양한 국면들, 자본주의의 확산에 따른 종파집단간의 경쟁의 증가, 종파주의에 대한 대중의 반응과 역할 그리고 종파주의가 사회에 미치는 영향 등에 대해서 무관심했다. 다시 말해, 앞에서 언급한 학자들은 종파주의의 기원을 밝히는데는 공헌을 하였지만 종파주의의 역동성과 변수들을 체계화하는데 실패했던 것이다.

이와 같은 의미에서 아자르의 '고질화된 사회갈등이론'[4]은 인도의 종파주의를 분석하는 좋은 도구가 될 수 있다. 아자르와 그의 동료 학자들은 중동의 분쟁사례를 연구하면서 그들의 이론이 국제 갈등뿐만 아니라 특정국가내의 사회집단간의 갈등관계를 분석하는 틀을 제시하여 주었다. 아자르는 갈등을 폭력적 행위가 표출되는 시점만을 가지고 분석하는 기존의 연구방식을 떠나 은밀하고 잠복적인 형태의 갈등까지 포함시킴으로써 갈등의 기원과 그 동태화 과정을 보다 명확히 하였다. 인도의 종파주의가 산출하는 여러 현상도 갈등의 범주에 들 수 있고 아자르가 제시한 분석 구조, 갈등의 차원과 그 변수들도 인도의 종파주의에 대한 분석을 체계화시킬 수 있는 도구가 될 수 있다고 생각한다.

아자르는 갈등은 두 개 이상의 당사자들이 서로 모순되는 목적을 추구하지만 그것을 조화시키거나 중재할 방법이 없을 때 발생한다고 지적했다. 따라서 갈등은 개인, 사회, 국가와 그 국민을 포함하는 포괄적인 사회현상이며 사회적 상호작용의 분리될 수 없는 한 단면인 것이다. 1950년대 이래 갈등에 대한 연구는 주로 폭력적 행위를 중심으로 해왔었고 일단 폭력상황이 종료되면 갈등도 종료된 것으로 보

---

4) 고질화된 사회갈등이론은 'Azar, Edward E., 1990, *The Management of Protracted Social Conflict*, Hampshire: Dartmouth'를 바탕으로 했다.

았다. 따라서 이 연구들은 갈등이 기원, 성숙, 감소, 종료의 계통적이고 순환적인 단계를 거친다는 극히 단순한 관점에서 이루어진 것들이었다. 그러나 아자르는 많은 갈등들이 은밀하고 잠복적인 형태로 존재하며 폭력이 표출되고 갈등관계가 노출되는 것은 상대적으로 짧은 기간에 불과하다는 것을 발견했다. 특히 사회적 갈등은 단순히 이질적 집단이 접촉하였다고 해서 발생하는 것이 아니라 복합적이고 우발적인 요인에 의해 영향을 받으며 개인과 공동체의 욕구와 역사적 변수가 동태화하는 과정에서 발생하는 경우가 많은 것이다. 아자르는 이와 같은 형태의 갈등을 '고질화된 사회갈등'이라고 이름 지었고 그 분석 구조를 기원(Genesis), 동태화 과정(Process Dynamics) 그리고 결과(Outcome)의 세 가지 차원으로 나누어 아래와 같은 각각의 변수군을 제시했다.

1. 기원

고질화된 사회갈등의 기원은 비갈등적 상황을 갈등적 상황으로 전환시키는 변수군들, 즉 종파적 구성분포(Communal Content), 인간적 욕구(Human Needs), 통치형태와 정부의 역할(Governance and the State's Role), 국제적 연결(International Linkages)이 그것에 포함된다.

- ❒ 종파적 구성분포; 여기서의 종파(Communal)라는 말은 인종적, 종교적 또는 문화적 정체성을 공유하는 정치화된 공동체를 의미한다. 만약 특정국가에 다수의 종파들이 존재한다면 갈등이 발생할 가능성이 그만큼 높아지는 것이다. 이와 같이 다종파사회가 형성되는 원인은 식민통치의 유산 또는 종파들 사이의 경쟁과 갈등의 역사적 양상이다. 이 다종파사회에서는 국가와 사회가 분리되는 경향이 있으며 다수종파와 소수종파 또는 지배

종파와 피지배종파를 하나의 정치적 실체로 통합시키려는 시도는 사회구조를 긴장시키고 결과적으로 분열과 갈등을 야기한다.

❐ 인간적 욕구; 인간적 욕구란 개인과 종파집단의 물리적 안전과 복지를 의미한다. 물질적으로 결핍된 세계에서 인간적 욕구가 공평하고 공정하게 실현되는 경우는 드물다. 이 욕망이 실현되지 못함으로써 발생하는 불만은 보통 집단적으로 표출된다. 정치권력이 이 불만을 해소시키지 못하면 갈등이 시작되는 것이다. 그러나 현실세계에서 기본적인 물질적 욕구의 부족이 직접적으로 갈등을 유발하지 않는다. 그러한 욕구를 충족시키기 위한 수단으로서 사회의 상부구조, 즉 정치적 권위 또는 시장과 같은 사회제도에 접근(Access)하려는 시도가 먼저 나타난다. 다시 말해, 사회제도에 대한 접근 또는 사회에 대한 효과적인 참여가 기본적 욕구를 충족시키는 결정적 요소이며 단순히 협상대상이거나 거부당할 수 있는 이익의 문제라기보다는 발전욕구로 간주되어질 수 있다. 물질적 가치가 부족한 경우에 다종파사회에서 소수종파가 공정하고 적절한 접근 또는 참여를 허용 받을 가능성은 매우 낮다. 다수종파는 소수종파의 접근과 참여를 제한할 뿐만 아니라 소수종파의 정체성마저도 인정하지 않으려는 것이 일반적인 현상이다.

❐ 통치와 국가의 역할; 인간적 욕구의 만족 또는 불만족은 대체로 사회, 경제 그리고 정치적 상호작용의 결과이다. 현대 세계에서 그러한 사회작용에 대한 규제 그리고 이 근본적 욕구에 대한 만족은 국가라고 불리는 정치적 권위에 의해 수행된다. 국가는 사회를 규제하고 시민을 보호하고 물자를 공급하기 위해 필요한 경우 힘을 사용하고 통치하는 권위를 부여받고 있다. 따라서 기본적 욕구의 만족 또는 불만족의 수준은 일반적으로 국가의 간섭 또는 중재하는 역할에 달려있다. 사실상 공정하고

정의로운 통치형태로 특징 지워지는 이상적인 국가는 종파적 또는 정체성적 분열을 상관하지 않고 인간적 욕구를 충족시켜야 하고 종파집단간의 조화와 사회적 안정을 향상시켜야만 한다. 그러나 실제적으로 그런 경우는 드물다. 대부분의 국가들이 인간적 욕구를 충족시키는데 실패함은 물론 공평하고 공정한 정책을 시행하지 못하고 있다.

❒ 국제적 연결[5]; 고질화된 사회갈등을 발생시키거나 방지하는 정부의 역할은 내재적인 요소, 즉 정치권력형태의 기초를 이루는 권력 구조와 정권형태만으로 결정되는 것은 아니다. 국내의 사회적, 정치적 제도의 형성과 정부의 역할에 대한 그들의 영향은 국제체계와의 연결 형태에 의해 크게 영향을 받는다.

〈표 1〉 고질화된 사회갈등의 기원과 동태화

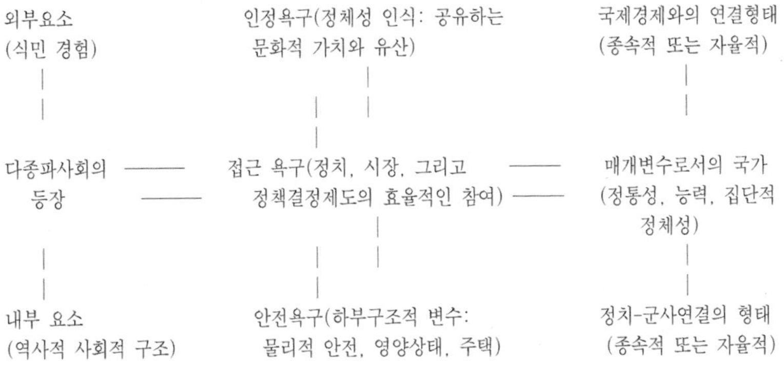

---

5) 이 국제적 연결은 인도의 종파주의에 대한 분석에서는 제외하기로 한다. 왜냐하면 아자르가 이 변수를 포함시킨 의도는 정치권력 또는 지배적 종파집단이 외국세력에게 경제적, 군사적으로 종속됨에 의해 집단간의 갈등을 발생시키는 사례를 표출시키기 위한 것이기 때문이다. 그러나 인도의 경우에는 그 외교정책, 종파집단의 구성분포 등에 비추어 종파적 갈등이 이 변수에 의해 증폭되었다는 증거를 찾아보기 어렵다.

종합하여 말한다면 고질화된 사회갈등은 특정종파가 그들의 종파적 정체성의 기반에 대한 그들의 기본적 욕구를 만족시키지 못할 때 발생한다. 그러나 표출되는 불만은 정부의 역할과 국제적 연결양태가 포함되는 복잡하고 우발적인 연결의 결과인 것이다. 더 나아가서, 기본조건, 식민통치의 유산, 내부적인 역사배경, 그리고 사회의 다종파적 성격이 고질화된 사회갈등의 기원을 이루고 있다.

2. 동태화의 과정

앞에서 살펴 본 갈등의 기원은 고질화된 사회갈등이 발생하는 전제조건들을 규명한 것이다. 그러나 이 전제조건들이 존재한다거나 또는 각 공동체들이 이것들을 인식한다는 것만으로 갈등이 공공연해지거나 표출되지는 않는다. 따라서 갈등의 공공연한 활성화를 유발하는 요소들을 명백히 하려한다. 따라서 상호작용하는 세 가지 변수군, 즉 종파집단의 행위와 전략(Communal Actions and Strategies), 국가의 행위와 전략(State Actions and Strategies) 그리고 갈등의 고착화(Built-in Mechanisms of Conflict)를 중심으로 갈등의 동태화 과정을 분석한다.

❐ 종파집단의 행위와 전략; 다른 형태의 갈등들처럼 고질화된 사회갈등은 몇몇 효과적인 자극이 있기 전까지는 잠복하는 특성을 가지고 있다. 종파집단들 사이의 상호불신적인 환경 내에서 유기적 구조체계와 의사소통체계가 붕괴되면 고질화된 사회갈등은 단계적으로 확대되기 시작한다. 일반적으로 갈등을 동태화 시키는 자극은 개인적인 경우가 많지만, 이 사소한 사건을 종파집단 전체에 대한 모욕이나 희생으로 인식하게 되면 동태화의 중요한 전환점이 되는 경향이 있다. 긴장이 증가하면, 종

파집단의 구성원들은 그 사건 자체뿐만 아니라 종파집단의 안전, 사회상부구조로의 접근, 상대적 빈곤, 정치적 불평등 등에 대한 집단적 저항을 표출하기 시작한다. 일반적으로 이 단계에서 정부 또는 지배적 엘리트는 일정한 수준의 억압이나 통제를 가한다. 저항하는 종파집단의 자원의 조직력과 동원의 수준이 커지면 그 종파집단은 시민적 불복종, 게릴라활동 또는 분리주의운동 등의 다양한 전략과 전술을 공식화하려고 시도한다. 또 종파집단은 외부의 군사적 그리고 경제적 지원을 모색하고 이 시도가 성공하는 경우에 고질화된 사회갈등은 국제적 갈등의 한 원인이 되기도 한다.

- ❐ 국가의 행위와 전략; 만약 정부가 종파집단의 불만을 해소시키고 갈등의 초기단계에서 종파집단의 요구에 대한 만족도를 증가시킨다면 고질화된 사회갈등은 해결될 수 있거나 적어도 잠재적일 수 있다. 그러나 화해 또는 양보의 정책이 채택되는 경우는 거의 드물다. 다종파 집단사회에서는 '승자가 모든 것을 차지한다.'는 기준이 아직 통용되고 있으므로 진정한 화해나 양보마저도 패배의 표시로 받아들여질 수 있기 때문이다. 따라서 정부는 일반적으로 강압적인 수단을 선택하지만 이것은 다시 저항하는 종파집단의 군사적 반응을 초래하는 경우가 많다.
- ❐ 갈등의 심리적 고착화; 갈등의 역사적 경험과 적대적 경쟁자 사이의 의사소통의 성격도 고질화된 갈등의 행태적 특성을 형성하는데 기여한다. 종파집단의 정체성과 관련된 갈등과 소외 또는 집단적 결속의 상실에 대한 공포감은 종파집단들 사이에서 그리고 종파집단과 정부사이에 적대적 인식과 상호작용을 수반하는 경향이 있다. 이 배타적이고 한정된 상황 속에서 모든 것을 상대편의 탓으로 돌리는 분위기가 전파되고 이것을 반증할 수 있는 가능성은 매우 적어진다. 그 결과 종파집단 상호

간의 부정적 이미지는 적대감을 영속화시키고 고질화된 사회갈등을 고착화시킨다.

3. 갈등의 결과

고질화된 사회갈등은 그것의 본질적인 행태적 요소들 - 고질성, 불안정성 그리고 당사자와 문제점의 과잉노출 - 때문에 부정적인 결과를 가져온다. 여기에서는 승리자는 없고 오히려 그 과정에서 관련된 모든 당사자들이 희생되는 경향이 있다. 다른 형태의 갈등들과는 달리 명백한 종료시점이 없고 다만 잠복할 뿐이다. 고질화된 사회갈등의 상황에서 경제는 정체하고 정치기구의 효율적인 기능은 변형되고 저하되며 정치지도자들은 평화적 해결을 위한 모색을 포기하게 된다. 고질화된 갈등이 국민문화의 일부분이 되면 국민들의 집단의식은 마

〈표 2〉 동태화의 진행단계와 고질화된 사회갈등의 결과

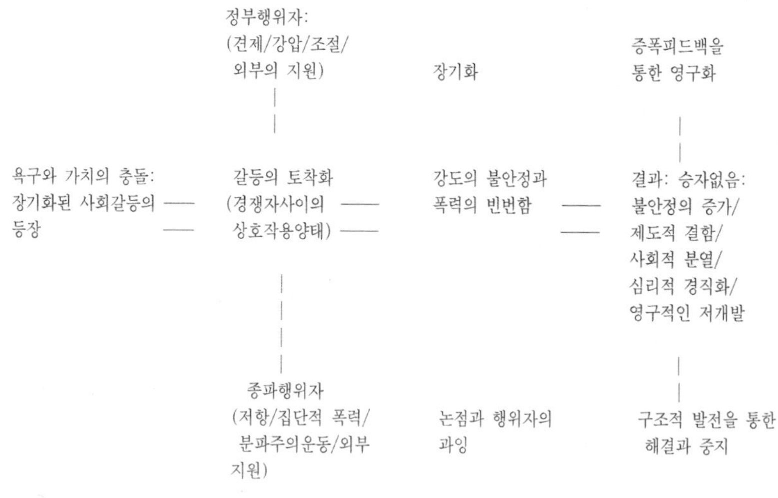

비되고 사회의 모든 계층에 절망감이 확산되며 갈등의 해결을 위한 건설적인 제안을 봉쇄하는 편협한 정신상태가 만연된다.

- ❐ 물질적 안정의 퇴보; 인명과 자원의 손실에 따른 국가적 손실은 저개발을 제도화한다. 폭동 등의 상황 속에서 발생되는 물질적 손실은 차치하더라도, 한정된 자원이 과다한 군사지출에 흡수되고 사회불안정에 의해 체계적인 발전계획을 위한 노력이 정지된다. 이것은 희생되는 종파집단뿐만 아니라 지배적 종파집단에도 피해를 주며 인간적 욕망을 충족시키기 위한 경제적 자원마저도 빼앗아간다.
- ❐ 제도적 변형; 종파집단의 접근욕구를 실제적으로 불가능하게 만드는 사회·경제적 그리고 정치적 제도의 퇴보는 두 가지의 서로 다른 양상으로 나타난다. 첫째는 정치제도의 사실상의 마비이다. 중앙정부는 허약하게 되고 결과적으로는 중앙정부의 규제, 조달, 분배, 중재의 기능이 효율적으로 수행되지 못한다. 두 번째 양상의 퇴보는 넓은 의미에서의 사회구조의 분열의 확대이다. 갈등의 초기단계에는 종파집단간의 관계를 조정하는 사회적 그리고 경제적 제도는 아직 기능할 수 있고 종파집단간의 경계는 투과성을 가지고 있다. 갈등이 장기화되면 종파집단간의 장벽은 더욱 높아지고 상호 협력적 관계와 국민건설을 위한 기대는 보잘 것 없게 된다.
- ❐ 심리적 경직화; 고질화된 사회갈등은 경쟁집단 사이의 공포와 적대적 상호작용의 악순환을 수반한다. 갈등, 배타적인 태도, 상대종파에 대한 인식과정은 고정되며 경직된다. 전쟁문화와 냉소주의가 지배적이 된다. 갈등당사자들 간의 의미 있는 의사소통은 고갈되며 각 종파집단의 인정욕구(Acceptance Needs)를 충족시킬 수 있는 능력은 결정적으로 감소한다.

II. 기원과 동태화

인도에서 종파주의는 두 가지 양상을 나타내 왔었다. 즉, 전자는 종파적 긴장이 휴면상태로 잠재해 있는 것이고 후자는 이 긴장이 폭발하여 종파폭동으로 확산되는 것이다. 특히 후자의 경우에는 폭동의 최초 발생지 이외의 지역으로 확산되어 연속적인 폭동을 발생시키는 사례가 많이 발견된다. 비록 1781년에 몇몇 종파폭동이 발생하기도 했었지만, 앞에서 이야기한 두 가지 양상이 노골화되었던 것은 19세기 후반부터 이었다. 물론 그 이전에 힌두와 무슬림이 우정과 이해에 가득 찬 사이였었다고 말하기는 어렵지만 '영국이 인도를 통치하기 전에 두 종교집단 구성원들 사이에 폭력이 행사된다는 의미에서의 종파적 무질서는 무척 드물었다(Zakaria, 1970: 279).' 19세기 후반부터 영국이 본격적으로 소개하기 시작한 근대적 제도와 문물은 각 종교집단의 자의식을 강화시켰고 경제적 측면에서의 경쟁은 주요 종교집단인 힌두와 무슬림 사이에 긴장을 조성시키기 시작했다. 이와 같은 상황은 독립운동의 대부분의 기간에 걸쳐 지속되었고 결과적으로는 1947년의 인도와 파키스탄의 분리독립이라는 결과를 가져오게 하였다. 시크교(Sikhism)와 자이나교(Jainism) 등과 같은 소수종파들은 힌두와 우호적인 관계를 유지하거나 적어도 정면충돌을 피해 왔었다. 그러나 힌두와 무슬림은 10세기 이후 인도의 토양을 공유해 왔었음에도 불구하고 하나의 민족으로서의 공감대를 형성하는데 실패하였다.

1. 종파적 구성분포

1947년 인도는 '법률적인 의미에서의 민족국가(Kautsky, 1967. 35)'로 출발하였다. 사실상 인도공화국이 성립하기 이전까지 인도 역사상 현재의 국경선내의 지역들이 동일한 시기에 동일한 정치적 실체에 의해 지배되었던 일이 없었다. 따라서 인도 내에는 국민통합을 저해하는 여러 요소들 즉, 지역주의, 언어적 다양성, 종파주의 등이 다른 어느 국가보다도 강력한 영향력을 발휘할 수 있는 환경이 마련되어 있는 것이다. 이 저해요인들 중에서 지역주의와 언어적 다양성은 그 성격상 지역적 한계가 있을 수밖에 없지만 종파주의는 지역을 초월하는 특성을 가지고 있으므로 그 영향력이 가장 크다고 볼 수 있다.

2001년 인구센서스에 따르면 인도의 종교분포는 힌두 80.5%, 무슬림 13.4%, 기독교도 2.3%, 시크교도 1.9%, 기타 1.8%, 무종교 0.1%로 나타나고 있다. 힌두와 무슬림이 인구의 절대다수를 점하고 있으며 인도의 종파갈등은, 1980년대 시크교도의 분리 독립 운동이라는 예외적 상황도 있었지만, 대부분 힌두와 무슬림의 갈등이라고 보아도 큰 무리가 없다.

힌두와 무슬림 사이의 갈등의 기원은 아자르가 제시한 두 가지 원인, 즉 식민통치의 유산과 종파사이의 경쟁과 갈등의 역사적 양상이 복합적으로 작용했다고 볼 수 있다. 먼저 식민통치의 유산은 인도에서 종파주의가 발생하는데 결정적인 역할을 하였다. 이미 언급했듯이 영국의 통치와 더불어 소개된 근대적 제도와 문물은 각 종교집단의 자의식을 강화시켰고 경제적 측면에서의 경쟁은 주요 종교집단인 힌두와 무슬림 사이에 긴장을 조성시키기 시작했다. 또 19세기말 인도인들 사이에 민족주의가 확산되기 시작하자 영국은 이 긴장상황을 이용하여 힌두와 무슬림을 분리통치하는 정책을 사용하기 시작했고 이 정책은 1947년 인도와 파키스탄의 분리독립이라는 결과를 가져왔다.[6] 영국의 분리통치정책은 주로 소수집단인 무슬림들에게 정치력

6) 인도의 종파주의의 기원과 파키스탄의 분리 독립이 전적으로 영국의 책임이냐는 반론이 제기되기도 한다. 물론 영국이 인도를 통치하기 전부터 종파적 소양을 가진 문화와 환경이 존재했었던 것은 사실이지만

을 부여하여 통일된 민족주의전선의 형성을 저지하는데 집중되었다. 반면 무슬림들은 영국통치에 협조함으로써 자신들의 열세를 보상받으려 했으므로 종파적 이익을 보호한다는 목표를 가진 무슬림연맹(Muslim League)을 창당했고 이것은 다시 힌두종파주의를 부추기는 결과를 가져왔다. 이 과정에서 특기할 만한 사실은 그 당시 민족주의 지도자들이나 사회의 상층계급들이 종파주의를 조장했다는 점이다. 민족주의지도자들은 대중동원을 목적으로 종파주의를 이용했고 지주, 대금업자들의 상층계급은 하층계급들의 반발을 '종파적 공통성'을 강조함으로써 모면할 수 있었다.[7)]

2. 종파집단간의 경쟁

종파주의는 흔히 '우리'와 '그들'을 구분하는 의식에서 출발하지만, 인도의 경우 이것은 두 가지의 형태로 나타난다. 첫째, 카스트와 같은 선통적 집단에 대한 종파의식과 둘째, 힌두, 무슬림, 시크교도 등의 종교집단의 구성원으로서의 종파의식이 그것이다. 이 종파의식은 다양한 수준의 분열을 촉진시키며 국민으로서의 역할보다는 종파집단의 구성원으로서의 정체성이 강조되는 사회분위기를 조성하고 있다. 또 분쟁이나 경쟁이 두 개 또는 그 이상의 종교집단사이에서 발생할 경우, 항상 각 종교집단의 내부분열이 사라지면서 보다 광범위한 종교집단을 형성하고 그에 따라 종교적 정체성은 정치적 의미까지 갖게 되는 것이다.

이것을 활성화시키고 정치적으로 이용했다는 점에서 영국의 책임이 강조되는 것이다(Chandra, 1987: 237-9).

7) 후자에 대한 증거로서는 1920년대의 종파주의 정당 또는 종파단체의 지도자들의 대부분이 지주, 전직정부관료, 상인들임을 들 수 있다. (Chandra, 1987: 79)

사실상, 힌두민족주의의 대명사로 일컬어지는 쉬바지(Shivaji)의 아우랑제브(Aurangzeb)에 대한 투쟁도 무갈제국의 봉건제도에 대한 도전이었지 종교적 이유에서 출발한 대립은 아니었다.[8] 영국통치하에서의 대립과 분리 독립 그리고 현재의 종파대립 역시 종교·철학적 측면보다는 권력과 자원의 재분배과정에서 벌어졌던, 또는 벌어지고 있는, 분쟁이라고 보는 것이 타당하다. 예를 들어, 대량의 실업사태가 벌어졌을 경우, 종파주의자들은 실업사태를 부른 사회체계를 문제 삼지는 않는다. 그 대신에, 취업기회의 감소를 다른 종파의 취업기회의 독점 또는 사회적 차별 등 음모적 시각으로 문제를 분석한다. 이와 같이 종파주의는 객관적인 실체를 왜곡된 시각에서 바라보고 행동할 뿐이며 실업의 구조적 원인에 대해 설명하지 않는다. 종파주의는 파시즘과 인종주의와 마찬가지로 사회문제의 진정한 원인을 해결하려고 노력하지 않는다. 과거 파시즘이 '내부의 적'을 창출하여 국민들의 욕구 분출의 대상으로 삼았듯이 종파주의도 언제나 합목적적으로 '적'을 만들어 낸다. 종파주의는 증오의 이념인 것이다.

인도에서 자본주의는 매우 느린 속도로 성장하여 왔다. 공업부문을 제외하고 자본축적이 가능한 산업부문이 없으며 심지어 공업부문까지도 1960년대 후반이후 1990년대 초까지 자본축적의 속도가 저하되었다. 이와 같은 자본주의 성장의 지연은 국민들의 요구와 희망을 충족시키는 사회체계의 역량을 확대시키지 못하는 결과를 가져 왔다. 자본주의의 느린 성장이 초래한 대립과 분쟁을 통해 종파주의는 더욱 세력을 확대했다. 이 대립과 분쟁은 근본적으로 인도사회의 모순에서 기인하는 것이지만, 종파적 이념은 사람들을 현혹시키는 동기와 구호 그리고 잘못된 목표를 제시함으로써 대립과 분쟁의 진정한 성

---

8) '쉬바지와 무갈제국의 차이는...... 정치적, 경제적 이유에 의해서 무갈제국은 서해안의 가장 중요한 교역로인 남부국경에 강력한 마라타(Marāṭhā)국가가 성립되는 것을 바라지 않았었다(Chandra, S., 1972: XII).'

격을 은폐하는 것이다. 예를 들어, 우따르 쁘라데시(Uttar Pradesh) 주의 마누딴바잔(Manutanbhajan)에서 1970년대 초 방적사의 힌두도매상들은 무슬림소매상의 성장을 다음과 같이 설명했다. '그들은 무슬림 방적공에게 물건을 신용으로 판다. 우리는 그렇게 할 수 없기 때문에 불리한 입장에 있다. 우리가 싸게 팔수는 있다. 그러나 우리는 자신들의 채무를 탕감하기 위해 폭동을 일으키는 무슬림들과 신용거래를 할 수는 없다(Kumar, 1989: 327).' 이와 같은 믿음은 자본주의의 시장경제원칙을 의식적으로 무시하는 것일 뿐만 아니라 경제적 이익의 충돌에서 발생한 경쟁을 종파적 적대감으로 해석한 것이다.

자본주의의 느린 성장이 종파주의에 미친 또 하나의 영향은 즉, 전문성의 분화와 경제활동의 다양화의 속도가 매우 느리므로 국민들의 행동과 판단의 가치기준은 종교 중심적인 것이 될 수밖에 없고 비종파적 또는 세속적인 방법으로 국민들을 동원할 수 있는 동기부여의 범위가 제한될 수밖에 없는 것이다. 따라서 1992년의 바브리 이슬람교 사원(Babri Masjid 이후 바브리 사원) 파괴사건에서도 볼 수 있듯이 공정하고 개관적인 관점보다는 왜곡된 역사해석 그리고 편파적인 정보에 국민들은 보다 쉽게 선동되고 동원되는 것이다.

3. 통치와 정부의 역할

영국의 인도통치의 목적은 인도의 자원을 수탈하는 것이었고 그 목적을 용이하게 하는 수단으로 분리통치정책이 채택되었었다. 영국에게 있어서 분리통치정책은 매우 유용하고 효과적인 것이었다. 첫째, 영국은 각 종파집단의 정치화를 자극함에 의해서 힌두민족주의 또는 무슬림민족주의 등의 하위민족주의를 발생하고 성장하게 하였지만 결과적으로 인도민족주의의 발전은 방해하였다. 분리통치정책은 인도인들의 단결과 통합을 억제하여 인도민족의 형성을 방해하는

데 사용되었던 것이다. 둘째, 인도통치에 대한 영국내의 비판을 무마시키기 위한 수단으로서도 분리통치는 유용했었다. 즉, 인도내의 소수집단을 다수집단의 착취와 억압으로부터 보호하기 위해서는 영국의 통치가 계속 되어야 한다는 주장의 근거로 사용되었던 것이다.

이와 같이 분리통치정책은 식민통치를 지켜주는 보루의 역할을 했을 뿐만 아니라 인도내의 모든 집단들이 서로를 적으로 간주하여 투쟁하게 만들었고, 심지어는 분리통치가 인도에 가장 적절한 정책이라는 무슬림들의 지지까지 이끌어 내기도 했었다(Chandra, B., 1989: 243). 그러나 무슬림을 비롯한 소수집단들이 분리통치정책에 의해 어떤 혜택과 보호를 받았느냐는 점에서는 문제가 다르다. 물론 무슬림들은 파키스탄을 얻었으므로 분리통치의 최대의 수혜자로 간주되어질 수도 있지만 그 파키스탄마저도 '분단되고 좀먹은'[9] 것이었다. 또 영국이 파키스탄운동을 공식적으로 인정한 것은 제2차 세계대전이 발발한 후인 1939년에 이르러서였고 1947년에도 인도내의 무슬림에 대한 아무런 보호책 없이 인도와 파키스탄의 분리를 강행하여 많은 무슬림들이 학살당하도록 방치하였다는 점에서도 분리통치가 소수집단을 보호하기 위한 정책이 아니었다는 점을 잘 나타내 주고 있다. 시크교도와 자이나교도와 같은 소수집단에 대한 배려는 무슬림의 경우보다도 더욱 보잘 것 없는 것이었다. 제1차 세계대전 말에 인도출신 영국군의 약 50%인 10만 명이 시크교도들이었다(Kapur, 1986: 61). 이것은 시크교도들이 영국통치에 협조적이었음을 나타내는 것이다. 그러나 1925년 시크사원관리법(Sikh Gurdwaras Act)이 제정되기

---

9) 1947년 동과 서, 두 개의 국토로 나누어진 파키스탄의 건국이 논의될 당시 무슬림연맹의 급진 세력들은 이 제안이 원래의 파키스탄운동의 정신과 어긋난다는 이유로 반대했었다. 이에 대해 진나(Mohammed Ali Jinnah)는 '당신들은 내가 살아있는 동안에 파키스탄의 건국을 보고 싶은가? 그렇다면 이 분단되고 좀먹은 파키스탄을 인정하라.'고 매우 감상적인 설득을 하여 이 제안을 통과시켰다(Chandra, 1989: 260).

위해서 3만 명이상의 시크교도가 체포되고 약 2,400명이 정부군에 의해서 살상되었다. 또 1946년 시크교도들은 그들만의 독립국가를 구성하겠다는 요구를 한 바가 있었지만, 독립이 가까워지자 영국은 '민족자결원칙'을 내세워 시크교도들에게 어떤 도움도 주지 않았었다.

분리통치정책은 영국의 인도통치를 용이하게 만들었을 뿐, 인도내의 어떠한 종파에게도 도움이 되는 것이 아니었다. 오히려 인도내의 각 종파와 각 집단사이의 분열과 갈등의 전통을 유물로 남겨 놓았고 더 나가서는 인도와 파키스탄의 대립이라는 남아시아 국제정치의 가장 위험한 불안정요소의 기반을 조성했던 것이다.

III. 갈등의 고착화: 근본주의의 등장*

근본주의라는 포괄적인 의미를 가진 단어는 원래 복음주의적 경향이 강한 기독교의 종파를 나타내는 것이었다. 그러나 일반적으로, 보다 적합한 단어를 찾지 못한 이유에서인지, 근본주의는 영원하며 신성한 종교문헌에서 정치적 원칙을 찾아냈다고 주장하는 지적 태도를 나타내는 의미로 사용되고 있다(Chourei, 1990: 9). 즉, 근본주의는 신앙의 원전에 대한 믿음과 근대성에 대한 문화적 반작용 그리고 전통 특히 가족으로의 복귀에 대한 주장이 강한 양상을 나타내기도 하고 또 그것이 정치적 형태를 띠게 될 경우 흔히 다른 종교를 용납하지 않으며 반민주적이다. 따라서 근본주의는 그것이 표방하는 교리가 무엇이든 간에 복고적, 개혁적 그리고 급진적 경향을 복합적으로 내포하는 경향이 있다.[10] 즉, 근본주의는 그들 자신이 신봉하는 종교적

* 이 글은 『21세기정치학회보』 7권 2호에 발표된 고홍근(1997)의 논문을 수정, 보완한 것임.

10) 여기서 사용한 단어들이 서로 모순 되는 것으로 생각되어질 수 있다. 여기서의 '복고적'이 뜻하는 것은 성전에 대한 재해석으로 그간의 왜

질서에 의해 사회를 재편할 목적으로 종교를 포함한 사회의 모든 분야에 개입하려 하고, 이슬람의 예에서 볼 수 있듯이, 시대적 상황과 환경에 따라 전통 지향적이고 기존의 교권체계에 비판적이고 때로는 파시즘적인 양상을 나타내기도 하기 때문이다(Chourei, 1990: 11-12). 그리고 이것이 궁극적으로 추구하는 목적이 세속주의를 부정하고 종교적 전체주의 국가를 건설하는데 있다는 점에서 근본주의는 정치적으로 중요성을 갖게 되는 것이다.

이와 같은 근본주의가 최근에 급속도로 확산되는 이유는 공산권 몰락 이후의 정치적 이데올로기가 쇠퇴함에 따라 사람들이 새로운 신앙을 구하거나 옛 신앙을 일신하여 이데올로기적 공백을 메우려 하기 때문이다. 종교나 신앙의 역사로부터 알 수 있듯이 종교적 열정은 사람들을 동원하고 때로는 전쟁에 나서도록 선동할 수 있지만 사회의 영속성과 안정성을 위한 필요조건인 제도를 만들어내지는 못했었다는 점에서 근본주의의 문제가 있는 것이다. 중동에서 이슬람근본주의는 민족주의와 결합하여 범이슬람권의 결속력을 강화시키는 순기능적인 역할도 하고 있지만 비이슬람세계와의 긴장을 강화시키는 역기능을 하는 것도 사실이다. 근본주의가 정체성의 발견과 확립 그리고 특정집단의 결속에 도움이 될 수도 있지만 궁극적으로는 극단적인 민족주의와 유사한 형태의 종교지상주의적인 성격을 나타나게 될 가능성이 크다. 즉, 편협하고 일원적인 가치체계가 존속되기 위해서는 특정집단의 내부뿐만 아니라 외부에서도 항상 '타도해야 할 적'을 창출해 내야 하기 때문이다.

곡된 해석이나 미신적 경향을 타파하여 원시종교의 형태로 돌아가자는 것이다. '개혁적'의 의미는 종교로부터 잘못 파생되었거나 외부세계의 영향으로 오염된 사회적 제도와 관습을 개혁하자는 것이다. '급진적'은 가장 최근에 나타난 현상으로 이것은 도시의 발달과 중소상인계층, 지식인층의 증가에 따라 이념화되었으며 주로 타종교에 대한 배타성과 종교적 전체주의적 성향을 나타낸다.

1947년 독립 이후 인도의 종파주의는 일정한 양상을 유지해 왔었다. 즉, 일상적인 상황에서는 종파집단간의 접촉과 교류가 극도로 축소되지만 긴장상태는 지속된다. 그러나 다양한 원인으로 인해 긴장이 갈등으로 변화되며 이 갈등이 자주 종파폭동으로 번져나가는 양상이 반복되었던 것이다. 이 양상의 주요변수들은 주로 사회·경제적 접촉 또는 경쟁 그리고 문화적 차이에서 비롯된 문제들이었을 뿐 타 종파의 존재자체를 용납하지 않고 종교적 열정을 정치화시키는 태도가 주요변수로 작용하였던 일은 거의 찾아보기 어려웠다. 종파집단 간에 긴장이 상존하고 때로는 대규모 살상극을 경험하기도 했었지만 타 종파집단의 존재를 어쩔 수 없이 인정한다는 묵시적 합의가 있었던 것이다. 그러나 1990년대에는 힌두와 무슬림 사이의 전쟁문화의 일상화 등 고질화된 사회갈등이 완전히 고착화되는 현상이 나타나고 있으며 이것이 근본주의의 형태로 표출되고 있다. 예를 들어, 1992년 12월 6일에는 힌두근본주의자들에 의한 이슬람사원 파괴 사건인 아요다(Ayodhya)사태가 발생하여 과연 이 나라가 세속적인 민주국가로 남아 있을 것인가 아니면 힌두교국가로 바뀌어야 하는가 하는 문제를 전면에 제기시켰다. 또 파키스탄과 중동지역의 이슬람근본주의자들의 지원을 받는 까슈미르(Kashmir)주의 이슬람교도들은 무슬림들만의 국가건설을 내세우며 1991년 이래 무장투쟁을 계속하고 있으므로 이제는 근본주의가 인도정치의 가장 큰 변수로 등장하고 있다는 의견마저 등장하고 있다.

1. 근본주의 확산의 배경

1) 힌두근본주의

종교와 종파주의 사이의 관계는 단순하지 않다. 앞서 언급했듯이 국민 대다수의 사회적·문화적 생활에 광범위하게 퍼져 있는 종교의 영향력을 단순히 종파적 현상으로 간주해서는 안 된다. 그러나 인도와 같이 종교들 사이의 관계가 역사성을 가지고 있고 정치가들의 개입이 빈번하며 종교적 정체성에 대한 대중적 확신이 만연되어 있는 곳에서는 종교적 영향력이 곧 종파주의의 강도에 대한 척도가 된다. 이와 같은 종파주의의 수평적 확산의 가장 주목할 만한 예는 힌두근본주의의 등장에서 찾아 볼 수 있을 것이다. 인도에서 힌두근본주의가 확산하게 된 배경은 다음 몇 가지로 나누어 살펴 볼 수 있다.

첫째, 19세기 힌두개혁운동 이래의 전통이다. 인도에서 힌두근본주의를 최근의 현상으로 보는 것은 잘못된 것이다.[11)] 19세기에 시작된 힌두교의 개혁운동은 다양한 힌두교를 통일시키려는 일종의 균질화운동이라는 측면도 가지고 있었다. 그 당시 균질화운동은 크게 두 세력으로, 즉 과거의 힌두의 영광을 되찾으려는 복고주의세력과 외래의 문물을 수용하여 변화를 시도하는 세력으로 나뉘어져 있었다. 이 운동은 20세기 민족주의운동에도 영향을 미쳐 전자의 전통을 이어 받은 대표적 인물은 띨락(B. G. Tilak)였고 후자의 대표자는 간디(M. K. Gandhi)였다. 특히 띨락의 경우에는 근본주의자들이 일반적으로 채택하는 전술을 그대로 인용했다. 힌두교의 단일성에 대한 강조, 종교와 민족의 동일시, 카스트제도에 대한 옹호, 베다(Vedas) 등의 힌두성전에 대한 강조 또 가나빠띠(Ganapati)축제의 부활 등 그가 주장했던 힌두우월주의와 전통으로의 회귀는 인도에서 힌두근본주의가 싹트는데 결정적인 계기가 되었다. 띨라끄의 전통을 계승한 힌두마하사바(Hindu Mahasabha)와 RSS(Rastriya Svayamsevak Sangh) 등의 단체들은 힌두근본주의의 성장의 매체가 되었다.

둘째, 소수종파 특히 무슬림에 대한 조작된 위기의식이다. 이것은 특정의 소수종파가 힌두들을 위협하는 실제적 상황에 기반한 것이라

11) '인도에서 이슬람 정통주의에는 새로운 것이 없지만, 힌두근본주의는 최근에 광범위하게 주목받고 있다(Chakraborty, 1994: 29).'

기보다는 종파지도자들에 의해 조작된 심리적 공황이라고 보는 것이 타당하다. 힌두교를 통합된 종교로 만들고 힌두의 정체성을 재확립하기 위한 방법의 하나로서 종파지도자들은 타종파와, 특히 무슬림과 힌두사이의 갈등을 조장해 왔었다. 무슬림의 일부다처제, 산아제한에 대한 비협조, 파키스탄과의 연계, 범이슬람주의에 의한 다시 한 번의 인도 분할 등에 대한 상투적인 문구들이 이미 믿어지고 있거나 전파되어 왔었다. 1981년 따밀나두 주의 불가촉천민 약 1천명이 이슬람교도로 개종한 사건은 힌두종파주의자들에게 반무슬림 정서의 고조와 함께 분열되어 있는 힌두사회를 균질화 시키는 전례 없는 계기가 되었다. 이 사건은 힌두종교단체들에게 커다란 충격을 주었고 힌두단체들은 '힌두교가 위기에 처했다.'고 외치면서 무슬림의 '침략'으로부터 힌두교를 '지키기' 위한 모든 수단을 동원하자고 호소했다(Mathew, 1988: 291-3). 이 사건이후에도, 힌두들은 불가촉천민이 무슬림으로 개종하게 되었던 인도의 사회구조적 모순에 대한 개선에는 관심이 없었고 오히려 힌두의 전통적 사회질서의 강화에 더 많은 노력을 기울였다.

셋째, 외래문물 유입에 대한 반발이다. 독립 이후 인도는 사회주의적인 자력갱생(Self Reliance)정책을 시행해 왔었기 때문에 외래문물의 유입에 따른 사회적 충격이 다른 국가들에 비해 적었다. 그러나 1980년대 이래 계속된 개방정책은 사회적·경제적으로 새로운 문제들을 발생시켰다. 즉, 도시지역에서의 햄버거 점과 같은 간이음식점의 확산, 인도영화에서의 폭력의 증가, 청년층의 성개방풍조 등은 보수주의자들을 긴장시키기에 충분한 것이었다. 그리고 개방정책이 가져다 준 경제성장에서 소외된 소작농, 농업노동자 그리고 도시빈민들은 빈부격차의 심화가 외래문물의 유입에서 기인한다고 생각하게 되는 것이다. 1995년 9월 까르나따까(Karnataka) 주의 고등법원이 내린 켄터키 후라이드 치킨(Kentucky Fried Chicken)의 폐쇄명령이 이 지

역의 힌두농민운동단체의 압력에 의해서 이루어졌다는 것도 근본주의의 확산의 한 증거가 될 수 있다.[12)]

넷째, 파키스탄을 비롯한 범아랍권에 대한 공포감이다. 1947년 이후, 적대관계를 유지해왔었던 파키스탄의 모험주의에 대한 경계심은 인도의 정치지도자들뿐만 아니라 일반대중들에게도 확산되어 있다. 인도인들 특히 힌두들이 가정하는 최악의 시나리오는 이슬람근본주의로 단합된 범아랍권의 지원을 받는 파키스탄이 인도내의 무슬림들을 선동하여 현재의 국경선을 변화시키려 시도하는 것이다. 이 시나리오의 현실적 가능성이 없는 것이 사실이지만 인도출신 작가인 살만 룻시디(Salman Rushdie)에 대한 아랍권의 반발 그리고 1991년 걸프(Gulf)전과 2006년 현재 이라크 사태에 대해 아랍의 대중들이 보여주고 있는 반미성향 등은 파키스탄과의 전쟁은 전 아랍권과의 싸움이 될 수 있다는 인식을 힌두들에게 심어 주고 있다. 따라서 파키스탄을 비롯한 아랍권으로부터 자신들을 보호하기 위해서는 힌두 본연의 자세를 유지하고 그 자긍심을 확대해야 한다는 힌두근본주의자들의 주장이 널리 받아들여지고 있다.

다섯째, 종파적 정치지도자와 단체들의 역할이다. 종파주의를 표방하거나 그것을 이용하려 했던 개인이나 단체들이 등장한 것은 새로운 일이 아니다. 이미 1920년대부터 이와 같은 현상이 나타나고 있었으며 '분리될 수 없는 인도(Akhand Bharat)', '힌두 라슈뜨라(Hindu Rashtra)' 등의 구호를 사용하며 종파적 갈등을 조장하여 왔지만 최근

---

12) 까르나따까 고등법원의 명령은 닭튀김에 사용되는 글루타민산(Mono-Sodium Glutamate; 조미료의 일종)이 인간이 소비하기에는 너무 많다는 이유로 내려진 것이었다. 그러나 이 논쟁의 본질은 조미료에 있는 것이 아니라 외국기업 특히 미국의 대중문화의 유입을 반대하는 KRRS(Karnataka Rajya Raitha Sangha)의 끈질긴 대정부투쟁과 선동에 의한 것이었다. 사실상 문제가 된 닭튀김에 사용되는 조미료의 양은 다른 국가에서 사용되는 것보다 많지 않았다(David, Stephen. *India Today* 95/10/15, 48-50).

에 이르기까지 이 주장이 전국적인 지지를 받거나 정치적 쟁점으로 등장한 일이 없었다. 그러나 BJP와 세계힌두평의회(Vishwa Hindu Parishad, 이후 VHP) 등이 종전의 구호를 '과거에 행해진 잘못 바로잡기(Correcting the mistakes committed in the past)'라는 새로운 구호로 바꾸며 대중을 선동하자 상황이 변화되기 시작했다. 이 구호는 무슬림들이 과거에 파괴한 힌두유적의 복구뿐만 아니라 왜곡된 힌두의 가치체계를 바로잡는다는 매우 포괄적인 의미를 가지고 있으므로 대중에 대한 침투력이 강할 수밖에 없는 것이다. 다시 말해, 힌두가 인도아대륙의 유일한 지배자였던 시대로 돌아가자는 의미를 지니고 있는 것이다.

근본적으로 힌두근본주의는 방어적이고 수동적인 배경 속에서 출발했다. 초기단계에는 서구문물의 유입과 민족주의의 고양을 위해 그리고 최근에 이르러서는 사회·경제적 갈등과 대외관계라는 배경에 의해 근본주의가 그 세력을 확장해 나가고 있다. 그러나 1992년 아요댜사건에서 볼 수 있듯이 힌두근본주의는 이미 공격적인 형태로 변모했다. 힌두근본주의는 인도의 종파주의의 새롭고 점차 강화되는 단면인 것이다.

2) 이슬람근본주의

힌두근본주의가 최근 들어 더욱 강화되는 측면을 나타내는 반면 이슬람근본주의는 종파적 결속을 중시하는 내부지향성을 나타내고 있다. 까슈미르 지역을 중심으로 극렬한 무장투쟁을 전개하는 근본주의자들이 있는 것은 사실이지만 전체적으로 볼 때 이슬람 근본주의는 소극적인 형태로 변모하고 있다. 그 배경은 아래와 같다.

첫째, 분리독립은 인도 무슬림들의 소수집단의식을 더욱 심화시켰다. 무슬림들은 인도내의 모든 지역에서 소수종파집단이 되었고 분리독립 이전 뻰잡(펀잡, Punjab)과 벵갈(Bengal)지역에서 인구의 상당부분을 차지하던 무슬림들이 파키스탄으로 편입되었으므로 인도에 남게 되었던 무슬림들이 받는 심리적 압박은 더욱 강해질 수밖에 없었다.

둘째, 무슬림 근본주의 단체들의 역할이다. 인도무슬림신학자협회(Jamait-ul-Ulema-e-Hind)는 근본적으로 무슬림 민법(Muslim Personal Law)에 대한 정부의 간섭 또는 개정을 반대하려는 목적을 가졌으며 근본주의적이고 복고적인 이슬람협회(Jamat-e-Islami)는 이슬람율법(Shariat)의 보존을 위해 앞장서고 있다. 또 우르두발전협회(Anjuman-e-Taraqqui-e-Urdu)는 우르두어의 보존을 위해 조직된 단체이다.

셋째, 영령인도제국시절 무슬림들에게 부여되었던 소수종파에 대한 각종 특혜가 사라졌다는 것이다. 예를 들어, 영령인도제국 시절에 시행되었던 분리선거구제 등의 무슬림에 대한 인위적인 의회 의석배분 등이 사라졌으므로 무슬림들은 정치적으로 소외당하고 있다는 인식을 갖게 되었다. 무슬림 지도자들은 단순한 분리선거구제가 아닌 정치와 정부 관료직에 더 많은 무슬림할당을 요구하고 있다. 그들은 언어문제도 요구하고 있지만 인도정치의 비공식적인 관례는 언어문제를 종교적 또는 종파적 요구와 연결시키는 것을 금지하고 있다. 마지막으로 무슬림들은 그들의 권한뿐만 아니라 충성심도 방어할 수 있는 보호책을 요구하고 있다. 이것을 힌두국수주의자들은 무슬림의 독선이라고 부른다. 결과적으로 독립 이후, 무슬림들의 요구는 상당부분 변화되었다. 독립 이전에 무슬림들의 요구는 인도역사에서 무슬림들의 중요성을 인정받고 그들의 종교와 문화를 인도의 그것으로부터 구별하려는 기본적으로 정치적인 것이었다. 그러나 독립 이후의 시기에는 무슬림들의 요구는 문화적인 것 즉, 우르두어의 보존, 무슬림민법의 보호 그리고 알리가르 무슬림대학교(Alighar Muslim University)의 특성 유지 등으로 변화했다.

셋째, 외부 이슬람세계의 영향이다. 전 세계적인 현상인 이슬람근본주의는 인도에서도 광범위하게 받아들여지고 있다. 인도에서는, 많은 다른 지역에서와 마찬가지로, 무슬림사회의 절대다수가 물라(Mullah, 이슬람교의 교육자)에 의해 확고하게 장악되어 있다. 근본주의는 어떤 자유사상가라도 즉시 이슬람의 적으로 낙인찍어 추방되게 만드는 완고하고 폐쇄적인 사회로 만들었다. 현대교육의 확산 또는 국내와 국외에서의 새로운 경제적 기회의 가능성도 근본주의가 무슬림집단을 장악하는데 중요한 역할을 했다. 인도의 무슬림들은 소수집단으로서의 불안심리 때문에 힌두종파집단에 비해 일찍 종파집단들을 발전시켜 왔고 집단적 정체성의 확립과 집단의 결집을 도모해 왔었다.

넷째, 인도헌법이 카스트 또는 불가촉천민의 사회 · 경제적 지위향상을 위해 채택하였던 '보호적인 차별대우(Protective Discrimination)'의 원칙이 무슬림들에게는 적용되지 않는다는 점이다. 즉, 사회의 낙후된 집단으로 자처하는 무슬림들은 종파적 기반에 의한 발전의 기회를 요구하고 있는 것이다. 인도에서는 특정 직업집단들, 예를 들어 카페트 직물업, 사리(Sari)직물업, 팔찌제조업, 도살 및 정육업, 염색업 등은 무슬림들이 독점적 또는 배타적으로 점유하고 있으며 이들이 무슬림 하위중산층을 형성하고 있다. 이 무슬림 하위중산층에게 종교적 영향력은 강하게 나타나고 있으며 그들 역시 자신들의 직업적 이득을 위해 종교적 정체성을 쉽게 결집하는 능력을 보여 주고 있다. 그러나 그들의 종파적 성향은 공격적이 아니라 요구 지향성을 나타낸다(Engineer, 1989: 194). 그들은 일반적으로 직업적 불만을 제기하는 경향이 있지만 그것이 해결되지 못할 경우에는 가장 적극적인 활동가로 변신한다.

마지막으로, 도시지역에서 증가하는 새로운 무슬림 중산층을 주목할 필요가 있다. 자미아 밀리아(Jamia Millia)대학교 또는 알리가르 무슬림대학교에서 배출된 무슬림청년 지식층들은 공공부문과 민간부문의 구직시장에서 경쟁을 하고 있다. 그러나 공공부문에서 무슬림을 위한 고용할당제가 시행되고 있지 않기 때문에 차별대우를 받고 있다고 생각한다. 즉, 그들은 구직시장에서 다수집단의 구성원이 누리고 있는 혜택을 받지 못하고 있다고 생각하며 바로 이 점에서 그들 집단에 대한 특별대우를 요구하고 있는 것이다. 이것과 연관되어 일부 진보적 무슬림들과 사회활동가들은 '종파적 각성(Enlightened Communalism)'만이 무슬림들을 현재의 곤경에서 구해낼 수 있다고 주장하는 것이다(Baig, 1974: Appendix).

분리독립 이후 힌두들은 무슬림에 대한 분노를 키워 왔었던 반면, 무슬림들은 분리독립에 대한 죄의식과 소수집단으로서의 열등의식에 사로 잡혀 있었다. 이 결과로서 무슬림들 사이에는 박해의식이 확산되었고 무슬림들은 점차적으로 종파주의의 껍질 속에 안주하게 되었던 것이다. 힌두와 무슬림지도자들, 종파적 또는 비종파적 지도자들 모두가 무슬림들을 종파적 고립에서 탈피시키는데 실패하였다. 힌두 지도자들 중에서 종파주의자들은 무슬림들의 어떤 집단적 행동을 악의적인 것으로 해석하는 반면 진보주의적 힌두지도자들은 무슬림에 관련된 사안에 대해서는 침묵하거나 가능한 한 개입하지 않으려는 자세를 취해 왔었다. 다른 한편으로 기회주의자들은 무슬림 유권자들의 환심을 사기 위해 무슬림 민법에 대한 불간섭을 약속하여 보수주의자와 종교지도자들의 지위를 강화시켜 주었다. 또 무슬림지도자들은 무슬림들의 불만을 하나의 종파적 현상으로 확대하는 전략을 사용함에 의해서 힌두와 무슬림 사이의 간격을 더욱 확대시켰다. 단순하게 보자면 공동체 중심적인 정치·사회적 행위는 무슬림 사이에서 배타성을 산출하고 이것은 다시 분리주의적 정치정향과 근본주의적 경향으로 발전한 것이다.

2. 인도의 힌두화와 이슬람분리주의

1) 인도의 힌두화; 힌두근본주의의 이념

힌두근본주의자들은 인도가 고유의 문화적 전통 위에 건설되어야 한다고 주장한다. 무엇보다도 네루(Jawaharlal Nehru)가 추구했던 서구화는 인도의 전통과는 전혀 관련이 없는 것이기 때문에 불필요한 혼란만을 가중시키는 것으로 본다. 또 힌두적인 색채를 가능한 한 엷게 하고 소수종파에 대한 배려를 중시하는 국민회의당의 전통적인 정책도 인도인의 대다수를 차지하는 힌두에게 중대한 위협이 되고 있다. 왜냐하면 국민회의당의 정책은 종교·문화적 전통에 대한 힌두의 자부심을 무너뜨리고 나아가서는 힌두사회 그 자체를 분열시키는 위험을 내포하고 있기 때문이라고 주장한다.

'사람들은 자기 자신을 힌두라고 부르는 것을 부끄럽다고 생각하기 시작했다. 이리하여 함축성 있는 다양한 정신적 조류의 정화를 엮고 있었던 황금의 실은 뿔뿔이 끊어져 버리고 여타 종파나 종교집단들은 자부심에 가득 차서 자신들은 힌두가 아니라고 자랑스럽게 선언하기에 이르렀다. 심지어 시크교, 자이나교, 아랴(아리아) 사마즈(Arya Samaj) 내에서도 자신들은 힌두와는 다르다고 선언하고 있는 사람들도 있다. 힌두라는 말은 오늘날의 지배자들에 의해 저주받고 있다. 힌두의 신앙을 부정하고 자신을 비힌두 소수파라고 선언하는 사람들은 누구이든 간에 정부로부터 호의적으로 취급되고 있다.'라고 RSS의 2대 총재이며 힌두근본주의의 최대이론가인 골왈까르(M.S. Golwalkar)는 주장하고 있다(1966. 105-6). 따라서 세속화가 초래한 종파적 정체성의 해체 과정과 소수파에 대한 유화적 태도에 종지부를 찍고 인도에 있어서 힌두가 다수파를 차지하고 있다는 것을 직시해야 하며 이 잘못된 현실을 바로잡는 의무는 힌두 자신들에게 있다는 것이다.

잘못된 현실을 바로잡고 힌두들에게 자긍심을 되살리기 위해 골왈까르 등이 채택한 방법은 역사의 자의적인 재해석이다. 그들의 관점에 따른 인도사는 다음 몇 가지 점에서 일반적인 인도사와 차이가 난다(Chakravartty, 1994:162-3). 첫째, 아랴인들은 인도에서 기원하였고 그들에 의해 하랍빠(Harappan)문명이 창조되었고 그 이후 서아시아 및 유럽으로 확산되었다. 둘째, 인도의 무슬림들은 외국인들이며 그들의 문화는 인도문화와 아무 관계가 없는 것이다. 따라서 인도문화는 힌두문화와 동의어인 것이다. 셋째, 가즈니의 마흐무드(Mahmud of Ghazni) 등과 같은 무슬림 침입자들은 단순히 약탈자가 아니라 힌두를 무슬림으로 강제로 개종시킨 종교적 광신자였다. 넷째, 힌두 지도자들은 인내와 비폭력의 상징이었다. 다섯째, 아우랑제브는 힌두사원의 파괴자였고 반힌두 광신자였다. 여섯째, 중세인도는 무슬림의 통치로 인하여 암흑시대였다. 일곱째, 인도의 민족주의 운동은 종파적·종교적 응집성을 바탕으로 한 것이었다. 이와 같은 주장의 사실 여부에 대한 검증은 이 글의 주제와 직접적인 관계가 없으므로 이에 대한 논의는 하지 않겠지만 만약 그들의 주장이 사실이라면 인도사는 물론 세계사마저도 다시 기록되어야만 한다는 것은 틀림없을 것이다.

힌두근본주의자들의 이와 같은 역사해석은 '인도는 힌두의 것'이라고 요약될 수 있다. 그들이 즐겨 사용하는 힌두뜨바(Hindutva) , 힌두 라슈뜨라 등의 용어도 이 역사해석의 다른 표현이라고 할 수 있다. 따라서 비힌두적 요소, 단적으로 무슬림집단을 제거하는 것이 황금시대의 인도를 복원하는 길이 되는 것이다. 1980년대 들어서서 BJP가 본격적으로 전개하였던 '과거의 잘못 바로잡기' 운동도 바로 이와 같은 시각에서 비롯된 것이었다. 사실상 힌두근본주의자들의 주장은 1996년 11대 총선거의 결과에서 나타나듯이 성공적이었다.[13)] 힌두의 우수성 또 외래세력의 잔학성과 그들에 의한 찬란한 힌두문명의 왜곡을 강조하고 현재에도 그와 같은 위협이 상존하고 있다는 위기의식을 조장함으로써 대중의 참여와 지지를 획득하였던 것이다. 힌두근본주의의 이념 중 우리의 관심을 끄는 다른 측면은 그 파시즘적인 양상이다. 앞에서 인용하였던 골왈까르의 경우는 히틀러(A. Hitler)의 찬미자였고 유태인학살마저 인도에 교훈이 된다고 주장하였던 인물이었다.[14] 즉, 힌두근본주의자들은 '무슬림은 외국인이다.'라는 전제를 가지고 모든 사회현상을 인식한다.[15] 인도에서 발생하는 많은 문제점은 외국인에 의해 발생하는 것이므로 이것을 해결하기 위해서는 비힌두적 요소를 제거해야 한다는 것이 그들의 주장인 것이다. 예를 들어, 힌두국수주의 단체인 쉬브 세나(Shiv Sena)의 성공은 실업상태에 있는 힌두 청년층을 상대로 한 캠페인이 적중하였기 때문이다(Engineer, 1996:107). 쉬브 세나의 전술은 그 청년들에게 정체성을 부여했을 뿐만 아니라 실업의 원인에 대한 그들 나름대로의 해석을 제공하였기 때문이다. 즉, 실업의 원인을 그들은 인도 자본주의의 느린 성장 등의 경제·사회적 원인에서 찾는 것이 아니라 외국인, 주로

13) 1989년 11.4%의 의석을 확보했던 BJP는 91년에는 20.8%, 그리고 지난 96년의 11대 총선거에서는 23.5%를 확보해 최대 의석을 확보한 정당이 되었다.

14) '인종적 순수성과 문화를 보호하기 위하여 독일은 셈족계 인종인 유태인을 제거함으로써 세계에 충격을 주었다. 또한 독일은 힌두스탄이 배우고 이익을 얻을 수 있는 교훈을 주었다....(Golwalkar, 1939: 35).' 제2차 세계대전이 끝난 후인 1947년에 출판된 위의 책의 4판에서도 골왈까르는 히틀러와 유태인학살에 대한 입장을 바꾸지 않고 있다.

15) '무슬림 인도인(Muslim Indian)들은 처음에 외국인으로서 인도에 왔다. 아랴 인도인(Aryan Indian)들은 나라를 지키기 위해 그들과 싸웠고 그렇기 때문에 그들이 민족적 영웅으로 간주되는 것이다. 쉬바지, 구루 고빈드 싱(Guru Gobind Singh) 등도 무슬림 통치자들이 근본적으로 침략자이기 때문에 투쟁하였던 것이다(Chitkara, 1997: 57).'

무슬림의 상권 장악이나 음모에서 비롯되는 것이라는 설명을 하는 것이다. 그들은 파시즘과 인종주의와 마찬가지로 사회문제의 진정한 원인을 해결하려는 노력하지 않는다.

힌두근본주의자들은 힌두교를 정치의 기초로 한다면 소수종파가 말살되는 억압적인 신정정치로 귀결되는 것이라는 예측에 대해서도 그 나름대로의 답변을 준비하고 있다. 억압적인 신정정치가 등장할 수 없는 가장 큰 이유는 힌두교에 내포된 다양성 그 자체가 그러한 신정정치의 확립을 방지하는 훌륭한 안전판이 될 것이기 때문이라고 그들은 주장한다.16) 성경이나 코란이라는 성전을 가지고 있고 배타적인 유일신을 가진 셈족계의 종교세계에 있어서는 정통교리 외에는 전부 금지하고 그것을 따르는 자를 이단자로 박해하는 신정정치가 등장할 위험이 없지 않다. 그에 비해 다양한 성전과 신들을 가지고 있는 힌두교에 있어서는 정통교리를 수립하는 것 자체가 도저히 불가능한 기도인 것이다. 또 그러한 다양성은 힌두교의 본질이라고 말할 수 있다. 그것은 힌두교 특유의 범신론적 세계에서 도출되어진 것이다. 도대체 모든 사물의 근원에 유일자 브라흐만(Brahman)의 존재를 인정하는 힌두세계에 있어서는 다양한 신들도 역시 유일한 실재인 브라흐만과 그 본질에 있어서 같은 장소에 위치시킬 수 있다는 여지가 주어지는 것이다. 따라서 다양한 신들이나 교리에 대한 신앙은 그 어느 것이라도 '극구의 진리'에 이르는 길로서 평등하게 취급되어야 할 것이라고 주장한다. 그러나 한두교의 다양성과 포용성이 모든

---

16) '다양성속의 통일이라는 힌두 특유의 특징은 우리의 사회생활의 모든 영역에서 그 정신적 측면과 함께 물질적 측면에도 나타나고 있다. 그것은 마치 촛불 주변을 여러 가지 색깔의 유리로 둘러싼 것과 같은 것이다. 가운데 있는 촛불은 그것을 보는 각도에 따라서 여러 가지 색이 합쳐진 그림자로 되어 나타난다. 정신적 영역에서 그것은 개인에 있어서 신앙의 자유, 자신의 정신상태에 어울리는 정신적 양식을 각각 선택할 수 있는 자유를 의미하고 있다(Golwalkar, 1966: 105-6).'

종교를 대등하게 취급하는 안전판이 될 것이라는 주장에는 커다란 모순이 있다. 첫째, 종파주의는 종교 자체의 세계관이나 교리보다는 정치적·경제적 권력을 차지하려는 세속적인 경쟁에서 비롯된다는 점이다(Engineer, 1996: 109). 인도의 경우, 자원이 부족하고 부의 공정한 재분배가 이루어지고 있지 못하다. 부족한 자원을 획득하려는 경쟁에서 발생하는 여러 문제들을 근본주의자들은 '종파적 색채'로 인식하는 것이다. 인도에서는 투쟁이 계급 사이에서 일어나는 것이 아니라 종파 사이에서 일어나고 있다. 따라서 힌두교의 종교적 포용성과 현재의 종파적 대립 사이에는 아무 관계가 없는 것이다. 둘째, 힌두근본주의자들의 종교적 대등성은 '강자의 논리'에 지나지 않는다. 최근 논쟁이 되고 있는 세속주의에 대한 정의에 있어서도 '강자의 논리'가 확연히 나타나고 있다. 힌두국수주의자들이 주장하는 세속주의는 다음 세 가지로 요약될 수 있다. 신정일치의 부정, 신앙에 관계없는 모든 시민의 평등, 신앙과 예배의 완전한 자유 등이 그것이다(Advani, L. K. *Indian Express*, 1992/12/27, 8) 이것은 얼핏 서구의 세속정신과 유사한 것으로 보이지만 그것이 내포하는 것은 무슬림이 소수종파로서 받고 있는 여러 혜택, 예를 들어 무슬림 가족법의 인정, 이슬람 교육기관에 대한 지원 등을 제거하자는 의도에 불과한 것이다. 이슬람교와 같이 율법이 실정법과 중복되는 경향이 있는 종교에 대하여 일률적인 세속주의를 적용한다는 것은 무슬림들의 정체성을 포기하라는 것과 마찬가지의 논리인 것이다.

지금까지 살펴 본 것과 같이 힌두근본주의의 이념은 '인도의 힌두화'라는 명제에서 출발한다. 그들은 인도가 힌두화 되어야 한다는 당위성으로서 역사를 재해석하고 있으며 인도 사회의 제 문제를 종파적 관점에서 해결하려 한다.

2) 이슬람분리주의

일반적으로 이슬람근본주의는 사회 제분야의 가치기준을 이슬람화하려는 경향을 나타낸다(山内昌之, 1996: 4). 그러나 인도의 경우에 있어서 그 양상은 다른 모습을 나타내고 있다. '만약 힌두법에 기반한 힌두정부가 인도에 등장한다면 마누(Manu)법전이 국가의 법률이 될 것이고 그 결과 무슬림은 불가촉천민으로 취급당할 뿐만 아니라 정부에서 어떤 지분도 갖지 못하고 심지어는 시민적 권리마저도 확보하지 못할 것이다.' 라고 이슬람협회의 창설자이며 이슬람근본주의의 이론가 중의 한 사람인 모두디(Maulana Abul Ala Maududi)는 주장한다(Nizami, 1975: 11). 이와 같이 인도의 이슬람근본주의는 다수 힌두의 지배에 대한 공포를 기반으로 출발한다. 즉, 힌두근본주의자들이 '인도의 힌두화'를 주장하는 반면 이슬람근본주의자들은 종파적 정체성의 상실을 우려하고 있는 것이다. 다인종사회에서 소수집단은 다수집단에 비해 집단적 정체성과 결속을 강조하는 일반적인 경향이 나타나고 있는 것이다. 근본주의자들은 무슬림들에게 자신들의 경제적 후진성, 근대화의 이익으로부터의 소외, 교육 및 취업의 기회에 있어서의 불평등을 다수 힌두의 지배가 가져다 준 결과로 자주 인용함에 의해 종파적 결속을 강화하고 있다.

1947년 이슬람협회는 무슬림들이 추종해야 할 다음 세 가지 정치적 행동원칙을 제시하였다. 첫째, 이슬람을 기반으로 한 무슬림의 결속 둘째, 국가의 정치적 활동에서의 탈퇴 셋째, 이슬람의 정신을 구현할 수 있는 별도의 정치적 조직의 결성 등이 그것이다.[17] 이와 같은 정치적 행동지침이 무슬림 대중의 지지를 받을 가능성은 매우 낮다고 할 수 있지만 이것이 현존의 인도정치의 질서를 근본적으로 부정

17) 이슬람형제당의 이와 같은 정책은 1985년 변경되었다. 그러나 일부 당원에 대해서 특별한 경우에만 선거에 참여할 수 있도록 할 뿐이지 전체적인 범위에서 정책이 변화된 것은 아니다(Khalidi, 1996: 173).

하고 있다는 점에 주목해야 한다. 헌법의 세속성에 대한 부정은 물론 기존의 정당은 물론 행정부에서 무슬림들의 탈퇴를 권유하여 근대사회의 기본인 다원주의마저 부정하고 있다. 또 이슬람종파정당을 추구함으로써 인도정치를 분리독립 이전의 힌두-무슬림의 대립구도로 회귀시키려하고 있다.

이슬람근본주의의 다른 이념적 측면은 종교로서의 이슬람교가 갖는 성격과 울라마(Ulama)[18]들이 갖고 있는 관점이다. 울라마들은 무슬림은 세계적인 규모의 신도(Umma) 집단으로 형성된다고 가르친다. 또 무슬림은 신으로부터 직접 율법을 하사받았으므로 다른 종교집단에 비해 우수하며 힌두교도들이나 다신론자들은 까피르(Kafir '이교도')에 불과한 것이다. 이 우수성의 감정은 이슬람교가 모든 종교들 중에서 궁극적인 것이라는 의식을 산출했다. 따라서 무슬림에게 있어서 우선적인 충성은 이슬람형제애에 있는 것이지 영토적 국민국가에 있는 것이 아니다. 이와 같은 심리상태가 살만 룻시디의 『악마의 노래』(*Satanic Verse*)에 대한 출판금지를 요구하거나 인도에서 국가와 같은 노래인 '반데 마따람(Vande Mataram)'을 부르지 않겠다는 태도를 불러일으키는 것이다. 더 나가서, 이슬람근본주의자들은 국가 또는 정부와 자신들의 관계에 대해 독특한 전제를 하고 있다. 그들은 국가를 이슬람 신앙의 진흥을 위한 도구로 간주하는 것이다. 그러나 인도에서 무슬림은 소수에 불과하므로 자신의 신앙에 대한 절대적인 맹신은 다른 종교집단 또는 정부와의 갈등을 일으키는 요인이 된다. 따라서 근본주의자들은 그들이 신봉하는 이슬람의 법과 가치를 수호하기 위해서 무슬림들은 인도 국민과는 별개의 존재라는 것을 부각시키려고 노력하고 있다. 께랄라(Kerala)주와 안드라 쁘라데슈(Andhra Pradesh)주의 무슬림 밀집지역에 대한 행정구역 분리요구 등도 정치를 종교의 한 수단으로 생각하는 그들의 생각을 나타내는 한 예인 것이다.

---

18) 이슬람 신학자. 이슬람율법인 샤리아뜨(Shariat)에 대한 해석도 한다.

이슬람근본주의의 다른 하나의 이념적 경향은 분리주의이다. 1947년의 파키스탄의 건국은 이슬람 분리주의운동의 승리였었다. 그러나 분리독립 이후 무슬림의 인구분포는 새로운 분리주의의 등장이 불가능한 것처럼 보이게 만들었다. 1947년 이전 벵갈과 뻰잡 지역에는 무슬림 인구가 집중되어 있었으므로 분리독립 요구는 지리적인 타당성을 가질 수 있었지만 독립 이후에는 까슈미르를 제외한 인도의 모든 지역에서 무슬림들은 인구의 1/4이상을 차지하지 못했기 때문이다. 하지만 힌두근본주의자들의 공세[19], 인도정부의 정책 실패 그리고 역사적 배경에 의해 1988년부터 까슈미르에서는 분리주의운동이 격화되었다. 이 운동은 근본적으로 인도의 연방주의를 부정하는 것이다. 분리주의자들의 목표는 파키스탄으로의 합병 또는 독립 까슈미르의 건설이다. 이와 같은 분리주의의 등장은 인도의 이슬람근본주의가 더 이상 잠재적인 또는 수동적인 이념이 아니라는 것을 의미한다.

3. 근본주의의 전개 : 아요댜사건과 까슈미르사태

인도의 종파주의의 새로운 국면으로서 근본주의의 등장을 잘 나타내 주는 예로서는 1992년의 아요댜사건과 1980년대 이래 계속되어 온 까슈미르사태를 들 수 있다. 이 상황은 인도의 종파주의가 단순히 사회적 분쟁의 수준에 머물러 있지 않고 정치적 대결국면으로 비화되고 있음을 나타내 주고 있다.

---

19) 까슈미르 지역에 대한 힌두근본주의자들의 공세 중 가장 대표적인 것은 BJP가 주도한 '인종청소(Ethnic Cleaning)'의 위협이었다. 그들은 'Pakistan yaa Qabristan(파키스탄으로 가든지 아니면 무덤으로 가라)'라는 구호를 사용하며 까슈미르의 무슬림들을 자극했다(Rahman, 1966: 164).

1) 아요댜사건

아요댜사건의 발단이 되는 바브리사원은 11세기 무슬림 병사들에 의해 파괴된 힌두사원 터, 또는 지주(支柱)들로 이루어진 건물에 세워졌던 것으로 알려져 있다.[20] 이 사원이 힌두-무슬림 종파주의의 최대 현안으로 등장한 것은 일부 힌두들이 그 자리가 바로 힌두의 전설적인 영웅 람(Rāma)[21]의 탄생지(誕生地)라고 주장한데서 비롯되었다.

이와 같은 주장은 다음 세 가지의 서로 다른 근거에서 출발한다. 첫째, 바브리사원에 사용된 건축자재는 힌두사원의 것들로 보이며 특히 14개의 지주는 전형적인 힌두 양식이므로 11세기 이전에 그 장소가 힌두사원 또는 성지였음에 틀림없다는 것이다(Elst, 1992: 2). 이 주장이 설득력을 갖는 것은 무슬림이 지배했었던 인도의 많은 지역에서 힌두사원을 파괴한 잔해를 이용하여 건축한 모스크(Mosque)를 쉽게 발견할 수 있기 때문이다. 두 번째는 바브리사원이 세워지기 전에 그곳이 힌두사원이 아니라 궁궐터였다는 것이다. 즉, 바브리사원은 아요댜 전체를 한눈에 내려다 볼 수 있는 가장 높은 장소에 위치하고 있으며 갠지스(Ganges)강 유역의 고대국가들은 평지보다는 언덕, 산 등에 성을 축조하였으므로 그 장소가 람이 태어난 궁궐이었을 것이라는 주장이다(Center for Historical Studies of Jawaharlal Nehru University, 1988: 35-7). 세 번째는 17세기와 18세기에 걸쳐 아요댜를 방문했었던 여행자들이 남긴 기록을 통해 바브리사원과 람의 탄생지

20) 바브리사원의 정확한 건축 연대와 건축가의 이름은 알려져 있지 않다. 이 사원에 대한 가장 오래 된 문헌은 1528년 아요댜로 침공했던 무슬림 병사가 '상당히 오래된 사원을 보았다.'고 기록한 것이다(Elst, 1992: 1).

21) 고대인도의 2대 서사시 중의 하나인 『라마야나』(*Rāmāyana*)의 주인공인 람은 비슈누(Vishnu)신의 화신으로 믿어지고 있으며, 아요댜왕국의 왕자로 태어나 세계의 악마들을 평정한 인물로 숭앙받고 있다.

를 연결해 보려는 주장이다. 몇몇 유럽인 선교사들은 바브리사원의 정원에서 힌두들이 제사를 드리는 모습을 보았고 그것을 무슬림 통치자가 제지하지 않았다는 기록을 남기고 있으며 이것에서 유추 해 볼 때 그 장소가 람의 탄생지임에 틀림없다는 것이다(Shourie, 1993: 415).

힌두들의 이와 같은 주장에 대한 무슬림의 반론은 다음과 같다. 첫째, 바브리사원이 힌두사원의 폐허 위에 세워졌다는 것은 영국인들이 종파분쟁을 조장하기 위해 조작해 낸 이야기라는 것이다(Shourie, 1993: 429). 그러나 이 주장은 힌두들이 제시한 문헌적 증거들에 의해서 곧 설득력을 잃었다. 둘째, 바브리사원이 문헌상에 최초로 등장했던 1528년 이전에 그 장소가 람의 탄생지로 숭배되었다는 어떠한 힌두 측의 기록이 없다는 것이다(Kaur, 1977: 121). 셋째, 람의 설화 자체가 전설이므로 람이 실제 인물이었을 가능성이 매우 적고 그에 따라 람의 탄생지 운운하는 것 자체가 비합리적이라는 주장이다(Srivastava, 1991: 76). 이 주장에 대해 힌두들은 가장 반발하고 있으며 호머(Homer)의 『일리아드』(*Iliad*)가 전설로만 취급당해 왔었지만 트로이(Troy)발굴로 역사적 사실로 밝혀진 바가 있다며 람이 실제 인물이었음을 역설하고 있다.

이와 같이 양측은 자신들의 주장을 결정적으로 뒷받침할 근거를 제시하지 못한 채 소모전적인 논쟁을 1980년대 후반 이래 계속해 왔던 것이다. 바브리사원 논쟁은 힌두-무슬림의 긴장을 더욱 고조시켜 1989에서 92년에 걸쳐 인도의 각 지역에서 종파폭동을 유발시켰고 이 와중에서 살해된 사람의 수도 2만 5천명에 달했다. 바브리사원 문제가 더욱 확대된 원인 중에는 종파적 정치가들의 선동도 빠질 수 없었다. BJP의 지도자들은 이 문제를 정치문제로 비화시켰을 뿐만 아니라 부정확한 정보를 대중에게 제공하여[22] 바브리사원이 파괴되고 연속적인 유혈사태를 불러 일으켰다. 바브리사원사건은 하나의 모스크가 파괴되었다는 문제가 아니라 독립 이후 인도의 세속주의 헌법과 정부의 종파화합을 위한 노력이 얼마나 취약한 것인가를 보여주는 상징적인 사건이었다. 또 이 사건은 비서구종교의 근본주의적 경향이 강화되고 있는 시점에서 발생하였으므로 비교적 다른 종교에 대해 관대한 행태를 보여 왔었던 힌두교에도 근본주의의 영향력이 확장되고 있다는 한 증거가 될 것이다.

2) 까슈미르사태

까슈미르사태는 편협하고 당파적이며 선동적인 정치가 정치뿐만 아니라 사회에서도 종파주의를 얼마나 악화시킬 수 있는가를 보여주는 표본이다. 독립 이래 까슈미르에서는 민족주체성문제, 자치운동, 분리주장, 파키스탄과의 합병 등 다양한 문제들이 뒤얽혀서 인도의 가장 큰 현안으로 존재해 왔었다. 그럼에도 불구하고 최근에 이르기까지 종파주의가 이 지역의 가장 중요한 관심사로 떠오른 일은 없었다. 물론 까슈미르에 거주하는 힌두들이 일부지역에서 차별대우를 받

22) BJP의 당수를 역임했었고 바브리사원 문제에서 가장 종파적 성격을 드러냈던 아드와니(Lal Kishanchand Advani)는 1991년 2월의 연설에서 "아요댜에 대해 침묵하는 모든 인권보호기구들을 보라. 왜? 왜냐하면 이 문제가 힌두교와 관계있기 때문이다. 이것이 만약 이슬람에 관한 문제라면 그들의 반응은 달랐을 것이다. 모든 정당들이 바브리사원을 지켜야하는 것이 의무라고 생각한다면 왜 까슈미르에서 무슬림들에 의해 파괴된 55개의 힌두사원에 대해서는 침묵하는가? 왜 그들은 이중적 기준을 갖고 있는가?" 라고 주장했다. 또 1992년 12월 6일 바브리사원이 파괴된 직후에는 "까슈미르에서 파괴된 40여개의 힌두사원에 대해서는 아무도 목소리를 높이지 않는다."며 바브리사원 파괴를 힌두의 정당한 보복으로 미화시켰다. 그러나 인디아 투데이(India Today)사가 1993년 1월 기자를 까슈미르에 파견하여 직접 조사한 바에 따르면 아드와니가 무슬림에 의해 파괴되었다고 주장했던 힌두사원들의 절대다수는 전혀 손상된 일이 없었다(Baweja, Harinder. *India Today* 1993/2/28 24-8).

는 일은 있었지만 무슬림에 비해 힌두가 절대적으로 수적 열세였기 때문에 종파분쟁으로 확산된 일은 없었다. 또 독립 직전, 전 인도가 종파폭동의 불길에 휩싸였을 때도 이 지역만은 안정을 유지했었음으로 마하뜨마 간디가 까슈미르를 "희망의 빛"이라고 지칭했을 정도였다. 셰이크 압둘라(Sheikh Abdullah)가 자치권의 보존을 위해 중앙정부와 격렬한 투쟁을 벌일 때도 그리고 1964년 까슈미르의 하자르뜨발(Hazartbal)사건[23] 때문에 서벵갈주에서 대규모 폭동이 발생하고 동파키스탄에 정치적 혼란이 일어났을 때도 까슈미르에서는 종파폭동이 없었다. 까슈미르가 종파주의의 중심부에서 벗어나 있을 수 있었던 원인은 수세기에 걸쳐 어떤 종류의 혼합적인 문화가 이 지역에서 발전해왔고 그 결과 까슈미르의 정체성의 원천으로 자리 잡았기 때문이다. 사실상 이슬람근본주의 또는 힌두근본주의도 이 지역을 완전히 지배하는 세력으로 성장하지 못했고 두 밀접한 사회·문화체계가 조화를 이루며 공존하는 것이 까슈미르인들의 생활의 정신이 되었던 것이다(Chakraborty, 1994: 27).

이와 같은 상황에 종파주의가 느리지만 꾸준하게 침투해 들어오게 되었던 것은 국민회의당이 추구하였던 정책들 때문이었다고 보는 것이 타당하다. 국민회의당의 연방주의에 대한 왜곡된 견해와 민족적, 영토적 통합의 보호자연하는 태도 그리고 셰이크 압둘라의 지지세력을 감소시키기 위한 일련의 잘못된 시도는 국민회의당의 지지세력을 감소시키는 역할을 했을 뿐이었다(Jagmohan. 1993: 95-106). 국민회의당이 셰이크 압둘라를 제거하지 못했을 때까지는 까슈미르는 안정되어 있었고 종파주의도 큰 세력으로 발전하지 못했었다. 그러나 셰

23) 1963년 12월 27일 하자르뜨발의 이슬람사원에 보관되어 있었던 모함메드(Mohammed)의 머리카락이 도둑맞는 사건이 발생했다. 머리카락은 1964년 1월 4일 회수되었지만 정확한 범인과 동기는 아직까지 밝혀지지 않고 있다(Jagmohan, 1993: 100-1).

이크 압둘라가 은퇴하고 국민회의당의 음모에 의해 민족회의(National Conference)의 세력이 약화되자 다양한 경향의 극단주의자들이 등장했고 파키스탄도 까슈미르에 개입하기 시작했다. 근본주의자들은 종교와 정치를 혼합한 전략을 채택하여 분리 독립 또는 파키스탄과의 합병을 주장했고 이것을 저지하기 위한 인도정부의 공공연한 군사작전은 종파적 동원을 더욱 용이하게 만들었을 뿐이었다.

까슈미르의 불안정이 야기한 가장 심각한 상황은 힌두-무슬림공동체 사이에 불화를 심화시켰다는 것이다. 이 지역에 수백 년 동안 거주했었던 힌두들은 공포에 질려 델리(Delhi) 지역으로 탈출을 시작했던 것이다. 언젠가 이 힌두들이 그들의 고향으로 돌아갈 수 있을 것이지만 두 공동체사이의 조화는 아마 회복되기 어려울 것이다. 남쪽으로 피난한 힌두들은 까슈미르 난민에 대한 구호활동을 펴고 있는 RSS와 VHP의 품속에 뛰어들게 되며 또 그들에 의해 힌두근본주의와 악의에 찬 대무슬림비방을 전수 받기 때문이다. 또한 까슈미르의 무슬림들도 변화하고 있다. 근본주의자들과 무장세력을 차치하더라도, 일반적인 무슬림들도 그들의 이웃이었던 힌두들이 보여주었던 불신과 의심에 의해 충격을 받았고 그에 따라 까슈미르인이라는 자의식보다는 무슬림이라는 자의식이 더욱 강화되고 있는 것이다.

4. 근본주의의 인도적 양상

인도에서 나타나고 있는 근본주의의 특징은 다음 몇 가지로 요약될 수 있다. 첫째, 개인과 집단의 정체성에 관련된 문제가 자주 논쟁의 초점이 된다는 것이다. 힌두교와 이슬람교 모두가 사회성이 강한 종교이므로 상대종교에 대한 공격은 그 신자의 사회적 정체성에 대한 훼손을 수반하는 것이다. 힌두들의 이슬람율법에 대한 공격, 무슬림들의 카스트제도 또는 불가촉천민제에 대한 비난은 종교적인 문제에 국한되는 것이 아니라 상대종교의 전통적인 사회제도 자체를 부정하는 의미를 갖는 것이다. 둘째, 일종의 제로섬 게임적인 성격을 갖고 있다는 점이다. 일반적으로 근본주의운동은 세속정부에 대한 저항 또는 기존 교단체제나 행태에 대한 저항의 양상을 나타낸다. 그러나 인도의 경우에는 두개의 종교가 상대를 서로 공격하는 형태로 근본주의가 전개되고 있다. 이 대립에서는 어느 한쪽이 승리를 거둘 가능성이 전혀 없는 것이다. 다수종파인 힌두의 승리는 전 인구의 13.4%에 달하는 무슬림의 말살 또는 힌두로의 개종을 의미하지만 현실적으로 이와 같은 일이 일어날 가능성은 거의 없다고 할 수 있기 때문이다. 따라서 힌두근본주의와 이슬람근본주의의 대립은 어느 누구도 승리할 수 없고 양쪽 모두가 상처만을 받는 제로섬 게임인 것이다. 셋째, 역사에 대한 자의적인 해석이다. 근본주의는 본질적으로 복고적인 성격을 가지고 있으므로 역사에 대한 인용이나 찬미가 등장하는 경우가 많다. 인도의 경우에 있어서는 역사에 대한 해석이 완전히 배치되고 있다. 힌두들이 무갈제국 시대를 인도사의 암흑기로 보고 있는 반면 무슬림들은 그것을 황금기로 규정하는 것이 그 대표적인 예이다. 넷째, 근본주의가 중산층 이상의 사회계층으로 그 지지기반을 확대해 나가고 있다는 것이다. 인도에서는 근본주의가 전통으로의 복귀를 요구하는 보수주의자들의 전유물만은 아니다. 1991년 경제개방 이후, 상대적인 박탈감 또는 기득권의 상실감을 느끼고 있는 중소기업인, 기술자 또 화이트 칼라 계층에서도 근본주의에 대한 지지가 확산되고 있다. 시장경제체제의 급속한 확산은 전통적인 사회적 유대의 이완을 초래했고 대대적으로 유입되어 오는 외국의 자본, 기술, 제품은 국산품을 생산해 왔었던 중소기업과 그 종사자들의 생활을 위협하게 되었기 때문이다.

인도의 근본주의, 특히 힌두근본주의는 독립 이후 인도정치의 전체적인 틀 속에서 만들어진 것이다. 이슬람근본주의의 경우에는 독립 이전부터 존재해 왔었던 것이 사실이지만 그 세력과 요구가 점차로 강화된다는 점에서 최근의 인도정치의 한 산물이라고 볼 수 있는 것이다. 근본주의의 등장은 국민회의당의 쇠락(衰落)과도 깊은 관계가 있다. 국민회의당이 약화됨에 의해 발생한 힘의 공백을 근본주의가 메워 나갔던 것이다. 국민회의당의 쇠락은 깊어 가는 정치적 환멸의 한 귀결인 동시에 정치적 냉소주의의 대두에 의해 더 한층 촉진되었다. 따라서 전통적으로 국민회의당의 지지세력이었던 무슬림들도 더 이상 국민회의당에 기대할 것이 없다고 생각하게 되었고 국민회의당의 우유부단함과 부패에 실증을 느낀 힌두들은 새로운 희망을 근본주의에서 찾게 되었던 것이다. 이와 같은 경향이 단적으로 나타난 것이 1996년의 11대 총선거였다. 힌두종파주의정당인 BJP이 가장 많은 의석을 차지하였고 국민회의당은 제 2당으로 전락하고 말았다.

정치에 대한 환멸에서 근본주의가 그 세력을 확장해 나가고 있다는 점도 지적하지 않을 수 없다. 꼬타리(Kothari, 1988: 248)의 지적에 따르면 최근 새로운 인도를 건설하려는 열정은 해가 갈수록 식어가고 있으며 정치가들 사이에는 냉소주의가 만연하고, 권력을 위한 권력을 추구하는 태도가 지배적이 되고 있다. 바꾸어 말하면, 대중동원에 있어서 정책이나 이념이 중심이 되는 것이 아니라 종교를 이용하여 모스크를 파괴하거나 연방으로부터의 탈퇴를 주장하는 등의 부정적인 방향으로 나가고 있다. 이것은 국가나 사회를 위한 것이 아니라 권력 그 자체만을 추구하는 정치적 냉소주의의 또 다른 표현에 불과한 것이다. 이와 같은 면에서 근본주의는 정치의 카스트화, 즉 대중동원에 있어서 카스트적 유대를 주저 없이 이용하는 현대 인도정치의 동향과 그 궤를 같이 하는 것이다. 따라서 권력만을 위한 권력의 추구가 계속되고 '신앙고백적 정치' (Rudolph, 1987: 36) 행태가 대중동원의 가장 유용한 도구로 사용되는 한 근본주의는 그 세력을 더욱 확장해 나갈 것으로 보인다.

IV. 인도의 종파주의의 성격*

인도의 종파주의는 민족적 자각과정에서 오도(誤導)된 집단적 자의식이 전통적 가치와 결합하면서 기원한 것이다. 물론 힌두와 무슬림이 기원 후 10세기 이후 동일한 토양 위에서 '공통적인 가치'를 창출하지 못했던 것이 근본적인 원인으로 지적될 수는 있으며 최근에 들어서는 경제적 불평등의 증가에 대한 불만 또 소수종파집단의 사회상부구조로의 접근욕구 그리고 자신들의 문화적·사회적 독자성에 대한 요구 등의 경제·사회적 문제로 종파갈등의 원인이 확산되고 있다. 그러나 세계의 많은 사회들이 다종교사회임에도 불구하고 인도와 같은 노골적인 종파갈등이 발생하고 있지 않다는 점에서 인도의 종파주의를 단순히 '부와 권력의 분배과정'에서 나타나는 사회갈등의 하나로 간주하는 데는 무리가 있다. 따라서 여기에서는 인도의 종파주의가 나타내고 있는 사회갈등적 성격을 분석하고자 한다.

1. 고질성

시대적 배경을 기준으로 인도의 종파주의의 성격을 구분한다면 그것은 1947년 분리독립 이전의 시기와 그 이후의 시기로 나눌 수 있다. 독립 이전의 시기의 종파주의는 주로 파키스탄의 분리독립에 초점이 맞추어져 있었고 독립 이후에는 헌법의 세속주의 정신에 대한 해석의 차이와 소수집단인 무슬림의 권리에 대한 논쟁이 중심이 되어 왔었다. 그러나 그 시대적 배경이 무엇이든 간에 공통적인 특성은 그 고질성[24]이라고 이야기할 수 있다.

---

* 이 글은 『남아시아연구』 8권 2호에 발표된 고홍근(2002)의 논문을 수정, 보완한 것임.

24) '고질(痼疾)'이란 '오래되어 고치기 어려운 병이나 나쁜 버릇'을 의미

1906년의 무슬림연맹(Muslim League)은 부분적으로는 영국의 벵갈분할정책에 고무되어 또 다른 면으로는 힌두들의 사회적 성장에 위기감을 느낀 무슬림지도자들에 의해 창설된 것이었고 인도에서 힌두와 무슬림의 갈등이 정치적 영역으로 확대되었다는 것을 알리는 것이기도 했다. 사실상 세속적인 정당인 국민회의당과는 달리 종파적 이익을 보호하기 위해 무슬림연맹이 창당되었으므로 이것은 힌두마하사바라는 힌두복고주의정당의 성립이라는 반작용을 가져왔다. 정치와 종교의 혼재상태는 독립운동의 전 기간에 걸쳐 나타났다. 인도의 독립을 실질적으로 이끌었던 국민회의당은 그 창설 초기부터 종파간의 화합을 강조했었지만 힌두가 당원의 다수를 차지했었고 그 지도자들의 사회·종교적 그리고 민족적 관점은 무슬림 대중들에게 거의 영향을 미치지 못했다(Puranik, 1989: 196). 대중동원에 탁월한 능력을 발휘했었던 간디는 비록 무슬림들에게 '종파주의자'로 취급당하지는 않았지만 힌두교를 정치운동에 도입하였기 때문에 '민족지도자'로서의 이미지에 상처를 받았다. 간디의 킬라파뜨(Khilafat)운동[25]에 대한 지원과 무슬림의 소의 도살을 '종파적 화합을 위해서는 피할 수 없는 것(Smith, 1970: 484)' 이라는 발언 등은 간디가 그 시대의 어떠한 정치지도자보다 두 종파의 화합을 위해 노력했다는 것을 보여 준다. 그러나 간디가 대중과 대화하고 그리고 그들을 동원하기

한다. 여기서 '고질성'이라는 용어를 사용한 이유는 인도의 종파주의가 그 치유가 어렵고 끈질기게 재발한다는 특성을 가지고 있기 때문이다.

25) 제1차세계대전에서 터키가 패배하자 터키 술딴의 권위가 위협받았을 뿐만 아니라 세레스조약(Treaty of Serres)에 의해 오스만 터키가 해체되고 전세계 무슬림들이 성지로 생각하는 메소포타미아, 아랍, 시리아 등을 유럽국가들이 통치하게 되었다. 이에 분노한 무슬림들이 술딴의 권위회복을 목적으로 전개한 운동이다. 인도에서는 킬라파뜨 운동에 간디가 있는 국민회의당이 참여하였으므로 힌두-무슬림 협조의 상징으로 여겨지고 있다.

위해서 사용하는 개념들이 무슬림에게는 종파지향적인 것으로 해석되었다. 예를 들어, 그의 중심사상인 사땨그라하(Satyagraha; 진리의 파악)와 아힌사(Ahiṃsa; 불살생) 등은 힌두교와 자이나교의 관행과 사상에서 나온 것이었고 그가 종교집회에서 자주 불렀던 람둔(Ramdhun; 힌두 송가)은 그의 정치적 관점이나 운동이 종교적 함축성을 가지고 있다고 보기에 충분한 것이었다(Ahmed, 1969: 1148). 심지어 간디가 조직했었던 불가촉천민 구호단(Harijan Sevak Sangh)과 암소보호협회(Cow Protection Society)까지도 무슬림지도자들에게 오해를 받았다. '힌두사회의 반계몽적인 몇몇 관습을 보존하는 이 단체들은 무슬림대중들 사이에서 간디를 민족지도자로부터 힌두지도자로 변색시키게 하였고 사람들이 힌두-무슬림 통합에서 멀어지게 하는 역할을 하였다(Rai, 1970: 146).'

킬라파뜨운동과 비협조운동 기간 중의 힌두-무슬림 협조는 극히 피상적이고 일시적인 것이었을 뿐만 아니라 양 집단사이의 의심과 혐오감은 전혀 줄어들지 않았다. 오히려, 영국제품 불매운동은 힌두 공장주들에게 이익을 줄 뿐이라는 감정이 무슬림들 사이에서 급속히 번져 나갔고 국민회의당 내의 무슬림 사이에서도 힌두와 협조하는 것은 인도의 배화교도들이 정체성을 상실한 것과 같은 결과를 가져올 뿐이라는 의견이 지배적이었다(Desai, 1954: 351). 무슬림들의 이와 같은 반힌두감정은 힌두사회에서의 반무슬림감정을 증폭시켰고 극단적인 종파주의자들이 성장할 수 있는 토양을 마련해 주었다.

1920년대 중반 이후 무슬림연맹 내에서 온건파들은 세력을 상실하기 시작했고 무슬림들만의 국가를 건설해야 한다는 분리독립론이 점차적으로 강조되는 분위기로 변모하고 있었다. 무슬림종파주의의 득세와 함께 이미 언급한 힌두종파주의를 표방하는 또 하나의 단체 즉, RSS가 창설되었다. 이 단체는 언급한 힌두마하사바와 같이 힌두문화를 보존하고 이교도, 특히 무슬림과 기독교도를 의심스러운 눈으로 보는 것을 특징으로 하고 있다. 이 두 정당은 무슬림연맹의 분리 독립 요구를 정면으로 반대했으며 인도는 역사적으로 힌두의 것이므로 무슬림들은 힌두화되던가 아니면 그들의 종교의 본산지로 가야 한다는 주장을 했었다(Golwalkar, 1947: 55-56). 이와 같이 힌두와 무슬림 내의 종파집단들의 관점과 태도는 서로에 대해서 완전히 적대적이었으며 국민회의당과 같은 세속정당의 힌두-무슬림협조 요구를 사실 그대로 받아들이지 않았다. 따라서 1947년의 인도와 파키스탄으로의 분리 독립은 종파문제의 해결이 아니라 종파주의에 기반한 새로운 분쟁과 문제가 다시 시작되는 것에 불과했다.

1948년 3월 영령인도제국 최후의 부왕(Viceroy)로 부임한 마운트배튼(L. Mountbatten)은 전임 부왕 웨벨(A. Wavell)로 부터 '정신병원 작전(Operation Madhouse)'이라고 이름붙인 영국인 철수계획을 인계받았다. 그 당시 영국은 힌두와 무슬림의 지속적이고 격렬한 대립에 지칠 대로 지쳐 '인도를 혼돈상태에 내버려 두라!(Leave India to Chaos!)'는 간디의 주장처럼 통치를 거의 포기한 상황이었다(Lapierre, et al. 1998 reprint: 87). '인도를 포기하는 것은 영국이 2류 국가로 전락하는 것을 의미한다.'는 처칠(W. Chuchill)의 주장은 더 이상의 설득력을 가질 수 없었다. 제2차 세계대전의 승전국임에도 불구하고 정치적 · 경제적 곤경에 처해 있었던 영국으로서는 종파주의자들의 투쟁으로 얼룩진 이 '정신병원'을 더 이상할 관리할 힘도 의지도 없었던 것이다.

인도와 파키스탄의 분리독립을 사실상 주도했었던 마운트배튼, 네루 그리고 진나(M.A.Jinnah)의 선택은 그 당시 인도의 현실을 바탕으로 한 것이었다. 특히 마운트배튼의 경우에는 영국정부로부터 인도를 '하나의 정치적 개체'로 독립시키라는 훈령을 받고 있었다. 그러나 마운트배튼은 물론, 네루와 진나의 경우에도, 개인의 정치적 야망이 어느 정도 작용하였던 것이 사실이지만, 힌두와 무슬림이 공존하는 국가의 건설을 기도하기에는 양측의 대립이 해소 불가능한 지점에 까지 와 있다는 현실적 판단을 하였던 것이다. 이 세 사람은 분리 독립만이 더 이상의 갈등과 살상을 멈출 수 있는 방법으로 생각하였지만 이것은 그저 희망적인 관측에 불과했다.

1947년의 분리 독립 과정에서 빚어졌었던 살상은 힌두와 무슬림 사이에 또 다른 증오를 발생시켰다. 파키스탄의 힌두와 시크교도들은 인도국경을 향해 몰려들었고 인도의 무슬림들은 파키스탄으로 향했다. 이 와중에서 살해된 사람의 수만 해도 약 50-70만 명이었고 피난민의 수도 1,200만 명에 달했던 것으로 추정된다(Lamb, 1975: 94). 단순히 종파적 이유로 두 개의 국가로 분리되었지만, 분리과정에서의 비극은 양 종파의 사람들에게 더 깊은 상처를 남겨 주었고, 전체 인구의 10%가 무슬림인 인도에서 종파분쟁의 해결은 지속적인 숙제로 남을 수밖에 없었다.[26)]

독립 직후 인더스(Indus)강 농업용수문제, 까슈미르분쟁, 인도 내의 무슬림에 대한 파키스탄의 보호자적인 태도 등으로 인해 인도와 파키스탄의 관계는 악화되었고 힌두들의 반무슬림감정이 더욱 고조되고 있었다. 네루가 이끄는 집권당인 국민회의당은 세속주의적 정책을 견지하여 정부고위직에 무슬림들을 임명했으며 힌두복고주의자의 주장을 계속 거부하였다. 이에 대해 힌두국수주의자들은 국민회의당을 '친무슬림정당'으로 규정하여 더욱 공격적인 종파감정을 선동하였다. 힌두들은 가족계획, 무슬림 가족법 개혁에 대한 무슬림의 저항 그리고 무슬림여성들의 차도르(Chador) 착용 등을 무슬림들의 분리주의적 경향의 단면들로 느끼고 있었다.

한편 인도내의 무슬림들은, 국민회의당의 호의적인 정책에도 불구하고, 자신들 관습에 대한 개혁요구가 항상 진보와 국가적 이익이라

---

26) 1947년 인도에 남은 무슬림은 전체인구의 10.5%이었고 파키스탄에 남은 힌두는 전체인구의 1.6% 였다(Lamb, 1975: 95).

는 명분을 가지고 표명되는데 대해 불쾌감을 느끼고 있었다. 또 그들은 자신들이 정상적인 상황에서는 사회적 진보를 위한 기회를 갖지 못할 뿐만 아니라 비정상적인 상황, 예를 들어 종파폭동의 와중에서는 전혀 공권력의 보호를 받지 못한다고 느끼고 있었다. 이와 같은 무슬림의 공포감의 기저에는 여러 가지의 원인이 있다. 힌두 심벌 '卍'이 교과서나 대중매체의 상징물로 자주 등장하고 힌두적 가치를 전인도적 가치로 확산시키려는 시도와 무슬림도 힌두관습을 용인하여야만 한다는 힌두국수주의자의 잦은 위협 그리고 우르두어의 몰락 등의 각종 사회현상에서 무슬림의 공포심이 시작된 것이다(Ahmed, 1969: 1152).

현재에도 힌두사회에서 그 영향력을 확대해 가고 있는 힌두마하사바는 분리 독립 이후 앞에서 언급한 '아칸드 바라뜨(Akhand Bharat: 분리될 수 없는 인도)'라는 구호를 내세우며 전쟁을 불사하고서라도 파키스탄을 다시 인도 영토에 편입시켜야 한다고 주장하고 있고 RSS는 힌두지식인 사이에 세력을 넓혀 가고 있으며 '전 인도에서 암소의 도살을 금지하고 힌두의 종교적·윤리적 그리고 정신적 교훈을 교육기관에서 가르쳐야 하며 힌두교의 교리를 라디오와 신문과 같은 대중매체를 통해 선전해야 한다'(Doctor, 1967: 39) 고 정부에 요구하고 있다. 특히 1980년대 이후 활발한 활동을 하고 있는 이미 언급한 VHP는 일종의 힌두종파단체의 연합세력이며 현재로서는 최강의 단체이다.

무슬림 종파단체도 역시 종파적 화합에 대항하여 활동하고 있다. 힌두종파단체와 같이 공개적이고 대규모는 아니지만 무슬림 거주지역에 산재해 있는 이 단체들은 인도 무슬림의 의견을 대표한다고 자처한다. 경제적 후진성 그리고 사회진출기회에서의 불평등에 대한 무슬림들의 일반적인 불만을 기반으로 이 단체들은 새로운 분리주의운동을 고무시키고 있다. 즉, 발전의 이익은 모두 다수 힌두들에게 돌아가고 무슬림들은 힌두들의 '무슬림 말살정책'에 의해 사회의 모든 분야에서 박해받고 있으며 결국은 '인도의 2등 시민으로 전락했다'는 인식을 확산시키고 있는 것이다(Puranik, 1989: 203).

힌두-무슬림의 갈등관계는 무슬림연맹의 창설을 기점으로 삼더라도 100년에 가까운 역사를 가지고 왔다. 그 동안 이 갈등을 종식시키기 위한 시도가 여러 차례 있었고 1947년에는 파키스탄의 분리독립이라는 극단적인 외과적 수술이 실시되기도 했었지만 그것은 국내적으로는 새로운 갈등의 시작 그리고 남아시아 국제관계에서는 가장 큰 불안요인을 산출했을 뿐이다. 이와 같은 고질성은 인도의 종파주의가 갖는 가장 큰 특성임에 틀림없다.

2. 폭력성

B. 짠드라(Chandra, B, 1984: 4-5)는 '종파주의는 중심이념이고 종파정치와 중산층의 문제인 반면 종파폭동은 종파적 긴장의 중심형태 또는 내용'이라고 구분하였지만 이것은 사회집단 사이의 갈등을 그것들이 공공연해지고 폭력적이 될 때만으로 간주했던 전통적인 갈등이론에 바탕을 둔 것이다. 즉, 폭동이 종료되었을 때부터는 평화의 시기로 간주하는 발상에서 비롯된 것이다. 그러나 다음의 예에서 볼 수 있듯이 폭력의 종결은 갈등의 해소를 의미하는 것이 아니다.

2002년 2월 27일 인도 서북부 구자라뜨(Gujarat)주의 고드라(Godhra) 지역에서 발생한 무슬림들의 열차 습격사건으로 58명의 힌두 순례자들이 살해당했다. 이 사건을 계기로 그 후 수개월에 걸쳐 계속된 종파폭동으로 대부분이 무슬림인 적어도 1,000명의 사람들이 학살당했고 수천 명이 난민 캠프로 피난해야 하는 상황이 벌어졌다(BBCi, Protests over Gujarat arrest. 2003/2/6). 이 사건은 1992년 아요댜사건 이래 최대의 피해자를 낸 종파폭동이었고 그간 잠복해 있던 아요댜

문제가 여전히 폭발성을 가지고 있다는 점을 증명하는 것이었다.[27)]이와 같이 인도에서는 종파갈등에서 비롯된 문제가 종료된 것처럼 보인다고 해서 그 문제가 해결된 것은 아니다. 즉, 폭력이 표출되는 시기는 상대적으로 짧은 반면 그 갈등이 암암리에 증폭되고 새로운 폭력을 위한 준비기간이 더 긴 것이다.

새로운 폭력을 준비하는 기간을 종파적 긴장으로 부르건 또는 다른 무엇으로 부르던 간에 종파폭동은 종파주의가 갖는 특성 중의 하나임에 틀림없다. 왜냐하면 종파주의의 폭력성이 가장 현저하게 나타나는 것은 종파폭동이기 때문이다(Naidu, 1980: 91). 따라서 종파폭동을 '하층계급만이 직접적으로 개입되는'(Kumar, 1991: 11) 현상으로 단언하는 것은 종파폭동에 직접 참여하는 사람들에게 이념적 계기를 제공하고 도덕적 지원을 하는 광범위한 세력을 고려할 때 아무 의미가 없는 분석에 불과하다. 오히려 1946년 캘커타(현 꼴까따) 종파폭동에 대하여 '종파주의라는 단어조차 모르는 사람들이 종파적 심리상태에 빠졌다. 광기가 만연하였다.'라는 네루의 말이(Chand, S. M. 1985: 63)더 큰 설득력을 갖는다. B. 짠드라나 꾸마르의 주장은 현학적(衒學的)인 말장난에 불과하다.

영국통치 이전에 발생했었던 힌두와 무슬림 사이의 몇몇 충돌은 서로 다른 문화가 접촉했을 때 일반적으로 발생하는 적대감정의 자연스러운 표출로 보아도 좋을 것이다. 또 우리의 흥미를 끄는 것은

---

27) 여기서 아요댜 문제라는 것은 앞에서 언급한 바브리사원이 파괴된 후의 복구에 대한 논쟁이다. 복구에 대한 논쟁은 대체로 세 가지로 요약될 수 있는데 첫째, 힌두 강경파들은 자신들의 원래 주장대로 람의 탄생지를 기념하는 사원을 건설하자는 것이었고 둘째, 무슬림들은 바브리사원으로 원상복구해야 한다고 주장했으며 셋째, 일부 언론을 중심으로는 모든 종파의 신자들이 예배를 할 수 있는 초종파적 사원을 건설하자고 제안했었다. 고드라 지역에서 습격을 당한 힌두들은 첫 번째 주장을 지지하는 운동에 참여한 사람들이었다.

영국 통치 하에서도 군주국(Princely State)에서는 종파폭동이 드물었다는 사실이다. 이것은 군주들이 공평한 자비를 모든 집단에게 베풀었기 때문이라기보다는 한 집단이 그 군주국을 지배해 왔고 나머지 집단들은 그것에 순응하여 자신들의 권리를 빼앗기는 것을 당연하게 받아들였기 때문으로 보인다. 그러나 영국이 통치하는 지역에서는 상황이 달랐다. 어떤 집단도 지배권을 확립하지 못했고 각 집단은 자신들의 정체성을 확립하기 위해 투쟁했으므로 종파폭동이 빈번하게 발생했던 것이다.

독립 이후의 종파폭동은 사회적 · 경제적 욕구에 그 뿌리를 두고 반대편 종파집단의 정치조직에 의해 자극을 받는 것처럼 보인다(Naidu, R. 1980: 92). 인도의 경우 종파폭동의 발생여부와 그 빈도는 지역적인 편차가 크지만 지난 40년간 다음 두 가지의 형태의 장소에서 주로 발생하였다. 즉, 신흥공업도시와 전통적인 수공업 또는 공업도시가 그것들이다. 이 두 형태의 도시는 모두 공통적으로 힌두와 무슬림이 함께 거주하는 중소도시들이라는 점이다. 무슬림 자본가 집단이 존재하지 않는 상황에서 두 종파가 경제적으로 경쟁할 수 있는 부분은 영세산업, 중소기업 또는 중간상 등의 분야이기 때문이다.

이것은 자본주의가 확장되고 사회가 다양화함에 따라 힌두와 무슬림의 경쟁과 투쟁은 독립 이전과는 전혀 다른 분야에서 나타나게 된 것을 의미한다. 1947년 이전의 그것들이 정치적인 것에 집중되었다면 독립인도에서는 경제 · 사회적인 측면으로 확산되었다는 것이다. 1978년 알리가르(Alighar)폭동은 두 종파 사이의 경제적 경쟁관계가 종파폭동으로 발전한 대표적인 예이다. 이 지역에서는 지난 상당 기간 힌두와 무슬림들이 영세자물쇠공장을 경영해 왔었으나 충돌이 일어난 일은 거의 없었다. 그러나 미성년자 고용문제가 제기되자 두 종파의 구성원들은 경쟁적 관계에 있는 상대종파의 공장들을 비난하기 시작했고 이것은 인명피해를 수반하는 폭동으로 이어졌다. 뒤에 밝혀진 사실이지만 힌두상인들이 무슬림의 공장을 헐값에 사들이기 위해서 폭동을 선동하기도 했었다(Engineer, 1989: 342-3). 사회적인 문제에 있어서도 두 종파의 관계는 예외적인 것이 아니다. 즉, 이미 언급했듯이, '한 소년이 같은 종교집단의 소녀를 희롱했을 경우나 동일한 종교의 신자들이 직업을 위해 경쟁했을 때는 어떤 결과가 나오더라도 큰 문제가 되지 않는다. 그러나 힌두소년이 무슬림소녀를 희롱했거나 무슬림이 직업을 얻었을 때는 종파문제가 되고 폭동의 원인이 된다(*Times of India*. 1980/12/8. 6).'

자본주의의 느린 성장이 초래한 대립과 갈등을 통해 종파주의의 폭력성은 더욱 확대되었다. 이 대립과 갈등은 근본적으로 인도사회의 모순에서 기인하는 것이지만, 종파적 이념은 사람들을 현혹시키는 동기와 구호 그리고 잘못된 목표를 제시함으로써 사회갈등의 특성인 폭력성이 일상화되는 결과를 가져 왔던 것이다.

아래의 <표 3>은 1954년부터 1994년 8월까지의 종파폭동의 발생횟수와 사망자수를 정리한 것이다. 표에서 볼 수 있듯이 1954년에서 1994년까지 모두 9,472 건의 종파폭동이 있었고 이 폭동들의 와중에서 11,662명의 사람들이 살해되었다. 이것은 1년에 평균 236.8건의 충돌이 있었음을 의미하고 적어도 약 37시간에 1번은 인도의 어느 곳에선가 종파폭동이 발생했음을 나타낸다. 그러나 폭동의 빈도에 있어서는 1950년대와 60년대 초반에는 비교적 완만한 선을 나타내지만 70년대 이후에는 매우 불규칙한 양상을 나타내고 있다. 또 사망자의 수에 있어서도 기간에 따른 불규칙한 양상뿐만 아니라 폭동횟수와 사망자의 관계에 있어서도 불규칙하다. 예를 들어 1964년을 제외한다면 가장 종파폭동의 횟수가 많았던 1987년에는 사망자의 수가 341명이었던 반면 18회에 불과했었던 1989년에는 사망자가 1,178명에 달했다. 시간적인 불규칙성뿐만 아니라 공간적으로도 불규칙한 양상을 나타내고 있다. 예를 들어, 종파폭동의 상습 발생 지역의 하나인

〈표 3〉 종파 폭동의 횟수와 사망자수[28)]

연도	발생횟수	사망자수	연도	발생횟수	사망자수
1954	84	34	1975	205	33
1955	75	24	1976	169	39
1956	82	35	1977	188	36
1957	58	12	1978	230	110
1958	40	7	1979	304	261
1959	42	41	1980	421	372
1960	26	14	1981	319	196
1961	92	108	1982	470	238
1962	60	43	1983	500	1143
1963	61	26	1984	476	445
1964	1070	1919	1985	525	328
1965	173	34	1986	8	492
1966	144	45	1987	689	341
1967	198	251	1988	238	N.A.
1968	346	133	1989	18	1178
1969	519	673	1990	28	693
1970	521	298	1991	16	158
1971	321	298	1992	13	1215
1972	240	69	1993	3	315
1973	242	72	1994	8	41
1974	248	87			

구자라뜨주의 고드라 지역에서는 1947, 52, 59, 61, 65, 67, 72, 74, 80, 83 그리고 90년에 종파폭동이 발생했지만 1989년의 바갈뿌르(Bhagalpur) 폭동과 같이 광범위하게 확산된 폭동의 경우에는 전혀 영향을 받지 않았다(Koenraad, 1992: 167-9).

28) 이 표에서 인용한 수치들은 다음의 자료에 근거한 것이다.
1954년에서 1985년의 수치는 라즈고빨(Rajgopal, 1987: 16-7), 1986년에서 1988년은 짠뜨(Chanda, 1990), 1989년에서 1991년은 *The Statesman.* 1991/9/25. 8.을 참고한 것이다. 따라서 1991년의 통계는 불완전한 것임을 밝혀둔다. 1992년에서 1994년까지의 통계는 엔지니어(Engineer, 1996: appendix 1)에 의거했다.

3. 폐쇄성

> 우띠(Ūṭi)에 갈 때, 무슬림 성직자를 보고서 겁먹은 한 뚱뚱한 여자를 만났다. 여성 전용 칸을 일반 칸으로 바꾼 그 칸에 옴과 파띠마는 좌석을 얻을 수 있었다. 옴은 플랫폼에 나가 있었고, 파띠마는 짐을 가지고 기차 안에 앉아 있었다. 몸에 감은 패물의 무게로 헐떡거리는 뚱뚱한 여인은, 한 무슬림 성직자가 1개 소대에 가까운 일행을 이끌고 기차 안으로 들어오자마자, "여성 칸이예요! 여성 칸이예요!" 하고 소리를 질렀다. 파띠마는(이 칸은 여성전용 칸을 일반 칸으로 만든 것이라며) 상황을 설명하였다. 그러자 뚱뚱한 여자의 얼굴이 창백해지기 시작하였다. 그들은 짐을 두고서 밖으로 나왔다. 그리고 뚱뚱한 여인은 속삭이기 시작했다.
> "얘야, 이것은 아주 위험한 일이야."
> 파띠마는 함께 사람들이 많지 않느냐고 하면서 겁낼 일이 무엇이냐고 위로하였다. 그러나 뚱뚱한 여인은 불안해하고 있었다.
> "아니야, 얘야, 이들은 'M(무슬림)' 들이야."
> 그녀는 사방으로 두리번거리면서 헐떡이며 말하고 다시 그들이(무슬림) 할 수 있는 모든 종류의 악행을 또 그 악행들을 모두 다 한 악한들에 관해 자세히 이야기를 하였다. 파띠마는 논쟁조로 대답했다. "알고 있어요. 저도 'M'이예요."(Shree, 1991: 33)*

위의 글은 주인공이며 힌두와 결혼한 무슬림이기도 한 파띠마가 열차여행 중에 만난 힌두여인과의 작은 갈등을 묘사한 것이다. 여기서 우리가 주목해야 할 것은 다수의 무슬림들과 같은 기차에서 여행하게 된 힌두여인이 갖는 불안감이다. 비록 기차 안이라는 폐쇄성이 있기는 하지만 그래도 공개적이고 공공의 장소에서조차 힌두여인은

---

* 이 작품에 관해서는 3부의 "힌디소설문학에 나타난 힌두-무슬림의 갈등" 참조 바람.

무슬림과 같은 공간을 공유한다는 데서 불편함을 느끼는 것이다. 이것은 다수의 힌두 속에 남겨진 무슬림도 이 여인과 같은 감정을 갖는 것이 인도의 현실인 것이다.

인도의 역사적·문화적 배경은 양 집단의 구성원들에게 상호불신과 뿌리 깊은 부정적 심리구조를 제공하여 왔다. 역사적으로 힌두와 무슬림은 지배와 피지배의 관계 그리고 격렬한 경쟁관계로서 병존해 왔을 뿐 진정한 협조자로서의 관계를 유지한 바가 없었다. 또 문화적으로도 양 집단은 가장 기본적인 생활방식에서부터 차이가 날 뿐만 아니라 사회적 교류가 전혀 없는 실정이다(Lamb, 1975: 130-132, 157). 힌두와 무슬림의 관계에 있어서 가장 특징적인 것은 두 집단사이에 유기적 구조체계와 의사소통체계가 매우 허약하다는 것이다. 같은 도시에 거주하는 힌두와 무슬림들은 거의 비슷한 언어와[29] 예술을 사용하고 즐긴다. 그러나 힌두와 무슬림 사이에는 공통의 관점과 관습이 존재하지 않는다. 북인도의 고전무용에 대해서도 무슬림들은 그것이 이슬람적인 것이라고 주장하고 힌두는 힌두적인 것이라고 생각한다(*Times of India*. 1981/1/21. 8). 어느 쪽도 그것이 힌두와 이슬람적 특성이 융화된 인도적인 것이라는 사실을 인정하지 않는다. 인구유동이 활발한 대도시에서도 무슬림들의 거주지역은 일정한 범위에 한정되어 있고 힌두들은 그 지역에서 거주하기를 기피한다. 힌두와 무슬림들은 서로를 융화될 수 없는 존재로 단정하여 그들 사이의 거리를 최대한 넓히는 것이 서로의 안전에 도움이 된다고 보는 것이다. 따라서 두 집단 사이에는 결혼과 같은 가장 기본적인 사회적 교류조차도 거의 존재하지 않는다. 이와 같이 접촉과 상호이해가 결핍된 환경 속에서 발생하는 것은 편견과 적대감뿐인 것이다.

앞에서도 지적했듯이 힌두와 무슬림 사이의 의사소통은 극히 제한

29) 예를 들어 힌디사용지역의 무슬림들은 문법적으로는 힌디를 따르지만 그 사용하는 어휘 속에는 우르두어가 많이 포함된다.

되어 있다. 이와 같은 상황 속에서 두 집단의 구성원들은 상대에 대해 출처가 분명하지 않은 선입견에 사로 잡혀 있다. 즉, '무슬림은 힌두를 교활하고 착취적이며 인색하다고 규정하며 힌두는 무슬림을 웃는 얼굴 뒤에 언제나 칼을 숨기고 있는 위선자로 생각한다(*Times of India*. 1981/1/22. 8).' 두 공동체사이의 사회적 단절뿐만 아니라 부정적 심리구조가 가져다 준 위기의식은 갈등을 거의 영속화시키고 있고 갈등행태가 폭력화되는데 매우 중요한 역할을 한다. 분리독립 직후에 일어난 유혈사태의 기억 그리고 파키스탄과의 긴장상태, 연속적으로 발생한 종파폭동 등은 양 집단의 구성원들이 지속적인 위기의식 속에서 생활하게 만들었다. 명시적인 위협행위가 없는 상황에서도 항상 상대 종파의 구성원을 잠재적인 가해자로 인식하고 있으므로 가상적(仮想敵)에 대한 선제공격은 자기방어를 위해 필수 불가결하다는 잘못된 정당화가 사회의 통념이 되고 있다. 인도의 종파주의의 폐쇄성은 단순한 종교적 신념의 차이에서 비롯되는 것이 아니라 다양하고 다차원적인 사회적 이질성을 극복한 경험이나 극복할 수 있는 방안이 존재하지 않으므로 발생하는 종파적 심리상태의 한 단면이라고 볼 수 있다.

4. 역사의 왜곡: 종파주의자들의 전략

힌두와 무슬림 종파집단의 전략을 단순화시킨다면 다음과 같이 요약된다. 먼저 힌두 측의 전략은 전인도인의 힌두화이고 무슬림 측은 새로운 분리독립의 요구 내지는 위협이다. 전자는 자신들의 주장의 표방가치로서 국민통합과 적극적 세속주의(Positive Secularism)[30)]

30) 적극적 세속주의는 다음 세 가지로 요약될 수 있다. 신정일치의 부정, 신앙에 관계없는 모든 시민의 평등, 신앙과 예배의 완전한 자유 등이 그것이다. 아드와니의 기고문 "BJP is Unequivocally Committed To

를[31] 강조하지만 이것은 어디까지나 편의주의적 발상에 불과하다. 즉, 힌두 상징인 '卍'의 보급에 대한 무슬림들의 반발은 국민통합을 저해하는 요인으로 매도하고 무슬림 여인들의 차도르 착용은 적극적 세속주의에 위배된다고 간주하는 것이 그들의 실질가치인 것이다. 반면, 후자는 종교의식과 관습의 차이 그리고 사회적, 경제적 불평등을 과장하여 대중들에게 반복함으로써 그 차별성을 극대화하고 소수종파로서의 심리적 열등의식을 조장하여 인도 국민으로서 보다는 '무슬림형제'로서의 정체성을 강화시키는 것이다. 지난 1990년 이후 격화된 까슈미르의 분리주의운동은 현실적 국경선을 '무슬림형제'라는 종파적 감상주의로 극복하려는 가장 대표적인 예라고 할 수 있다.

힌두와 무슬림의 종파지도자들은 자신들의 목적을 달성하고 대중을 선동하기 위해 자주 역사를 이용한다. 역사 그것이 진실이건 왜곡된 것이건 집단의 구성원들에게 '공유하는 기억'이라는 역할을 하고 이것을 통해 집단 내부의 결속을 도모하고 구성원 개개인에게 자신의 정체성을 더욱 확실히 확인하는 기회를 만들어준다.

힌두종파주의자들의 역사의 이용은 힌두뜨바와 다르마(Dharma)라는 이념에 바탕을 두고 있다. 일반적으로 이 '힌두뜨바'라는 개념을 '힌두들이 갖는 민족적 감정 또는 신념'이라고 이해하기 쉽지만 힌두종파주의자의 해석은 전혀 다르다. 힌두뜨바는 힌두들에게만이 아니라 인도인 전체에게 해당되는 '문화적 민족주의'라는 것이다. 인도인 속에는 불교도, 기독교도, 무슬림 등 많은 종교의 신자들이 있지만 그들은 수천 년에 걸친 인도역사에서 형성된 독특한 생활양식을 공유하고 있고 그 생활양식을 바탕으로 하는 공통의 정신이 있으므로 종

Secularism."(*Indian Express*. 1992/12/27. 8)에서 요약.

31) BJP의 정강에는 국민통합과 적극적인 세속주의를 명시하고 있지만 이것은 항상 힌두들에게 유리한 방향으로만 해석되고는 한다(Zaidi, 1993: 147).

교에 관계없이 힌두민족에 포함된다는 것이 그들의 주장이다. 예를 들어, 인도에 유입되어 온 무슬림은 힌두의 언어, 음악, 문학과 접촉하게 되고 그것을 통하여 힌두의 정신을 직접 느끼게 되므로 '힌두화' 된다는 것이다. 여기서 주목할 것은 이와 같은 현상을 일반적으로는 '인도화'라고 이야기하는데 BJP는 '힌두화'라고 강조한다는 점이다.

힌두종파주의자들은 인도에는 수많은 왕조가 생성과 소멸을 거듭했지만 그 모든 왕조들이 공통적으로 소유했던 정신은 '다르마'라고 주장한다. 다르마는 우리말로 '법'이라고 단순히 번역될 수도 있으나 이것은 '종교', '의무', '덕' 등 많은 의미를 가진 단어이다. 인도에서 가장 일반적으로 사용되는 의미는 자신이 속한 카스트에 대한 의무를 포함하는 '종교 또는 신에 대한 의무'라고 볼 수 있다. 즉, 개인적으로는 여러 가지 욕망을 억제하여 옳고 그름을 명확하게 구별하는 것이고 사회적으로는 개인의 무제한적인 욕망에 제동을 걸어 사회 전체의 이익에 합치하도록 하는 것이다. 이것을 정치에 적용한다면 '다르마에 의한 통치' 즉, 모든 정치지도자들은 권력욕을 억제하고 사회전체의 복지를 위해 일해야 하는 것이다. 따라서 다르마가 실현되는 사회에서는 질서와 안정이 보장되고 사회의 발전과 번영이 약속된다는 것은 자명한 사실이라고 BJP는 주장한다.

힌두뜨바와 다르마로 요약되는 힌두종파주의자의 역사인식은 얼핏 타당하고 건전하게 보인다. 힌두라는 개념을 종파적이 아니라 문화적으로 규정하여 모든 사람들에게 개방한 점 그리고 개인의 이익추구를 억제하여 전체로서의 사회발전을 역설하는 점 등은 매우 합리적이기 때문이다. 그러나 여기에는 교묘한 함정이 숨겨져 있다.

먼저 힌두를 문화적 개념으로 규정하여 고대로부터 인도아대륙에서 계승되어 왔던 문화와 생활양식을 현대 인도의 밑바탕을 이룬다고 주장할 때 이것은 본질적으로 배타적인 것이 될 수밖에 없다. 만약 외부로부터 유입되어 온 세력이 인도의 전통적인 문화와 생활양식에 동화되기를 거부한다면 그것은 비민족적인 행위가 되기 때문이다. 예를 들어, 힌두의 입장에서 본다면, 무슬림들이 소의 도살이나 일부다처제 등 인도의 전통과 어긋나는 생활양식을 고집할 경우 그들은 인도를 분열시키고 미풍양속을 혼란시키는 파괴분자인 것이다. 따라서 힌두뜨바는 비힌두를 포용하여 전체 인도의 조화를 이루려는 것이 아니라 비힌두들에게 힌두적 전통을 강요하고 궁극적으로는 전 인도인의 힌두화를 목표로 하는 힌두중심의 편의주의적 개념에 불과한 것이다.

다르마의 경우도 마찬가지이다. 인도 사회는 전통적으로 카스트 중심의 사회이다. 지난 수천 년 동안 카스트가 사회제도로서 유지되어 왔었던 것은 그 엄격한 규범과 내세에 대한 희망 그리고 직업집단으로서의 역할 때문이었다. 각각 독특한 성격과 풍습을 가진 수많은 카스트가 전체 사회의 구성원으로서 활동하기 위해서는 규범의 엄격한 준수와 철저한 자기억제가 필요했다. 이것이 다르마의 또 다른 측면인 것이다. 즉, 각 카스트는 전체사회에 대한 봉사를 요구받았고 이것은 사회윤리 다시 말해 다르마로 자리 잡았던 것이다. 그러나 다르마가 인도의 생활양식의 밑바탕이 되고 민족정신의 중심이 된다면 이것 역시 배타적인 것이 된다. 다르마는 근본적으로 내세를 위한 현세의 의무라는 윤회사상에 바탕을 둔 개념이다. 따라서 윤회사상을 부정하는 종교의 신자들에게 다르마가 갖는 가치는 전혀 없거나 상대적으로 약화될 수밖에 없는 것이다. 이와 같은 다르마를 인도의 민족정신의 중심 등으로 강조하는 것은, 더 나가서 심지어 '다르마에 의한 통치'를 이상적인 정치형태로 찬양하는 것은 카스트제도를 기초로 하는 전통적인 정치·사회체제로 복귀하자는 주장에 불과한 것이다. 힌두종파주의자가 어떠한 단어로 자신의 이념을 포장하더라도 그 역사인식의 국수주의적 성격을 부정할 수는 없다. 그들의 주장은 힌두를 중심으로 하는 인도, 아니 형식적으로는 종교의 다양성을 인정하지만 내재적으로는 힌두적 가치가 바탕에 깔리는 사회로의 복귀를 목표로 하는 것이다.

이와 같은 역사인식을 바탕으로 힌두종파주의자들은 인도의 역사에 대해 다음 두 가지 가설을 제시한다. 첫째, 힌두교는 고대로부터 통합된 종교였고 둘째, '힌두 공동체(Hindu Community)'의 개념은 역사의 초기단계부터 존재했었다는 것이다. 그러나 힌두교는 셈족계의 종교와는 달리 역사적으로 단일진화체계를 가진 종교가 아니다. 힌두교에 속한 수많은 분파들은 독자적으로 발전해 왔으므로 그것들이 힌두교의 지파가 아니라고 부정할 수 도 없지만 동일한 기원을 가졌다고 주장하는 것은 더욱 불가능한 일이다. 우리가 현재 사용하는 힌두교 또는 힌두 다르마라는 어휘 자체가 최근에 만들어진 것이고 힌두교의 역사성 역시 '합동 힌두교(Syndicated Hinduism)'의 출현의 결과로 나타난 현대적 해석인 것이다(Thapar, 1985: 176). 두 번째의 '힌두 공동체'의 개념도 무슬림이 인도에 진입하기 이전에는 인도의 어느 누구도 스스로를 힌두라고 부르지 않았었고 단일종교의 신자로 자처하지도 않았었다. 따라서 BJP의 주장은 역사적으로 근거가 없는 것이다. 하지만 그들은 앞의 가설을 바탕으로 앞에서 언급했듯이 인도사를 세 가지의 단계 즉, 고대의 황금기, 중세의 쇠퇴기 그리고 근대의 부흥기로 나누기도 한다. 바꾸어 말한다면, 무슬림이 지배했었던 중세는 인도사의 쇠퇴기라는 것이다. 이와 같은 쇠퇴의 역사를 되돌리기 위한 방법으로 그들이 제시한 것은 '과거의 잘못을 바로잡기' 운동이고 그 시작이 되는 것이 무슬림 지배자에 의해 파괴된 힌두사원들의 복원이다. 아요댜사건도 이 운동의 일환으로 벌어진 것이었다. 그들의 역사왜곡은 여기에서 그치는 것이 아니다. 심지어 아랴인이 인도에서 기원하여 인더스문명을 건설했고 서아시아를 거쳐 유럽으로 퍼져 나갔다는 세계사의 상당부분을 새로 써야 하는 주장을 하고 있다(Chakravarty, 1994: 161).

역사의 자의적 해석은 무슬림종파주의자들도 예외는 아니지만 힌두들에 비해서는 방어적이다. 무슬림들의 역사해석의 배경에는 '이슬람과 이슬람문화를 보호하기 위해 피를 흘리자.' 또는 '위기에 처한 무슬림 정체성과 문화' 등의 위기의식이 숨어 있다(Kashyap, 1988: 5). 따라서 그들이 주장하는 인도의 황금시대는 힌두종파주의자들과는 반대로 중세이다. 그들의 주장은 무슬림들이 정치권력을 장악했을 때는 종파적인 차별이 없었고 문화적으로도 가장 번성했었다는 것이다. 그러나 무슬림지배 기간의 인도에서 종파적 차별이 없었다는 것은 이슬람교의 타 종파에 대한 관용성 때문은 아닌 것이다. 인도 진입 초기에 건설되었던 무슬림왕조들은 내부적 불안정 때문에 그리고 무갈제국은 지방의 힌두제후들과의 연합정권적인 성격을 가지고 있었기 때문에 또 무엇보다도 중요한 것은 역사적으로 무슬림인구가 항상 힌두인구에 비해 열세였기 때문에 표면상의 종파적 차별이 없었던 것이다. 그리고 문화적인 측면에서도 무갈문화는 힌두문화와 이슬람문화의 합성품임에도 불구하고 그것을 이슬람적 요소만을 강조하여 설명하는 것도 공정하지 않다.

이와 같이 힌두와 무슬림 종파주의자들의 역사해석은 자의적이다 그러나 문제는 이와 같은 악한 역사왜곡에 대해 많은 사람들이 동조하거나 침묵하고 있다는데 있다. 그 동조자들의 대부분은 종파주의자들의 역사왜곡을 검증할 능력이 없는 사람들이고 침묵하는 사람들은 그들의 역사왜곡을 비난하는 행위가 자신의 종교에 대한 비난으로 비춰질 것을 두려워하고 있는 것이다.

제2부 역사적 관점에서 바라본 인도의 종파 갈등*

I. 머리말

인도는 영국으로부터 독립하는 과정에서 힌두-무슬림 갈등이 표출되어 1947년 인도와 파키스탄으로 분리독립했다. 분리독립한 후에도 인도-파키스탄 두 국가 사이의 갈등 뿐 아니라 인도 내부의 수많은 종파갈등과 그로 인한 폭동과 학살이 이어졌다. 특히 까슈미르 지역과 아요댜를 중심으로 벌어진 이들의 감정적 충돌은 거의 내전을 우려할 지경에 이르렀다. 뿐만 아니라 힌두국수주의를 표방하는 BJP와 세속주의를 표방하는 국민회의당의 대립은 선거철마다 내재된 갈등심리를 밖으로 표출시키는 역할을 하고 있다. 힌두와 무슬림의 만남은 어떻게 이루어졌고, 그들은 함께 살아가기 위하여 어떠한 노력을 했는지 그리고 어떠한 이유들이 이들을 충돌하게 만들고, 독립운동 과정에서는 이들의 갈등이 어떻게 표출되었으며, 독립 후에는 갈등이

* 이 글은 『남아시아연구』 8권 2호, 9권 1호, 10권 1호에 발표된 박금표(2002, 03, 04)의 논문을 수정, 보완한 것임.

어떻게 변화되었는가를 역사적 관점에서 살펴보자.

II. 힌두와 무슬림의 역사적 관계

1. 무슬림의 인도 침입과 국가건설 : 힌두와 이슬람의 만남

712년에 무하마드 빈 까심(Mohammed Bin Qasim)이 인도에 발을 디딘 이래 아프가니스탄 쪽에서 성장한 이슬람 세력들의 인도 침입이 이어졌다. 10세기경의 아프가니스탄에는 터키계 귀족이 가즈니왕국을 세우고 풍요로운 인도 평원을 넘보기 시작했는데, 이 시기의 북부 인도는 분열된 상태로 빨라(Pala), 쁘라띠하라(Pratihara) 라슈뜨라꾸따(Rāstrakuta)왕조 등의 강대국과 많은 소왕국들이 난립해 있었다. 이들 소왕국들은 명목상으로는 대국(大國)의 속국이었으나 실질적으로는 독립적인 상태를 유지하고 있어서 통일된 세력을 형성할 수 없는 상태였고, 군대는 거대해도 기동력과 통솔력이 저하되어 있는 상태였다. 이렇게 분열된 모습으로 인도는 서북인도에서 밀려오는 무슬림 세력을 맞이했다. 가즈니의 마흐무드는 약탈이 주 목적이었고 이후 구르(Ghur)왕국의 무함마드 고리(Muhammad Ghori)에 의해 북인도 침입이 이루어졌는데 마흐무드 가즈니나 무함마드 고리의 침입과 지배는 아프가니스탄 등에 세력의 중심을 둔 무슬림 왕조의 인도 지배라고 할 수 있으며 인도에 독립적인 무슬림 왕조가 성립되었던 것은 아니다.

가즈니와 구르왕조의 인도 침입에 대하여 이들의 침입은 단순한 약탈이었으며 종교를 앞세워 무슬림국가를 건설할 야심을 가진 것이 아니었기 때문에 문화적 영향은 별로 없었던 것으로 보고 있으나, 가즈니의 마흐무드와 고리의 침입이 단순히 약탈에 그친 것이 아니라 종교적 침입이었다는 주장도 있다. 암베드까르(Ambedkar, 1945: 53-

66)는 “무슬림 침입자들은 타타르(Tartars), 아프간, 몽골인들도 이루어졌다. 종교적 열정에 사로잡힌 까심이 제일 먼저 한 행위는 데불(Debul)에서 포로가 된 브라흐만들을 강제로 할례 하는 것이었고, 개종을 거부하는 17세 이상의 남자는 모두 죽였으며 여자와 아이들은 노예로 만들었다. 힌두 사원은 약탈되었고 그 전리품들은 법적 정해진 공금으로 사용될 1/5을 제외한 나머지를 군인들에게 똑 같이 나누어주었다”고 설명하면서 무하마드 빈 까심, 가즈니, 고리 등의 인도 침입은 단순한 약탈이나 침략이라기보다 종교적 열정으로 이루어졌다고 주장하고 있다. 이러한 주장은 현재 인도에서 힌두근본주의에 입각한 역사 돌아보기의 일환으로 무슬림들이 인도에 들어오면서 힌두들이 얼마나 박해를 받았는가에 초점이 맞추어진 것이다. 그런데 잠시 돌아보면 이러한 현상이 무슬림의 인도 침입 혹은 힌두 박해의 현장에서만 일어나는 양상은 아닐 것이다. 이러한 현상은 인류역사의 시작 이래 전쟁과 침략사 어디에나 상존하는 현상이다. 침략이 빚는 처참한 광경은 비록 이민족, 이교도의 침입에서만 일어나는 것은 아니다. 동일 지역 내에서의 반란 혹은 주변 지역의 정복과정에서도 흔히 일어나는 양상이라고 할 수 있는 것이다. 이것만을 강조한다면 인류 역사에서 벌어진 충돌과 전쟁 모두에서 오늘날의 인도에서 벌어지는 힌두-무슬림의 종파갈등과 같은 양상이 당연히 벌어져야 하고, 이와 같은 논리로 전개된다면 어느 나라가 온전히 내부 단결과 갈등 없는 사회를 이룰 수 있을 것인가.

종교적 열정으로 인한 개종강요가 어느 정도였던가를 잠시 접어두고 이들의 만남을 돌아보면 10세기의 인도와 무슬림의 만남은 분열된 북인도와 이곳을 침입한 무슬림들의 무력적 충돌로 시작된 것이었고 단발적인 충돌의 연속이었다고 할 수 있다. 서북인도로부터 마흐무드 가즈니와 무함마드 고리의 침입 이후 구르왕조의 델리 지역 총독이었던 꾸뜹 우딘 애박(Qutb-uddin-Aibak)이 고리의 암살 이후 스스로 술딴(술탄, Sultan)임을 선언함으로써 무력적 충돌을 넘어선 최초의 무슬림 국가가 인도에 건설된다. 그 다음에 칼지(Khalji)왕조의 알라우딘(Alla- uddin)은 대외정복과 더불어 내정개혁을 실시하였는데 개혁의 핵심 가운데 하나는 지즈야(Jizya)를 부과하는 것이었다. 지즈야라는 것은 무슬림들이 정복한 지역에서 이교도들에게 부과되는 일종의 인두세로서 무슬림 국가가 건설된 인도에서 힌두들에게 차별적으로 부과된 것이기 때문에 힌두들의 반감을 사는 주요 원인이 되었다. 그러나 한편으로 이 지즈야는 군사적 의무를 지지 않는 비무슬림이 국가의 보호에 대한 보상으로 내게 되어 있는 것으로 무슬림의 지즈야에 대한 규정 그 자체가 정복지에서 비무슬림들에게 어느 정도의 차별을 가져왔는가에 대한 것은 상황에 따라 다양한 결과를 낳았을 것이다.

무슬림과 비무슬림 공동체 사이에서 맺어진 쌍무적 계약 아래서 비무슬림 공동체는 일정한 권리를 갖고 있었고, 그들의 내부 업무 즉 민사나 사법문제에 있어서는 자치적이었으며, 그들의 계약상의 권리에는 이슬람 국가에 대한 충성과 납세의 대가로 생명과 재산의 안전, 종교의식의 보장과 안전이 포함되었다(Lamton, 김정위 옮김, 1992: 299)고 한다. 또한 지즈야는 일하기에 너무 늙었거나, 장애를 겪고 있거나, 궁핍한 때에는 면제되며 그의 생계는 이슬람교 재정에 의해 부양되는 것이라고 하며 여성과 어린이에게도 부과하지 않으며, 그들이 지즈야를 지불할 때에는 그들은 보호되고 믿음의 자유가 보장되고 무슬림들과 마찬가지로 정당하고 평등한 취급을 받는다는 것이다. 이렇게 지즈야를 내며 무슬림국가의 일원이 된 이교도들을 짐미(Zimmis 혹은 Dhimmis)라고 한다. 또한 알 발라티리(Al-Balathiri)는 "정복자로서 다마스커스(Damascus)에 들어가면서 알왈리드(Khaled Ibn Al-Walid)는 시민들, 그들의 재산, 신앙에 대하여 안전을 보장해 주고 성벽을 무너뜨리지 않을 것이며 그들의 집들도 파괴되지 않을 것이다. 이것은 신의 약속이며 칼리프의 약속이라고 말하고, 그들이 지즈야를 내는 한 모든 사람들이 안전은 보장될 것" 이라고 말했다고 전하고 있다.32)

그러나 실제로 인도와 무슬림의 만남에 지즈야의 부과가 어떠한 영향을 끼쳤는가에 대하여는 당시의 경제적 상황을 고려해서 평가할 필요가 있다. 물론 당시의 조세의 상황이 상세히 알려져 있지 않지만 이 지즈야가 부과되었는지 여부의 단순한 상황만으로 비무슬림들을 경제적으로 압박하는 부정적 영향을 끼쳤다고 할 수는 없을 것이다. 무슬림 국가가 건설되기 이전에 수탈에 가까운 지세로 허덕이던 지역에서는 그러한 지세의 부담보다는 무슬림이 들어온 후에 지즈야를 포함한 세의 부담이 오히려 적었기에 환영되기도 했기 때문이다. 그러나 이 지즈야가 이슬람의 서구 세계 정복의 경우와는 달리 인도에서는 여러 문제를 일으킬 소지가 있는데 그것은 지즈야의 부과와 더불어 그들이 주장하는 우상금지의 문제가 있기 때문이다.

칼지왕조의 알라우딘이 지즈야를 부과한 것은 다른 어떠한 의미보다도 우선하여, 10세기부터 12세기의 인도는 무슬림과의 충돌적 만남을 가졌고, 이어서 인도 반도에 무슬림국가가 건설되었으며, 비무슬림들에게 부과되는 지즈야를 부과하게 됨으로써 인도는 이제 무슬림 정복지라는 형태를 이를테면 제대로 갖추게 되었다는데 두어야 할 것이다.

2. 함께 어울려 살아야 하는 힌두와 무슬림의 노력

델리 술탄을 열었던 노예왕조(Mamluk dynasty)를 시작으로 칼지,

---

32) 이 인용문은 University of Northumbria(영국)사이트에 설명된 지즈야에 관한 글에서 인용한 것임.(http://www.unn.ac.uk/societies/islamic/war/war6.htm)

뚜글라끄(Tughluq), 사이드(Sayyid), 로디(Lodi) 등의 5개의 술딴왕조가 델리를 중심으로 하여 북인도를 지배(13세기-16세기초까지)했다. 무하마드 빈 까심으로부터 델리 술딴까지의 시기는 인도와 이슬람의 첫 만남의 장에 속한다. 이들의 첫 만남에서 무슬림들은 인도의 재화를 탐하고 이슬람의 전파를 꿈꾸었을 것이고 이들의 세력을 막아내기에는 역부족했던 인도인들은 수세적 입장에서 만남이 이루어진 것이다. 그러나 무갈제국에 와서는 좀 다른 양상을 보인다. 이슬람들도 일방적 개종과 파괴만으로 인도의 무슬림 제국 건설과 유지가 힘들다는 것을 인식하게 된 것이다. 그래서 이제 어울리기 위한 타협의 시대가 열리고 타협을 위한 큰손을 내민 것이 아끄바르(Akbar)이다.

무갈 왕조의 창설자 바바르(Babar)는 온전한 몽골 사람은 아니었다. 그의 어머니는 징기스 칸(Genghis Khan)의 자손이었으나 그의 아버지는 티무르(Timur)의 자손이었다. 그의 조상들과 같이, 그는 평범한 상태에서 위대한 정복자로 성장했다. 뚜르끼스딴(Turkestan)의 작은 왕국을 지배했던 그는 1504년에 아프가니스탄과 카불을 손에 넣고 힌두스탄을 넘어 델리술딴을 공격했다. 12,000명의 군대로 빠니빠뜨(Panipat)에서의 술딴을 패배시키고, 아그라(Agra)와 델리를 장악하고 술딴이 되었다. 델리를 장악한 후에 라즈뿌뜨(Rajput)연합을 제압했고, 1530년에 바바르가 죽었을 무렵에는 힌두스탄 대부분을 정복하고, 데칸에서 뚜르끼스딴까지를 제국의 지배하에 두게 되었다.

후마윤(Humayun)을 거쳐 황제에 즉위한 아끄바르가 시행한 개혁 가운데 중요한 것은 세금징수라고 할 수 있을 것이다. 일반적인 경우 생산물의 1/3 지조였다. 당시 일반적으로 귀족들에게는 부과되지 않았지만 아끄바르는 모든 인민을 대상으로 평등한 조세를 부과했다. 이렇게 조세의 대상을 확대시키면서 한편으로는 지즈야를 폐지하고 힌두 성지의 순례세도 1564년에 폐지했다.

또한 아끄바르는 무슬림 뿐 아니라 힌두들도 관료로 기용하여 계급과 신앙에 차별을 두지 않고 국익을 위한 조처들을 단행한 것이다. 제국의 행정 관료로 기용된 힌두들은 대부분 라즈뿌뜨 출신으로 이들을 관료로 기용하는 데는 힌두인의 기용이라는 것과 더불어 라즈뿌뜨의 불만을 제어하는 이중적 효과가 있었을 것이다.

아끄바르가 큰손을 내밀어 타협의 시도를 한 것으로 보이는 것이 혼인이다. 아끄바르는 북인도의 가장 강력한 힌두세력인 라즈뿌뜨족과 혼인동맹을 맺었다. 왕자신이 라즈뿌뜨 공주와 결혼했으며, 왕자도 라즈뿌뜨 힌두 처녀와 결혼시켰다(조길태, 1994: 204). 이렇게 하여 아끄바르는 힌두세력의 가장 강력한 집단을 제국에 끌어들임으로써 외국인지배의 인상을 희석시키고 정복된 지역의 힌두지배자 가족을 노예화 하는 정책도 폐지하는 등 타협과 어울림의 노력을 기울였다.

무갈제국 시대의 울라마들은 힌두와의 융합을 피하기 위하여 일반 민중들로부터 떨어져서 고고한 자세로 군림했으며 이러한 점은 브라만들도 마찬가지였다. 모스크와 힌두 사원은 서로 멀리 떨어져 있었으며, 의식의 혼합도 없었고 양 종교의 배타성은 두 집단의 사제들에 의해 집요하게 주장되었다. 도시의 무슬림은 주로 수공업자였으며, 점차 소규모 무역종사자와 농노계층의 무슬림들도 꾸준히 증가했다. 그러나 이들 농민들의 삶의 양식은 힌두이거나 무슬림이거나 본질적으로 거의 동등했고(정병조, 1992: 211) 종교적 의례는 서로 달랐으나 생활의례는 상당수 혼용되었다. 카스트제도 또한 무슬림에서는 인정되지 않는 것이나 이들의 실제 삶의 상당부분에 카스트가 작용했다. 즉 아슈라프(Asharaf '존경받을 만한 자')에 속하는 아랍, 터키, 아프가니스탄, 페르시아 등의 외래 혈통을 가진 자들이 최상층에 자리 잡고 있으며, 이슬람으로 개종한 라즈뿌뜨들이 그 다음 위치를, 그리고 전문 직종 가운데 청정한 카스트가 상위에 부정한 카스트는 하위에 자리매김 되었으며 문화적 부분에서도 양 문화의 융합을 볼 수 있다.

인도의 무슬림은 기본적으로 수니파(Sunni)가 다수인데, 일부 시아파(Shia)도 있었으며 이슬람교의 신비주의자 수피(Sufi)[33]들도 상당수 있었다. 수피들은 울라마가 코란을 잘못 해석하고 정치와 결탁하여 코란의 민주적이고 평등한 가르침을 일탈하고 있다고 비판했으며 울라마들은 수피의 자유분방한 사상을 배격했다. 이러한 상황에서 은둔적 생활과 수행을 하는 수피들은 인도의 수도생활자들과 유사했고 잘 어울렸다. 이러한 수피사상의 영향으로 이슬람사상과 힌두사상이 서로 닮아가며 영향을 주고받는 것들이 생겨났고 그 중의 대표적 흐름이 아끄바르의 딘일라히(Din Ilahi)[34]와 시크교 것이다.

아끄바르의 관용정책으로 수니파들의 우월적 지위가 박탈당했고, 정통사상이 상당히 전복되자 정치적인 이유로 인한 불만족과 더불어 교리적인 이유를 앞세워 1580년에 반란을 일으킨다. 이 때문에 정치지도자들과 더불어 신학자들도 처벌된 후에 이들은 이제 아끄바르에 반대하는 대신에 그에게 충성함으로써 정치적 영향력을 발휘하려고 노력하면서 동시에 그의 정책을 오도함으로써 그에 대한 반감을 불러일으키려고 했다. 또한 황제의 정책을 지지하는 엘리트들이 정통을 허물고 있다고 헐뜯었다(Basham, 1975: 290). 이러한 상황이 아끄바르로 하여금 새로운 사상을 구하게 했고 그 집결체가 딘일라히였다. 그러나 아끄바르를 헐뜯던 사람들, 정통 수니파들에게는 이것이 그저 절충적 성격의 왜곡된 형태 이외에 아무 것도 아

33) 인도에도 여러 수피교단이 있었는데 대표적인 것으로는 찌슈띠(Chishti)파로 델리와 도아브에서 번성했고 바라미(Barami)와 아미르 쿠스로(Amir Khusrau) 등이 여기에 속한다. 그밖에 수흐라와르디(Suhrawardi)파는 주로 신드지역에서 활동했고 피르다우시(Firdausi)파는 비하르지역에 퍼져있다.

34) 아끄바르가 인도에서 힌두와 무슬림 그리고 모든 종교의 화합을 위해 만들어 낸 것으로, 신(神)의 도(道)라고 번역되며, '왕권은 신성불가침이며 왕은 신을 대신한다'는 사상이다.

닌 것으로 이해되었다. 아끄바르의 딘일라히는 절충주의 성격으로 보이는 여지가 충분히 있지만 한편으로 돌아보면 이것은 당시 인도 사회의 여러 사상 종교적 흐름을 종합하려는 지배자의 의지라고 볼 수 있는 것이다. 일반적으로 제국이 건설되고 영토확장정책이 마무리되어 제국이 안정되면 제국내의 사상을 통일하려는 노력이 일어난다. 그러한 흐름의 하나로 이해될 수 있는 아끄바르의 딘일라히는 이슬람교, 힌두교 등의 당시 사상 모두를 종합하여 초월적인 '무갈제국의 사상'을 만들어낸 노력의 일환인 것이다. 아끄바르가 정치적 목적을 가지고 제국의 사상적 통일을 꽤하려 했던 노력의 결실이 딘일라히였다고 볼 수 있는 것은 아끄바르가 딘일라히를 선포하게 된 배경을 살펴보면 알 수 있다. 아끄바르는 8각형의 예배당을 만들고 이곳에 이슬람교 성직자들을 불러 그의 주장을 들었으나 편협하고 배타적인 성향을 표출함으로써 아끄바르는 힌두, 자이나교도, 조로아스터교도, 기독교도와의 접속을 시도했고 기독교 측에서는 고아(Goa) 지방의 제수이트교단(The Society of Jesuit)의 몬스레이트(Monserrate)를 파견했었다. 여러 종교의 열띤 토론을 듣고 모든 종교에 경의를 표하였으며, 황제의 종교적 개방성에 대해 일어나는 반란을 진압하고, 1579년에 황제가 정치와 종교의 최고 권위자임을 선포(Infallibility Decree)하면서 딘일라히를 표명했던 것이다. 아끄바르의 이러한 노력 즉 여러 종교의 주장과 교리를 들어본 후에 어느 하나를 택한 것이 아니라 그러한 모든 것들의 특징을 수용하여 '황제의 교'와 같은 성격을 띤 딘일라히를 창출한 것이다. 이것이야말로 어느 한 종교와 종족을 대표하는 지배자가 아니라 통치영역 전체를 포용하는 황제로서의 자세라고 할 수 있는 것이다.

아끄바르가 소수의 이방인인 무슬림들만의 무갈제국을 만들었다면 오늘날 우리가 역사에서 보고 있는 무갈제국의 존재는 미미했을지도 모른다. 아끄바르가 힌두인들을 폭넓게 고용하고 위협보다는 타협을 선택한 것이 바로 단순한 군사 정복자의 차원을 넘어 창조적 지도력을 보였다고 평가받을 만한 것을 것이며 인도아대륙에서 힌두, 무슬림 뿐 아니라 모든 백성과 함께 어울리고자 했던 인도황제의 모습이었을 것이다.

많은 역사가들이 아끄바르와 아우랑제브를 종교적 포용성과 박해의 대명사처럼 대조시키고 있다. 그러면 실제로 아우랑제브가 어느 정도 힌두를 박해했던 것일까. 알려지고 있는 것처럼 철저한 이슬람 국가 건설을 목표로 하면서 힌두사원을 파괴하고 힌두들에게 잔인했던가?

사르까르(Sarkar, 1950)에 따르면 '아우랑제브는 1679년 4월 2일의 칙령으로 이슬람을 확대하고 이교도에게 압박을 가하기 위해 지즈야를 부과한다고 밝히고 있으며, 군사적 의무를 지지 않는 무슬림들[35]은 이러한 세를 부과 받지 않았고 코란의 주석에서도 비무슬림은 지즈야를 낼 때 징수관의 손에 건네서는 안 되며 반드시 앉아 있는 조세담당관의 발 위에 지즈야를 내야한다고 하여 보욕을 쉬게 되어 있다'고 설명하고 있다. 또한 리차드(Richards, 1995: 177)는 아우랑제브의 궁극적 목표는 비무슬림의 무슬림으로의 개종이었으며 개종하는 자들에게는 영예와 선물들을 주었다. 그래서 개종은 '황제가 진정 바라는 것'이라는 인식이 널리 급속히 퍼졌다고 한다.

그러나 만약 이러한 황제의 칙령과 독려가 있었다면 당시 힌두가 무슬림으로 개종한 사례가 급증해야하지 않은가. 그러나 역사의 기록으로는 그렇게 많은 개종이 일어나지 않았던 것으로 보인다. 그렇다면 이것은 무엇을 반영하는 것인가. 아우랑제브 시기는 무갈제국 최대의 영토확

35) 원래 무슬림은 군사적 의무를 갖지만 무슬림 통치하의 비무슬림들은 군사적 의무가 없기 때문에 대신에 지즈야를 내는 것이다. 그런데 아우랑제브는 군사적 의무를 이행하지 않는 무슬림에게는 지즈야를 부과하지 않으면서 비무슬림에게만 부과했다는 것이다.

보가 이루어진 시기이다. 1686년과 1687년에 비자뿌르(Bijapur)와 골꼰다(Golkonda)를 정복하여 최대 영토를 확보했고 남인도의 상당부분도 그의 손아귀에 있었다. 이렇게 많은 지역을 정복하고 힌두들에게 이슬람교로의 개종을 강요했다면, 개종을 거부하며 죽어간 사람들 숫자 이상으로 상당한 개종이 이루어졌다고 보아야 하지 않을까. 그러나 아우랑제브 시대에 힌두를 압박했다는 부분 이외에 '엄청난 개종'은 보이지 않는다.

UCLA대학 역사학과 교수인 랄(Vinay Lal)은 '아우랑제브의 힌두에 대한 압박은 1668년에 시작되었다. 1668년에 힌두의 종교적인 행위가 위법으로 규정되고 힌두사원의 건립과 보수가 금지되었다. 또한 아우랑제브는 아끄바르 때부터 시행되어오던 그의 백성들 앞에 나아가 '다르샨(Darshan)'을 베풀고 축복을 하던 것을 중지했다. 또한 2.5%인 물품세를 힌두 상인들에게는 1665년 이후 2배를 거두었으며, 지즈야를 다시 부활하고, 지즈야를 거부하는 힌두들의 레드 포트(Red Fort) 주변에서의 저항을 막기 위하여 코끼리들을 배치했다'고 설명하고, 몇 개의 책[36]에 조사된 내용을 인용하면서 아우랑제브가 우상과 힌두 사원을 파괴하는데 전념했는가에 의문을 제기한다. 힌두 사원에 주어지던 토지수익권(jagir)이 아우랑제브 때에도 계속 되었는데 그 예로 알라하바드(Allahabad)에 있는 마하데브 사원(Someshwar Nath Mahadev temple), 바나라스(Banaras)의 쉬바 사원(Jangum Badi Shiva temple), 가우하띠(Gauhati)의 우마난드 사원(Umanand temple) 등을 들고 있으며, 아우랑제브가 파괴했다고 하는 힌두 사원 즉 마투라(Mathura)의 께샵 라이 사원(Keshava Rai temple) 등은 자뜨(Jāṭs)

36) M. Athar Ali, *The Mughal Nobility Under Aurangzeb*(Bombay: Asia Publishing House, 1968): 30-32; Chandra, "Reassessing Aurangzeb", 35-38; B. N. Pandey's *Comments in Parliamentary Debates, Rajya Sabha*, Vol.102 (29 July 1977), col.127, Sita Ram Goel, "Some historical questions", *Indian Express* (1989/4/16).8.

들의 반란과 직접 관련이 있었고 데칸지역의 힌두 사원들은 거의 파괴되지 않았다고 논하고, 아울러 만약 아우랑제브가 역사가들이 평가하는 것처럼 그렇게 편협한 종파주의자였다면 힌두 관료의 비율이 샤자한(Shah Jahan) 시기 24.5%였는데 아우랑제브 시기에 33%로 증가한 것은 어떻게 설명될 수 있는가.[37]라고 하며 아우랑제브에 대한 평가가 편파적임을 논하고 있다. 이러한 수치는 샤 자한 시기와 아우랑제브 시기만의 비교로 어떠한 평가를 하기는 어려울 것이다. 아끄바르 시대의 관료 비율과 비교 될 수 있다면 좀 더 명확한 설명이 될 수 있을 것이지만 아직 그러한 통계를 필자는 발견하지 못하여 명확한 비교를 할 수는 없다. 그러나 어떻게 해석하더라도, 가령 아끄바르 시대에 증가했던 힌두 관료비율이 자한기르(Jahangir), 샤자한으로 이어지면서 감소했던 것이 아우랑제브 시대에 조금 만회된 수치이고 이것은 아끄바르 시대에 비하면 훨씬 줄어든 것이라고 추론할 수도 있을 것이다. 그렇다하더라도 결과는 그리 다르지 않다. 일단 앞의 샤자한 시기보다 아우랑제브 시기에 힌두 관료의 비율이 조금이라도 증가했다는 것은 아우랑제브가 광신적 태도로 힌두를 박해했다는 것에 대한 재고의 여지를 주는 것이기 때문이다.

여기서 무갈제국 시기의 무슬림들에 대하여 한번 짚어보자. 바바르에 의해 무갈제국이 건설되었고 이들 무슬림들은 주로 수니파였다. 아끄바르시대에 수니파들이 아끄바르의 수피즘적 성향과 딘일라히로 인하여 중심부에서 밀려났다. 그래서 다음 시대인 자한기르 시기에 무슬림 내부의 다양한 그룹의 긴장상태가 일어났고, 자한기르는 수피파의 거장이라고 할 수 있는 니자무딘(Shaikh Nizamu’d-Din)을 아미르 쿠스로에게 축복을 내렸다는 이유를 들어 제거하고, 아흐마드 칸

37) Vinay Lal, “Aurangzeb, Akbar, and the Communalization of History”. 이 자료는 UCLA의 랄 교수가 운영하는 홈페이지(http://www.sscnet.ucla.edu)에서 인용함.

(S. Ahmad Khan)이 아프간 세력의 지지를 받고 있어서 제국에 위해 요소가 된다는 이유로 투옥했다. 또한 이란계 시아파인 슈스따리(Qazi Nuru'llah Shustari)를 태형에 처하여 죽게 했다(Basham (ed), 1975: 290). 이와 같이 무슬림 내부 종파 사이에도 긴장이 조성되고 있었고 샤 자한에 이르면 다시 수피들이 우세한 입장으로 부각되고 있는데, 그 다음에 즉위하여 제국의 영토를 무갈 최대로 확장하면서 제국의 세력 확대에 매진했던 아우랑제브가 힌두를 박해하여 강제 개종에만 몰두했다면 제국의 안정과 세력 확대가 가능하다고 생각했을까? 아우랑제브가 편협한 종파주의자라고 평하면서도 그의 뛰어난 제국경영에 대하여는 많은 역사가들이 긍정적 평가를 하고 있다. 그렇다면 이 둘 사이의 조화가 어떻게 가능한가. 절대적인 힘과 강압으로 힌두를 억압하며 영토를 확장하고 제국의 안정을 구가했다면 엄청난 수의 개종이 이루어지지 않고는 불가능한 것 아닌가. 그러나 아우랑제브 시대를 서술하는 곳에서는 아우랑제브가 파괴한 사원과 힌두를 박해하여 죽인 기록만 몇 개 나열될 뿐 개종자가 증가했다는 기록은 별로 보이지 않는다는 것은 무언가의 타협점을 가지고 있었던 것이며 그러한 것이 자기르의 계속적 수여와 힌두 행정 관료의 증가로 나타나는 것이 아닐까. 만약 아우랑제브가 무슬림으로의 개종을 강요하면서 이들 행정 관료 모두를 박해했다면 마라타족과 시크교도의 봉기가 아니라 셀 수 없이 많은 라즈뿌뜨들의 폭동에 직면해야 했을지도 모른다.

이러한 것들을 종합적으로 살펴보면 무갈제국 시대의 황제들은 아끄바르처럼 적극적으로 어울리는 노력을 기울이기도 했고, 아우랑제브처럼 제국의 세력 확대를 위한 노력을 추구했지만 함께 어울리는 타협점은 가지고 있었던 것으로 이해되어야 할 여지가 많은 것이다. 아끄바르가 어울림의 노력을 기울인 부분에 대하여는 이견이 별로 없겠지만, 아우랑제브에 대하여는 동의하지 못할 부분이 많을 것이다. 그러나 제국의 통치와 종교 사회 전반을 살펴보면 힌두들이 직접적으로 황제권에 도전하거나 제국의 세력 확대를 저해하는 등의 경우에 이들에 대한 압박이 가해진 것이다. 아우랑제브의 강제적 개종 노력과 살상을 전혀 부정할 수는 없지만 굳이 선후를 따진다면 힌두라는 것만으로 가해진 압박이 아니라 힌두로서 무슬림 황제에게 대항하는 경우 압박을 가하고 무슬림으로 개종의 압력을 가한 것으로 이해되어야 할 부분이 있다는 것이다.

아우랑제브 시대가 아끄바르 시대의 포용과 어울림만큼은 아니라도 두 집단 세력간의 타협과 포옹의 노력이 포기된 것은 아니었으나 서양세력이 유입됨으로써 오히려 이들의 타협노력보다는 어긋남과 불협화음이 강조되면서 두 종교 집단의 갈등이 심화되었다고 보는 것이 합당할 것으로 생각된다. 아우랑제브 시대 이후 무갈제국의 위치가 서구 열강에 의하여 무너지지 않고 제대로 지속이 되었다면 완전한 포옹의 시대가 왔을지도 모를 일이다. 그러한 의미에서 "무슬림과 비무슬림은 그들 서로를 종교적 커뮤니티의 멤버로서만 보는 것이 아니라 서로 상호 작용하는 의미에 있어서 일련의 동질감을 갖고 있었다."고 하는 아흐마드(Ahmad)의 평가는 되새겨 볼 만한 것이다 (Miller, 1991: 241 재인용).

현재 힌두들의 인도를 회복해야한다고 주장하는 사람들은 무슬림들이 그들의 사원을 어떻게 파괴하고 얼마나 많은 사람들을 살해했는가를 역사적 사실에 근거하여 파헤치고 있다. 이것이 당시의 상황을 현재의 시각으로 보고 있는 것이 아닐까. 물론 무슬림들이 인도를 점령하면서 많은 사원이 파괴되었음은 굳이 사료를 뒤지지 않아도 자명한 것이 아닐까. 문제는 집단이 집단을 점령함에서 비롯된 역사적 상황과 비극의 책임이 침략자에게만 있는 것은 아니다. 당시의 인도 상황은 정치적으로 분열되어 침략하는 이슬람세력을 막을 힘을 갖지 못했다. 현재의 눈으로 이슬람세력을 막을 힘을 갖고서 역사를 돌아보면 울분에 찰 수 있으나 당시에서는 침략이 일어나는 역사적 현장에서 흔히 볼 수 있는 장면이지 않을까. 간디가 말하고 있듯이 영국의 침략이, 제국주의적 침략이, 침략자의 힘만으로 볼 수 없는 것과 같이 이슬람 세력의 침입도 마찬가지 상황으로 이해되어야 할 것이다. 그렇다면 현재 이 시점에서 1천 년 전의 역사적 사실 일부에 근거하여 힌두들만의 힌두뜨바를 만들어야 한다는 주장은 더 많은 인도인들을, 그들이 주장하는 바와 같이 인종적으로는 거의 인도인이면서 단지 종교를 달리 선택했다는 이유만으로, 박해하는 것이다. 당시 무슬림들의 힌두 박해는 인종적 종교적으로 다른 집단의 박해라고 할 수 있지만, 현재 상황에서 인도의 힌두 무슬림 갈등은 종족적으로 다른 종족간의 문제가 아니라 같은 종족의 다른 종교에서 벌어지는 문제라는 것을 상기할 필요가 있을 것이다.

3. 세포이 대폭동(Sepoys Mutiny)과 국민회의 : 상하 지위의 전복

1) 영국과 인도

중세에서 근세로 넘어오는 과도기에 유럽세계의 각국 군주들은 새로운 통상로 개척에 적극적인 노력을 기울였고 이로써 유럽은 지리적, 경제적으로 확대일로를 걷게 되었으며 소위 '지리상의 발견'이라 불리는 물결이 거세게 일어나, 정치 경제 종교적인 이유로 유럽인들의 동양진출이 활발하게 이루어졌다.

이들 국가 가운데 적극적으로 국가의 지원을 받으며 지리적 탐험에 앞장선 나라가 포르투갈이었고, 바스코다가마(Vasco da Gama)가 인도의 캘리컷에 도착한 것이 1498년이었다. 고아 지역을 1510년에 점령하여 그곳을 거점으로 포르투갈 세력이 확대되었지만 후발 주자였던 영국은 1600년 엘리자베스 여왕으로부터 동인도에 무역 독점권을 갖는 특허장을 받은 동인도 회사를 설립했고, 네덜란드와 프랑스

등도 동인도 회사를 설립하여 제국주의적 진출과 세력확보를 위하여 잦은 충돌이 일으켰다. 1757년 벵갈 지역에서 영국과 프랑스가 벌였던 플랏시(Plassey)전투에서 승리한 이후 영국은 이를 발판으로 인도 아대륙 전체를 지배하려는 야심을 드러냈으며 이후 영국 지배의 중심을 마드라스(Madras, 현 첸나이)에서 벵갈 지역으로 옮겨 독점적 인도지배가 시작되었다.

플랏시 전투 이후 영국은 미르 자파르(Mir Jafar)를 벵갈의 토후(나와브, nawab)로 앉혀 꼭두각시가 된 미르 자파르는 동인도회사에게 벵갈, 비하르, 오리사에 이르는 지방까지 확대된 관세 면제 특권을 부여하였다. 뿐만 아니라 영국은 이 지역의 징세권(디와니, diwani)을 1765년에 확보하였으며 이를 계기로 동인도회사는 막대한 벵갈의 부를 장악하게 되었다. 영국이 장악한 벵갈의 부는 인도 침략에 쓰일 군과 행정 조직의 비용을 충당하게 되었다. 벵갈에서 거두어들인 조세로 인도의 상품을 구매하여 유럽과 중국에 수출함으로써 막대한 부를 축석할 수 있게 되었다. 영국은 이러한 부를 바탕으로 산업혁명이 가능했다는 역사적 평가를 받고 있다.

초대 총독인 워런 해스팅스(Warren Hastings)와 2대 콘월리스(M. Cornwallis)에 걸쳐 영국은 남인도의 실질적 패자가 되었으며 남인도에서 마라타동맹이 분열되는 등의 일련의 유리한 정치적 상황을 배경으로 4대 총독 웰리슬리(Lord Wellesely)는 독립 토후들과는 동맹을 맺거나 보호조약을 체결하고, 소군주국들을 영국령에 편입시켰으며 적대 토후들은 무력으로 진압하는 과정을 거쳐 전 인도에 걸쳐 군사권을 장악하고 영토를 확장했으며 달하우지(Lord E.Dalhousie) 총독에 이르러서는 인도의 완전 병합이 이루어졌다. 달하우지 총독은 2차 시크 전쟁을 통하여 시크왕국을 무력으로 정복하였고, 실권원칙을 내세워 토후 혹은 지방의 유력자가 후사 없이 사망하거나 실정이 계속되면 그러한 것을 빌미로 하여 토후국들을 병합하여 1856년에는 영국은 인도를 병합하였다.

이와 같은 병합이 이루어지는 동안 토후국들의 군대 해산과 영토를 상실한 토후들을 중심으로 사회적 불안과 불만이 증대되었고 영국의 영토확장 과정에서 중요한 역할을 담당했던 영국군에 고용된 인도인 병사 즉 세포이들은 영토확장정책이 끝남으로써 처우가 나빠지자 불만이 증대되었다.

1857년에 들어서면서 새 탄약통에 이슬람교도들이 싫어하는 돼지기름과 힌두교도들이 신성시하는 소기름을 발라서 세포이들에게 사용하게 한다는 소문의 확산이 기폭제가 되어 폭동이 발생했다. 1857년 5월10일 미루뜨(Meerut)의 세포이 3개 연대가 봉기, 델리로 진군하며 정치범을 석방하고 무갈황제를 옹립하였다. 옹립된 무갈황제는 무갈제국의 부활을 선언하고 힌두·무슬림이 단결하여 영국인을 축출하라고 호소했다. 반란은 곧 서북의 뻔잡과 오우드(Oudh), 라즈뿌따나(Rajputana), 봄베이(Bombay, 현 뭄바이), 하이드라바드(Hyderabad)까지 확산되어 전 인도에 폭동의 물결이 일어났으나, 본국의 지원을 받은 영국군이 고르카(Gorakha)족과 시크교도 그리고 일부의 번왕 그리고 대지주의 후원을 받아 무자비한 반격에 나서자 1859년 진압되고 말았다.

1600년에 설립되어 영국의 인도지배의 도구역할을 해왔던 동인도회사는 대폭동이 일어난 후 폐지되어 인도는 빅토리아 여왕의 직접 지배하에 놓이게 되었다. 또한 1858년 '인도 통치 개선법'에 의해 영국 본국의 내각에 인도상(Secretary of State for Indian Affairs)이 생기고 보조기관으로 15명으로 구성된 인도위원회가 설치되었다. 이로써 인도는 영국령 인도의 길을 이후 100년간 걷게 된다.

세포이 대폭동은 인도의 정치, 사회에 많은 변화를 가져왔을 뿐만 아니라 심리적으로도 변화를 초래했다. 그 첫째가 영국의 인도지배로 세력이 약화되어 있긴 했으나 그래도 무갈제국이라는 이름하에 중심의 역할을 해왔다고 믿고 있던 무슬림들의 심리적 박탈감과 절망을 들 수 있을 것이다. 두 번째로 많은 인도인들은 영국이라는 거대한 존재 앞에서 자신의 과거를 회상하며 영광을 부르짖기보다는 서구인들의 사유방식과 생활을 익히는 조화를 인정하게 되었다는 것이다. 또한 근대식 교육제도의 도입 확대를 통하여 형성된 중간엘리트들을 중심으로 인도인의 외형으로 영국식 심리를 가진 계층이 형성되어갔다는 것이다. 영국지배를 위한 중간 엘리트를 양성하기 위하여 교육기관이 확대되었는데 이 흐름에서 무슬림들은 상대적으로 거부감을 드러냄으로써 소외되는 현상을 빚게 되었다. 이러한 무슬림들의 심리적 거부감과 냉담의 증세는 이후 영국의 인도지배의 기본이 되었던 '분리통치정책'을 위한 심리적 배경이 되었던 것이다.

역사가들이 분석하는 세포이 대폭동의 실패 요인은 다양하다. 그러나 여기에서 그러한 요인을 분석하는 것이 주안점이 아니기 때문에 일일이 열거할 필요는 없을 것이다. 다만 종파 갈등의 연원과 관련하여 중요한 실패요인 중의 하나를 들자면 세포이 대폭동의 진행과정에서 무갈황제를 옹립한 것이 하나의 요인이 되었지 않았을까 하는 것이다.

18세기 이후 무갈왕조의 황제 권력은 사실상 명목뿐이었으며, 바하두르 샤 2세(Bahadur Shah II) 또한 정치에는 관심이 없고 시작(詩作) 등에만 몰두하였다. 1857년 5월 세포이 대폭동이 일어나, 델리를 점거하면서 지도자로 추대되었으나 9월 영국군이 델리를 탈환하자 체포되어 미얀마 양곤으로 유배되었다.

실제로 영국 지배가 확대되어 가는 시점에서 인도인들이 힌두와 무슬림으로 분리된 감정을 소유하고 있었던가. 그 감정의 깊이가 어느 정도였던가 하는 것을 추론할 만한 자료는 많지 않다. 다만 마라타동맹의 활동, 시크교의 움직임 등을 통하여 짐작할 정도일 뿐이다. 바하두르 샤 2세는 명목상의 황제이지만 플랏시 전투 이후 대부분의 지역이 영국령이 된 상태에서 인도인들은 무갈황제에 대한 인식조차 하지 못하고 있었을지도 모른다. 그러나 세포이 대폭동 과정에서 무갈 황제를 옹립하고 다시 폐위되는 과정에서 힌두와 무슬림은 강한 분리선을 느끼게 되었을 가능성이 더 크다고 생각된다.

무갈황제의 옹립은 두 가지 면에서 부정적 영향을 남길 수 있는 것이다. 첫째 처음부터 어떠한 구심점을 가지고 시작된 폭동이 아닌 상태에서 여기 저기 산발적으로 일어나는 폭동을 이끌어갈 중심이 없었다. 그런데 그 중심에 바하두루 샤 2세를 옹립했다. 물론 상징적으로 당시 인도의 황제는 바하두루 샤 2세이다. 그러나 그 존재는 희미한 어둠 속에 잊혀진 존재였던 것인데 이를 옹립함으로써 "폭동초기에 진압이 가능했던 것은 무슬림을 싫어하는 시크들이 집중되어 있는 뻔잡 지역이 영국의 편에 섰고, 데칸과 남부 인도 역시 수동적이었던 것이 주요 요인이었다(Spear, 1965: 142)는 평가와 같은 상황을 야기 시켰던 것이다. 둘째는 '황제의 폐위'라는 시점에서 누구의 황제인가라는 담론에 부딪히고 그것은 '무슬림 황제'로 압축되면서 폐위된 것은 전인도인의 황제라기보다 무슬림의 황제였던 것이다. 거기에 무슬림들은 분노와 낙담의 심리가 증폭되었으며 무슬림 이외의 사람들은 100여 년간 확대되어 오던 영국세력의 확대 정도로 인식했을 가능성이 큰 것이다. 결국 무갈황제의 폐위는 힌두들에게는 명목상의 통치자 바하두르 샤 2세가 영국의 빅토리아 여왕으로 대체된 정도의 사건이지만 무슬림은 영국에 의해 그들의 국가를 상실한 것이다. 이로써 영국은 무슬림들의 자존심을 망가뜨리고 그들의 모든 우월적 지위를 박탈한 주인공으로 인식된 것이다.

무갈제국이라는 형태가 사라진 후 힌두들은 영국지배 하에서 자신들의 입지를 다지기 시작했다. 영국이 마련한 교육제도를 받아들여 영국지배 하에서 엘리트로 성장하는 것이며 그러한 가운데 자신들의 발언권을 확대시켜 갔으며 그러한 의미의 결집체는 국민회의였다.

그러나 무슬림 특히 상층부인 아슈라프들은 식민정부의 관리가 되는 것을 자신들의 조상이 가졌던 프라이드를 상실하며 신앙심에 상처를 입히는 일이라고까지 생각하여, 마드라스, 벵갈 등지에서 무슬림들의 교육과 사회적 발전을 더디게 하는데 일역을 했다(Ahmed, 1981: 11-23). 그럼에도 불구하고 벵갈지역에서의 무슬림들의 대중적 지위가 낮은 것에 대하여 영국과 힌두들이 독점했기 때문이라고 생각했다. 그들은 영어교육에만 부정적인 태도를 취한 것이 아니라 벵갈어(Bengali)도 무시하는 태도를 취했다. 벵갈어는 힌두의 언어이며 무슬림들이 사용하기에는 적절하지 않다는 것이다. 이러한 태도가 상층부 무슬림들과 대중들의 언어소통을 막음으로써 많은 문제를 야기시켰고, 무슬림 상층부들은 인도의 무슬림들이 사회 문화 경제적 변화에 뒤쳐짐으로써 무슬림 세력이 힌두보다 뒤쳐진다는 것을 인식하면서도 그 책임을 자신들이 우르두어만을 고집하고 영어와 기타 언어에 등을 돌리면서 일어난 일이었다는 것을 인식하기보다는 오히려 힌두들에게 돌리려함으로써 무슬림연맹이 형성되는 시기에 무슬림들을 결집시키기 위하여, 당시의 무슬림들이 불우한 처지에 놓인 것은 힌두들이 우선적 지위를 장악한 분위기에 원인이 있다고 강조함으로써 정치적으로 힌두 상층과 무슬림 상층의 대립관계를 전체 힌두와 무슬림들에게로 전가시키는 결과를 초래했다.

2) 인도국민회의(Indian National Congress)

1823년 공공교육위원회가 설치되고 1834년 매콜리(T.B Macaulay)가 위원장으로 임명됨으로써 영어교육 도입의 계기가 마련되었다. 영국과 인도를 중계할 수 있는 하나의 계층을 만들기 위해 시작된 영국의 공교육은 1835년 캘커타에 프레지던시 칼리지(Presidency College)가 설립된데 이어 1857년까지 봄베이, 마드라스 등에 런던 대학과 유사한 대학이 설립되었으며 1858년에는 동인도회사의 지배 하에 있던 인도의 각주에 공공 교육국이 설치되었다. 영국이 영어교육을 통한 공교육을 확대하고 대학을 설립함으로써 무슬림 귀족이나 브라만들이 독점하고 있던 학문이 폭넓은 계층으로 확산되었다. 특히 벵갈의 힌두 신흥지주, 상인 등이 새로운 교육에 적극적으로 참여했으며 영국 지배 하에서 지주로 부상한 계층들과 구 귀족들 역시 적극적으로 영국의 교육제도를 수용했다. 영국의 인도 통치의 최상층부에는 영국인들이 자리를 차지하고 있었지만 중, 하급직에는 인도인들을 고용했으며, 영어교육을 받은 자들이 관리, 교사, 변호사, 기업가 등으로 활약하게 되었다.

영어 교육을 통한 영국의 목표에는 인도에 유럽의 발전된 문학과 과학을 보급 장려하는 것과 더불어 인도인 관리를 효율적으로 이용하는 목적이 있었다. 인도인들은 교육을 수용하여 관리로 진출할 수 있다는 목표가 있었으며 더불어 영어는 다양한 언어장벽을 넘어 각지의 지식인들과 중간계층의 의사소통의 도구로서의 역할을 하게 되었고 출판사업의 발전으로 지방 사이의 교류를 촉진시켰는데 이것이 결국 인도에서의 중간계층 즉 새로운 계층을 형성시킨 것이다.

1885년 12월 28일 봄베이에서 인도 근대사의 한 획을 그을 국민회의가 창립되었다. 인도국민회의는 인도 민족주의운동과 독립을 주도한 주체 세력이라고 할 수 있기 때문에 인도국민회의 성립은 인도 근대사에 상당히 중요한 의미를 지닌다 할 것이다. 인도국민회의의 주축이 되었던 인적 구성은 영어교육의 확대로 서구식 교육을 받은 계층들이었다. 서구식 교육을 받은 자들을 중심으로 새로운 계층이 형성되고 이들은 지역을 넘어서 인도의 현안을 토론 할 수 있게 되었고, 인도 각 지역의 언어적 장벽을 영어를 통하여 극복할 수 있었던 것이다.

인도국민회의 형성에 주춧돌 역할을 한 사람은 영국인 흄(Allen Octavian Hume)이었다. 그는 증가하는 인도인들의 불만과 폭동을 막기 위해서는 인도와 영국의 대화 통로가 될 수 있는 채널이 필요함을 주장하면서 인도의 대표기관 필요성을 역설했다. 인도인들의 대표로 구성된 단체를 만드는 것은 인도가 영국에 대항하게 하는 것이 아니라 민중과 영국 사이의 가교적 역할로써 인도인들의 요구를 영국에 전달할 수 있을 뿐 아니라 영국의 지배이념을 인도인들에게 설득, 이해시킬 수 있는 역할도 하는 안전판 구실을 할 수 있다는 것이다.

흄은 두퍼린(Lord Dufferin)총독의 동의를 얻어 인도의 지식층들과 함께 인도국민을 대표하는 조직체를 결성하기로 합의했다. 1885년 12월 28일 봄베이의 고꿀다스 떼즈빨 산스끄리뜨 대학(Gokuldas Tejpal Sanskrit College)에서 첫 모임을 갖고 인도인들을 대표하는 국민회의가 창립된 것이다. 그런데 모든 공동체와 계층을 대표하는 인도국민회의를 만들고자 계획했던 것과는 달리 참석자 72명 가운데 54명이 힌두였으며 2명만이 무슬림(조길태, 1993: 77)이었는데 그것도 개최지인 봄베이 거주의 무슬림이었다. 그 외에는 자이나교, 조로아스터교, 기독교인 등이 참석했다. 인도국민회의 개최가 거듭되면서 무슬림 참가자는 점차 증가하여 5차 때에는 10%를 상회했으나 이후 급격히 줄어들었다.

이것은 대폭동 이후 영국지배라는 시대에 적응한 지식계층들의 집단에서 점차 무슬림이 소외되어가고 있음을 느낀다는 것이다. 이들이 소외에는 몇 가지 요인들이 있었다. 근본적으로는 무슬림들이 영국식 교육이나 관직에 적응하지 못했다는데 있을 것이다. 또한 그러한 여파로 무슬림들에게는 중간계층의 결핍증상이 생겨났다. 즉 우월적 자만심을 안고 살아가는 상층의 무슬림과 하층의 대중사이를 연계할 중간계층이 성장하지 못했던 것이다. 지방의 물라들은 일찍부터 그 세력을 형성하고 있었지만 이들 물라들이 모두 학식을 갖춘 사람들은 아니다. 일부는 반문맹의 상태일 정도이기도 했으나 학식이 있든 없든 이들의 지방사회에서의 영향력은 적지 않았다. 그러나 이들 물라들이 가진 근본적 취약성은 조직을 형성하지 못했다는 것이다. 힌두들이 카스트로 나뉘어 통합적인 단체를 형성하기 어려움에 비교하면 무슬림들은 오히려 유리한 입장에 있음에도 불구하고 힌두들은 위기의 시기에 하나의 보루를 형성했던 것과는 비교된다(Ahmed, 1981: 31). 그러한 여러 연유로 인하여 대폭동 이후 힌두들이 교육받은 엘리트로 성장하는 것과는 대조를 이루면서 교육과 관직의 진출에서 소외되었던 무슬림들은 힌두를 중심으로 한 국민회의 결성에서 결정적으로 소외감과 불리한 입장을 크게 인식하게 되었던 것이다. 국민회의 성립은 힌두에게는 자부심과 애국심을 심을 수 있었을 것이나 무슬림들에게는 오히려 소외된 비참함을 맛보게 했을지도 모른다.

4. 벵갈분할령: 전복된 심리갈등의 폭발과 영국의 역할

1903년 커즌(George N. Curzon)총독은 비하르, 오리사, 벵갈을 포함하고 있는 벵갈 주의 규모가 너무 광대해서 한사람의 지사가 다스리는 것은 행정적 비효율을 낳는다는 이유를 내세우며 벵갈분할 계획을 구체화 하고 있었다. 계획안에 따르면 비하르와 오리사를 중심으로 하는 서벵갈과 아삼지역을 중심으로 하는 동벵갈로 분할하여 행정의 효율을 높인다는 것이다. 이러한 커즌 총독의 분할 계획은 영국 본국의 인도상인 브로드릭(John Brodrick)에 의해 1905년에 허가되었다.

벵갈분할은 계획단계에서부터 많은 논란을 일으켰다. 벵갈이 동과 서로 분리되면 동벵갈에는 무슬림이 다수가 되고 힌두가 소수집단이 되며, 서벵갈은 힌두가 절대적 우위를 차지하는 주민의 구성을 보이고 있다. 전체적으로 보면 벵갈은 힌두 우세의 지역이지만 이렇게 동서로 나뉘면 동벵갈의 힌두들은 소수집단으로 전락하여 상대적으로 불이익을 받게 될 것이다. 또한 동벵갈에서는 무슬림이 다수집단으로 우위를 차지 할 수 있으나 야만지역으로 인식되던 아삼 지역이 동벵갈에 포함됨으로써 문화적 자존심에 상처를 입게 된다고 생각되었다.

벵갈 지역을 행정 구역상에서 보면 엄청난 규모이기 때문에 이것을 분할하여 행정의 효율을 높일 수 있다는 측면에서는 상당수가 동조적이었으나 이러한 분할은 한편으로 힌두와 무슬림을 분리시키는 영국지배의 통치수단이 드러난다고 보기 때문에 힌두는 물론 무슬림들도 이에 동조하기 힘들었다. 그래서 커즌 총독의 벵갈분할을 보는 시각은 다양하다. 인도의 분할통치를 위한 철저한 제국주의적 발상이라는 견해(Chakravarti, 1959: 297)부터 실제로 행정적 편의를 위한 행정개혁차원의 분할이었으나 이것이 점차 정치적 목적으로 전환되거나 이용되었다고 보는 견해(Gopal, 1965: 268), 또는 벵갈분할에 대하여는 직접 이해관계가 얽힌 사람들과 지도층을 제외하고는 그 문제 자체에 냉담했다는 견해 등 다양한 견해가 표출되었다.

실제로 커즌 총독이 영국의 식민지 지배정책의 하나인 분리통치의 일환으로 벵갈분할을 시도했든 아니면 순순한 행정적 효율성을 재고하여 분할을 시도했든 결과적으로 벵갈분할은 인도 근대사의 커다란 획을 긋는 일이었다. 간디가 말하고 있듯이 벵갈분할이라는 정책을 통하여 인도인들은 '국민회의가 자치의 씨앗을 심었지만 진정한 각성은 벵갈분할 이후에 생겨났다'(M. Gandhi, 안찬수 옮김, 2002: 28)는 것이다. 벵갈분할안이 인도인들에게 자치라는 목표를 향한 진정한 각성제가 되었던 것이 인도 근대사의 한 획이 될 뿐 아니라, 분할이라는 자체보다는 벵갈분할령을 계기로 설왕설래하는 과정에 이해집단의 충돌 특히 힌두와 무슬림의 충돌이 비록 벵갈지역에 한정한다 하더라도 극심하게 표출되었다는 것이다. 분할의 의도가 행정편의를 위한 것이었다고 하더라도 힌두의 서벵갈과 무슬림의 동벵갈로 분할하려는 시도는 인도 내에서 가장 감정적으로 예민한 부분의 집단 감정을 자극한 것이다. 무슬림이 인도에 발을 디딘 이후 긴 세월 동안 때로는 감춰지고, 때로는 다독여지며, 때로는 화합하려는 시도가 이루어지기도 했었던 힌두와 무슬림의 분리된 감정선에 굵기를 더해주는 계기가 바로 벵갈분할이었고 그것을 통하여 양대 집단은 감정의 골이 깊어짐으로써 오늘날 분리독립의 결과와 종파갈등의 근본적 텃밭을 가꾼 셈이 된다.

벵갈분할을 둘러싼 갈등의 표출은 여러 양상을 낳았는데 그 첫째가 인도국민회의 내부에 온건파와 강경파가 대립하게 된 것이다. 당시 국민회의는 영국정부와 인도통치법에 관한 여러 협상이 놓여있었기 때문에 벵갈 문제에 적극적이지 못했는데 강경파가 등장하면서 상황은 역전되기 시작했다. 특히 고칼레(G.k. Gokhale)가 1905년 국민회의 의장 연설에서 했던 "국민회의는 우리가 추구하는 전진이 무엇이든지 간에 대영제국 안에서 이루어져야한다는 것을 너그럽게 인정하는 바이다. 더욱이 그 전진은 점진적이어야만 한다."[38]는 말은 당시의 사태에 대하여 미온적인 입장으로 보일 수밖에 없었다. 이에 대하여 강경파인 띨라끄는 온건파가 추구하는 '설득과 청원'에 회의를 느끼고 설득이 아닌 강력한 압력으로써 정치적 권리를 쟁취할 수 있다고 생각했다. 이러한 국민회의 내부의 분열이 일어나면서 벵갈을 둘러싼 정치, 경제적 이해관계가 엇갈리는 집단의 분열이 이어졌고 이러한 것들은 결국 폭력의 양상을 심화시킨 것이다.

벵갈분할 반대 움직임을 통하여 폭력파가 등장함으로써 폭력이 목적을 위한 수단이 되고 만연된 테러와 폭력양상을 빚게 되었다. 이들 폭력파들은 종교만이 애국심을 조장시킬 수 있다고 믿고 그들의 행동의 근거를 전통적인 종교에서 찾으려했는데 특히 깔리(Kali)여신에 대한 숭배를 강조하고, 『바가바드기따』(Bhagavad Gİtà에서도 폭력적인 부분만을 인용하면서 행사하는 폭력을 정당화하고 있다. 특히

38) A.C. Banerjee (ed), *Indian Constitutional Documents*, Vol.II, Calcutta, 1987: 203(조길태, 1983: 121 재인용)

1906년에 다스(P.B.Das)가 창립한 아누실란 사미띠(Anusilan Samiti)는 벵갈의 젊은 상류 힌두 계층으로 구성된 비밀결사로 이들의 폭력과 테러는 벵갈사회에 놀라움을 자아내게 하였다. 그리하여 강경한 입장을 취하는 정치인들까지도 그들의 공공연한 만행을 용서하려 하지 않았고, 더구나 무슬림을 정치적인 투쟁의 진영에서 배제시켜 긴장을 조성했을 뿐 아니라 사회의 하층계급에게도 관심을 두지 않아 극히 적은 과격분자들의 한정된 투쟁으로 끝났으나 그 심리적 사회적 여파는 적지 않다.

영국이 단순히 행정적 편의를 위하여 벵갈분할을 시도했다고 해도 그 잠재된 의식 속에 분할통치의 이상을 완전 배제하지는 않았을 것이다. 그렇다면 벵갈분할과 그 반대 운동이 격렬해진 것은 그 자체로 인도인들에게 '민족자치'의 의식을 일깨우는 계기가 되었다고 해도, 반대운동을 통하여 나타난 결과는 영국이 지향했던 분열의 함정에 제대로 빠져든 것은 아닌가.

간디는 "분할이 영국이라고 하는 배에만 균열을 만든 것이 아니며, 중대한 사건은 중대한 결과를 낳습니다. 지도자들은 온건 강경 두 파로 나뉘었고 증오심이 생긴 것이 사실이지만 이러한 분열이 지속되지는 않으리라고 생각합니다. 분열이 얼마나 오래 가느냐는 지도자들에게 달려있습니다"(Gandhi, 안찬수옮김, 2002: 32)라고 했는데 벵갈분할 철회만을 놓고 본다면 이들의 분열은 오래가지 않았다고 볼 수 있을지 모른다. 그러나 벵갈분할로 야기된 충돌과 심리적 거리감은 '균열에서 분리독립으로' 이끌어 갔다고 볼 수 있을 것이며 실상 이것은 지도자들이 대중적 이해와 관심보다는 그들의 정치적 입지를 앞세운 대립 때문에 균열이 치유되지 못하고 분리독립과 오늘날의 종파갈등을 만드는 삽질이 되었다는 것이다.

III. 1935년 인도통치법 개정과 힌두 무슬림의 갈등

1919년 인도통치법(Government of India Act of 1919)에 의하면 1919년 인도통치법이 발효되고 10년 후에 새로운 통치법 개정을 위하여 위원회를 구성하고 그 위원회는 정부체제의 운영, 교육의 성장, 대의제의 발전 등을 조사하고 그 보고에 근거하여 새로운 통치법을 개정하기로 되어있다. 그러한 약속을 이행하는 차원에서 영국정부는 1919년 통치법에 규정된 시기보다 2년 앞선 1927년 11월 26일 존 사이몬(John Simon)을 위원장으로 하는 사이몬위원회(Simon Commission)를 구성했다. 위원회는 위원장을 포함하여 7명으로 구성되었는데 이들 위원은 모두 영국인이었다. 인도의 장래를 결정할 헌법 개정을 위해 인도의 정부 조직의 활동과 교육 확대 그리고 대의제도의 진전 양상을 조사하여 보고할 임무를 맡고 출발한 위원회가 영국인들로만 구성되었다는 것에 대하여 인도인들은 납득할 수 없었다.

몬태규 첼름포드 개혁(Montague-Chelmsford Reforms)으로 알려진 1919년의 인도통치법은 1917년에 영국하원에 인도상 몬태규가 인도인들에게 좀 더 많은 대표권을 주는 개혁을 실시하겠다는 의견서를 제출하고, 인도에 와서 6개월 동안 인도의 정치인들과 접촉하고 총독인 첼름포드와 협력하여 1918년에 개정안을 제출, 영국국회에서 승인을 얻어 이루어진 통치법이었다. 1919년의 정치상황과는 많이 달라진 인도에서 1919년 통치법을 만들던 상황 그대로 영국인들만으로 구성된 위원회가 인도의 정치 현실을 조사하여 통치법을 개정하고자 하는 영국의 태도에 인도 정치인들은 강력히 반발하고 나선 것이다.

사이몬위원회의 결성을 시점으로 인도 정치인들의 인도의 장래에 대한 논의가 구체화되기 시작했다. 인도국민회의는 사이몬위원회를 거부하기로 결정하고 인도상 버켄헤드(Birkenhead)에게 인도인들이 받아들일 수 있는 헌법을 만들 것을 요구했다. 무슬림들은 무함마드 샤피(Muhammad Shafi)와 같이 사이몬위원회를 인정하는 파[39]와 진나를 중심으로 하는 사이몬위원회를 보이코트 하자는 두 파로 나뉘었다. 새로운 통치법 개정과 인도의 장래 문제로 영국, 국민회의, 무슬림들이 각기 다른 입장과 주장을 내세우면서 인도 정국은 새로운 국면을 맞이하게 된 것이다.

1935년 인도통치법을 재정하는 과정은 인도국민회의와 무슬림연맹이 결성된 이래 힌두와 무슬림 관계의 분수령이 되는 시점이라고 볼 수 있으며, 이 시기는 정치적 행보의 분수령이 될 뿐 아니라 힌두와 무슬림의 심리적 갈등이 동태화되는 시점이기도 하다. 그러므로 사이몬 위원회의 조직과 인도에서의 반발 과정 그리고 모띠랄 네루(Motilal Nehru)의 보고서와 이에 반대하는 진나가 요구한 14개 조항을 비교 분석하고 그들의 대립이 이후 힌두 무슬림의 심리적 갈등에 미치는 영향의 향방을 검토해보자.

1. 사이몬위원회

사이몬위원회가 1927년에 결성되고 인도의 현황 조사를 위하여 인도에 온 것은 1928년 2월 3일이었고 3월 31일까지 약 2개월간 머물렀다. 이들이 봄베이에 도착하자 거대한 군중집회가 그들을 기다리고 있었다. '사이몬은 돌아가라'라는 슬로건이 쓰인 검은 깃발들이 물결을 이루었다. 이러한 상황은 사이몬위원회가 가는 곳마다 비슷했으나 사

39) 당시의 무슬림 신문에는 '버켄헤드 총독이 사이몬위원회에 인도인을 포함시지키 않은 이유라고 했던 종파적 차이라는 것을 우리는 애석하게도 인정해야 한다. 힌두 무슬림 공통의 프로그램을 제시하기에 앞서 종파적 견해차를 해결해야만 한다. 우리는 우리의 동지들과 무슬림들에게, 사이몬위원회를 보이코트하는 것은 무슬림을 파멸로 이끌 것이라는 것을 알려야 한다.'는 글들이 실렸다고 한다(Maulana Hafiz Sher Muhammad, *Dr. Sir Muhammad Iqbal and the Ahmadiyya Movement.*: 22).

이몬위원회는 인도에 도착했고, 연합회의안을 위한 제안을 했으나 정치 지도자들은 거부했다. 마드라스에서는 보이코트선전위원회(Boycott Propaganda Committee)가 주축이 된 하르딸(Hartal)을 위한 집회와 선전 시위에 대한 금지령이 내렸지만 거부의 분위기는 고조되어갔다. 사이몬위원회가 마드라스에 도착한 2월19일에는 스와라쟈 달성의 첫 단계로 영국상품 불매운동이 벌어졌던 슈라다난드 공원(Shradhanand Park)에서 대중이 군집하여 대규모 보이코트 시위를 했다.

사이몬위원회의 두 번째 조사 활동은 1928년 10월 11일에서 1929년 4월 13일까지 행해졌다. 두 번째 인도 방문 역시 여러 곳에서 시위가 벌어졌지만 가장 격렬한 시위는 라호르(Lahore)에서였다. 10월 30일 사이몬위원회가 라호르에 도착하자, 미미하나마 환영 시위도 있었다. 그러나 다른 한편에서는 동맹휴업인 하르딸이 시행되었고 여기저기에 검은 깃발이 나부끼는 가운데 엄청난 수의 대중들이 "사이몬 물러가라"고 외치며 저항 시위를 계속했다. 경찰은 이들을 저지하기 위해 경찰봉을 휘둘러 유혈이 낭자한 상태가 되었다. 경찰은 시위를 주도하던 라즈빠뜨 라이(Lala Lajpat Rai)에게 집중적으로 경찰봉을 휘둘렀다. 며칠 후 "오늘 내게 행해진 몽둥이질은 영국제국주의의 관에 박는 마지막 못질이 될 것이다"라는 말을 남기고 라즈빠뜨 라이는 숨을 거두었다. 라즈빠뜨 라이가 말했던 "구걸이나 기도로는 자유를 얻을 수 없다. 투쟁과 희생만이 자유를 얻게 할 것"이라는 말은 뻰잡을 비롯한 인도 독립운동에 지대한 영향을 미쳤고 이후 인도 정세에도 적지 않은 영향을 미쳤다.

사이몬위원회는 1928-1929년까지 두 차례 인도를 방문하여 조사활동을 펼쳤으나 장래 인도헌법을 개정하는 기초자료 조사단으로서의 성과를 거두지는 못한 셈이다. 그러나 위원회가 1930년에 발간한 17권의 보고서는 중앙과 지방의 수많은 관리, 정치지도자들과의 인터뷰 내용과 기록된 성명서, 결의문, 각서 등으로 채워져 있다. 사이몬위원회는 개혁에 어떠한 성과를 거두는 데는 실패했지만 그 보고서는 역사적으로 중요한 기초 사료가 되고 있다.

사이몬위원회의 보고서에 따르면 이들은 지방에서 행정권의 분리인 양두정치(Diarchy)의 철폐와 대의제 정부를 권고했고, 소수종파의 분리 대표제는 기본적으로 인정하지 않으며 이 문제는 힌두와 무슬림 사이에 일어나고 있는 문제에 대하여 합의점을 찾을 때까지 유보하기를 권고했다. 그러나 피억압계급과 하층 카스트 힌두는 입법부에 보류의석을 제공 받는 것으로 되어있어서 사이몬위원회가 교육받은 인도인들의 정치 개혁에 그다지 우호적 입장을 취하지 않았으며 오히려 하층민들에게 관심을 돌리고 있다는 것을 알 수 있다. 사이몬위원회의 보고서가 출판되기 전에, 영국 정부는 이미 헌법 개정은 자치국가의 달성을 목표로 하고, 인도의 헌법 개정과정에서 인도인의 의견이 반영될 것이라고 발표함으로써 위원회의 작업은 어떠한 실제적 활용가치가 없는 실험에 불과하게 되어버린 것이다.

인터넷 사이트 검색을 동한 힌두와 무슬림들의 당시의 역사적 사건에 대한 기술을 보면 힌두 측에서는 사이몬위원회의 인도인에 대한 모욕과 무시의 측면을 중심으로 기술되어 있고 방글라데시와 파키스탄 사이트에는 사이몬위원회가 했던 역할의 긍정적 측면도 서술되어있다. 힌두와 무슬림 사이트에서 보이는 사이몬위원회에 대한 기술의 차이는 현재의 시점에서 그들이 보는 역사적 시각이라고 할 수 있을 것이다. 특히 방글라데시에서는 당시 사이몬위원회가 조사한 방대한 자료에 벵갈 지방의 경제적 정치적 분석에 대하여 언급하면서 그러한 자료들은 나름대로 당시의 벵갈 현황을 파악하는데 중요한 자료가 된다고 서술하고 있다.[40] 이러한 측면은 한편으로 당시로부터 현재 시점까지 무슬림단체들보다는 인도국민회의 측이 훨씬 사이

40) www.mkgandhi.org, www.freeindia.org, www.srcm.org, www.storyofpakistan.com, www.pakistan.gov.pk, search.com.bd/banglapedia

몬위원회에 대한 반발이 심했음을 반영하는 것이고, 사이몬위원회를 부정적으로 평가했다고 이해하는 단서가 될 수 있을 것이다.

2. <네루보고서>와 <진나 14개조>

사이몬위원회에 대한 반발이 확산되자, 영국 정부는 인도인들에게 그들 자신의 헌법구조의 틀을 짜도록 요청했다. 국민회의와 무슬림연맹이 주요한 두 개의 맥을 형성하고 있으며 그들 단체 사이에 심각한 견해 차이가 있다는 것을 인식한 영국정부와 영국상 버켄헤드는 힌두와 무슬림 모두가 동의할 수 있는 법안을 기초하도록 요청함으로써 새로운 포석을 둔 셈이다. 인도의 정치지도자들은 이것을 수용하여 전인도단체회의(All Parties Conference)를 1928년 1월에 델리에서 개최했다. 거의 모든 단체에서 백여 명의 대표가 모여 회의에 참석했으나 어떠한 결론도 도출할 수 없었던 것은 당연한 결과였을 것이다. 두 번째 회의가 같은 해 3월에 개최되었으나 전인도단체회의에서는 힌두마하사바와 시크 대 무슬림연맹의 구도로 대립된 양상이 이어졌고 소수집단의 권리문제가 가장 큰 걸림돌이 되었다. 대표자들은 여전히 의견의 차이를 좁히지 못하여 아무런 결론에 도달하지 못하고, 소위원회 두 개가 구성되었지만 이 위원회 역시 힌두와 무슬림의 의견 차이를 좁히지 못하여 아무런 결과 없이 두 번째 회의도 막을 내렸다.

전인도단체회의가 1928년 5월 19일 봄베이에서 세 번째 회의를 개최했을 때 역시 일치된 헌법을 만들어낼 가능성은 희박했다. 그래서 소위원회를 구성하여 헌법의 세부항목을 만들어내도록 위임하였는데 모띠랄 네루가 이 위원회의 대표가 되었다. 그리고 9명의 위원 중에 사이에드 알리 이맘(Syed Ali Imam)과 쇼앱 꾸레시(Shoaib Qureshi) 등 2명의 무슬림이 포함되어 있었다. 이 위원회는 알라하바드에서 3개월 동안 작업하여 보고서를 발표하였는데 그것이 <네루보고서>(Nehru Report)라고 불리는 것이다.

<네루보고서>에는 보장되어야 하는 기본권이 열거되어 있고, 소수집단에 대한 보호가 강조되어 양심의 자유, 직업의 자유, 종교의 자유, 소수집단의 초등교육, 무슬림이 소수인 지역에서의 무슬림과 서북변경지역에서의 비무슬림에 대한 보류의석 등이 들어 있다. 그러나 <네루보고서>에 대하여 무슬림들은 모띠랄 네루가 힌두마하사바와 손을 잡고 <델리 무슬림제안>(Delhi Muslim Proposals)을 외면했다는 평가를 했다. 1928년에 전인도단체회의가 열리기에 앞서 분리선거가 힌두-무슬림 관계 증진의 장애물이라고 생각한 진나는 힌두 측에서 어떠한 보호규정을 제시하는데 동의한다면 무슬림은 분리선거를 포기할 수 있다는 제안을 했다. 결과적으로 이 제안은 델리에서 열린 1927년 무슬림 회의에 공식적으로 제안되었기에 <델리 무슬림제안>이라고 불리며 다음 사항이 보호조항으로 제시된 것이다.

1. 신드(Sind) 분리 주(州) 형성
2. 서북변경주와 발루찌스딴(Baluchistan)에 다른 주와 같은 수준의 개혁.
3. 상기의 제안이 이행될 때까지는, 무슬림들은 결코 분리선거권을 양도하지 않을 것이다. 만약 상기한 두 개의 제안이 무슬림들에게 만족스럽게 이루어지고 또한 다음의 두 개 제안이 받아들여진다면, 인구비례에 맞는 의석을 유보하는 합동선거제를 선택하고 기꺼이 분리선거제를 포기할 것이다.
4. 신드, 발루찌스딴 그리고 서북변경주의 소수 힌두는, 힌두가 다수인 주에서 무슬림들이 확보하는 만큼의 인구비율에 비례하여 보류의석을 갖게 될 것이다.
5. 중앙입법부의 무슬림 대표는 1/3 미만이 되어서는 안 된다.
6. 종교의 자유와 같은 조항에 덧붙여, 만약 관련된 커뮤니티

> 구성원의 3/4이 그것을 반대한다면 커뮤날 문제에 대하여 어떠한 법안이나 판결도 고려되거나 통과될 수 없다는 추가 보장이 헌법에 있어야한다.

이 제안의 내용들은 통째로 받아들여지거나 거부되어야 하는 것이었다. 이러한 조항들이 받아들여진다면 무슬림의 분리선거를 포기하고 보류선거제에 동의한다는 것이 <델리 무슬림제안>의 내용인 것이다. 그런데 <네루보고서>에는 <델리 무슬림제안>의 내용이 거의 수용되지 않고 있다는 것이다. 이에 대하여 진나는 '마하뜨마 간디와 알리 이맘은 우리의 깃발 아래 앉아, 그들의 머리 위에 영국기를 휘날리려 한다. <네루보고서>의 전문에서 노예상태의 굴레를 허용하고 있다(Hasan, 2002: 137)'고 비난했다.

<네루보고서>에는 커뮤날 문제에 대하여 '무슬림은 자신들을 돌보기에 충분하며 특별한 보호가 필요하지 않다. 만약 인도에 있는 어떤 그룹을 위해 종파적 보호가 필요하다면 그것은 힌두와 무슬림이 아니라 전체 인구의 10%에 불과한 소규모 집단이다. 정치와 관련된 커뮤날 문제는 유권자문제, 보류의석제, 신드의 분리 서북변경과 발루찌스딴에 주 정부를 만듦으로써 해결할 수 있다.'고 하여 커뮤날 보호 대상에 무슬림이 포함되는 것을 부정하고 "대부분의 사람들이 분리선거는 좋지 않은 것이며 폐기되어야 한다고 생각한다. 그러나 우리는 무슬림들이 그것을 '그럴만한 가치 있는 특권'이라고 생각하고 있다는 것을 알고 있으며, 또한 다른 집단들 상당수가 여러 상황을 고려하여 분리선거를 포기하려고 한다는 것도 알고 있다. 모든 사람들은 분리선거가 민족정신의 성장에 나쁘다는 것을 알고 있지만, 분리선거가 소수집단에도 좋지 않다는 것을 인식하지 못한다"(Hasan, 2002: 430)고 하며 분리선거에 대한 부정적 견해를 드러내고 있다.

중앙입법부의 무슬림 보류의석에 대하여도 '우리가 채택한 무슬림

을 위한 보류의석의 원칙은 엄격히 인구비례에 따라야 한다는 것이다. 영령인도에서 무슬림 인구는 1/4을 넘지 않는다. 그러므로 중앙입법부에서의 보류의석은 그 비율을 넘을 수 없다'(Hasan, 2002: 455)고 명시하고 있다. 또한 신드 분리 문제에 대하여는 '신드의 힌두들은 커뮤날 주(州)의 창설에 반대하고 있다. 신드 분리에 대한 무슬림의 주장은 최상책이 아니라는 것에 동의한다...(중략)...분리를 반대하는 것은 고도의 민족의식 때문이 아니라, 경제적 상황 때문이며, 분리된 지역의 업무를 무슬림들이 맡게 되면 힌두들이 그들의 경제적 지위에 타격을 받을까 우려하는 것 때문이다...(중략)...우리는 이 문제를 나중에 논의할 것이다'(Hasan, 2002: 435) 라고 하여 사실상 신드의 주 분리는 보류된 셈이다.

무슬림들은 중앙입법부 의석 1/3을 요구했지만 <네루보고서>에서는 1/4이었고, 신드의 분리도 재정적 문제를 앞세워 보류되었다. 이러한 것을 근거로 <네루보고서>는 무슬림들 의견에 제대로 반영되지 않았다고 평가되는 것이다.

국민회의는 <네루보고서>를 발표하면서 이 보고서가 1929년 12월 31일까지 법률로 이행되지 않으면 불복종운동을 전개할 것이라고 공언했는데(Wallbank, 1963: 163) 이러한 힌두들의 강경한 태도는 무슬림연맹과 무슬림 단체들의 자유운동에 전기를 마련해주게 된다. <네루보고서>를 접한 무슬림들은 <네루보고서>가 무슬림들의 요구를 반영하지 않았다고 비판하면서 1928년 12월 22일부터 개최된 전인도회의에 참석한 진나는 '중앙입법부의 1/3, 뻔잡과 벵갈에 보류의석, 잔류권한은 주(州)에 주어져야 한다. 신드와 서북변경주의 분리는 즉각 이루어져야 한다' 등의 내용을 골자로 한 수정안을 제의하였으나 받아들여지지 않았다. 이에 무슬림들의 요구를 정리한 <진나 14개조>가 1929년에 등장한다.

1929년 3월 28일의 전인도무슬림연맹회의에 사피리그(Shafi League)

와 무슬림연맹의 회원들이 참석하여 <네루보고서>를 거부하는 것으로는 불충분함으로 대체할 수 있는 무슬림 안을 제출하기로 결정했는데 그것이 바로 <진나 14개조>이다

1. 장래의 헌법의 형태는 잔류권한(residuary powers)이 주에 귀속되는 연방제여야 한다.
2. 자치의 동등한 기준이 모든 주에 부여되어야 한다.
3. 국가와 다른 선거된 단체에서의 모든 입법부는 어떠한 주에서도 다수집단을 소수집단 혹은 동등한 집단으로 감축시킴 없이, 모든 주에서 소수파의 적절하고 유효한 선거권의 명확한 원칙에 의거하여 구성될 것이다.
4. 중앙 입법부에 무슬림 대표는 1/3 미만이어서는 안 된다.
5. 소수종파(communal group)의 대표 선출은 현재와 같은 분리선거가 지속되어야 한다. 어떤 소수종파든지 합동선거제를 희망하여 분리선거제를 포기하는 것은 언제든 가능하다
6. 필요에 따라 지역이 분할된다 해도 뻔잡, 벵갈, 서북변경주에서 무슬림이 다수인 것에 영향을 주어서는 안 된다
7. 완전한 종교적 자유, 즉 믿음, 신앙과 예배, 포교, 집회와 교육의 자유는 모든 집단에게 허용되어야 한다.
8. 어떤 의회 혹은 선출된 단체에서. 만약 어떤 집단의 3/4이 그 법안이나 결의안을 그 집단의 이익에 해가 될 것이라는 이유로 반대하면, 어떤 법안이나 결의안도 통과 되서는 안 된다. 그와 같은 경우를 특별히 다룰 수 있는 방법이 강구되어야 한다.
9. 신드는 봄베이의 통치권에서 분리되어야 한다.
10. 서북변경주와 발루찌스딴에 다른 주들에서와 같은 수준의 개혁이 이루어져야 한다.
11. 무슬림에게 적절한 몫을 주는 조항이 헌법에 만들어져야 하고, 국가와 지방단체의 공직에 실제적인 적용이 가능하

게 해야 한다.

12. 헌법은 무슬림의 문화보호, 무슬림 교육, 언어, 종교, 민법 그리고 무슬림 자선 기구의 증진을 위하여, 또한 국가와 지방자치 단체에 의해 주어진 몫을 감당할 의무를 위해 적절한 보호책을 구체화해야 한다.
13. 중앙이거나 지방의 어떤 내각에서나 적어도 1/3의 무슬림 장관의 비율 없이 만들어져서는 안 된다.
14. 인도연방 주에 주어진 몫의 동의 없이 중앙입법부에 의해 헌법이 개정되어서는 안 된다(Bajwa, 3).

전인도무슬림연맹회의는 진나의 14개조를 채택하여 이 결의문에 있는 요구가 받아들여지지 않는 한 인도정부의 장래 헌법 안은 받아들여지지 않을 것이라고 발표했다. <델리 무슬림제안>, <진나 14개조>의 한결같은 흐름은 무슬림이 중앙입법부의 1/3을 차지해야한다는 것, 또한 연방제의 주는 온전한 독립적 성격을 가진 주이어야 한다는 것 그리고 무슬림들이 다수인 서북변경주의 독립이다. 여기서 중앙입법부의 1/3을 차지해야한다는 것은 의석확보의 차원과 더불어 인도 인구의 1/3을 무슬림이 차지하고 있다는 것을 인정하고, 국민회의가 힌두의 당으로 무슬림연맹이 그 두 번째 단체로 인정되어야 한다는 생각이 함께 담겨져 있는 것이라고 볼 수 있다. 두 번째의 잔류권한을 주(州)에 귀속시켜야 한다는 것은 무슬림이 다수인 지역이라도 그 권한의 일부가 중앙에 위임되어 있다면 무슬림들의 자치권리가 온전히 보장된다고 볼 수 없기 때문에 거론된 것이다. 잔류권한을 중앙에 귀속시켜야 한다는 <네루보고서>는 무슬림이 다수인 주의 통치권의 일부를 중앙에서 제어할 수 있다는 포석이 깔린 것이기 때문에 무슬림들은 잔류권한이 주에 귀속되는 온전한 의미의 주 자치를 요구한 것이다. 마지막으로 무슬림들이 요구한 것이 무슬림이 다수인 서북변경지역을 독립 주로 만들어 일종의 무슬림 지역화 한다는 것이다. 물론 이것이 이후 이끄발(Iqbal)이 주장하는 무슬림 블록 설정과는 다르지만 그 배경이 되었을 가능성이 큰 것이다.

<진나 14개조>에 포함 된 내용 가운데 '중앙이나 지방의회에서 어떤 문제와 관련하여 관련자의 3/4이 반대하는 법안은 통과될 수 없다'라는 항목에도 주목해야 한다. 이것은 예를 들자면 어떤 주의 입법부에 힌두 의원이 다수를 점하였다고 하더라도 이들이 그 지역의 무슬림에 관련된 법안을 상정할 때는 '관련자' 즉 무슬림의 3/4이 반대한다면 그 법안은 상정될 수 없다는 것이다. 이 조항은 힌두가 다수인 지역에서도 무슬림 혹은 소수집단의 문제에 대하여는 힌두들이 마음대로 법안을 만들거나 규정할 수 없게 제한을 두는 것이다. 물론 이것은 무슬림 지역에서 힌두에 관련된 문제를 무슬림들도 마음대로 입안 할 수 없는 셈이지만, 실제로 이것은 힌두들로부터 무슬림의 문제를 손대지 못하도록 차단하는 장치가 될 수 있는 것이다.

'관련자의 3/4이 반대한다면' 이라는 조항은 다수결 원칙의 가장 큰 맹점인 소수에 대한 다수의 횡포를 방지할 수 있는 탁월한 제안이지만 힌두와 무슬림의 갈등 차원에서 보자면 무슬림들의 요구를 국민의회 측에서 받아들일 수 있는 조항이었는지에 대하여 숙고해볼 필요가 있다.

<네루보고서>와 <진나14개조>의 내용은 같은 부분이 많았으므로 <네루보고서>의 작성을 위해 위원회가 구성될 때 진나가 영국에 머물지 않고 인도에 있었다면 이견이 조정될 수 있는 가능성(조길태 1999: 24)도 있었고, 힌두 측에서도 진나의 주장을 수용하자는 측도 있었으며, 무슬림에서도 <네루보고서>를 받아들이는 자들도 있었다. 그럼에도 불구하고 합일점을 찾지 못하고 분리를 향해 빠른 걸음을 내딛게 된 원인은 무엇일까.

국민회의측이 진나의 요구를 수용하기 힘들었던 점은 인도를 대표하는 정당으로서의 자리매김이 아닐까. 간디와 네루가 이끄는 국민회

의가 힌두의 당이 아니고 인도 전체를 대변하는 자리매김을 위해서 무슬림의 요구를, 국민회의 대 무슬림의 대등한 위치에서 받아들이기 힘든 심리적 요인이 작용했고, 아울러 그렇게 함으로써 정치적 입지를 지켜야 하는 입장에 있었던 것이다. 무슬림 측의 진나 역시 충분히 협상 가능성을 제쳐두고 14개 조항을 요구하며 맞선 이유도 심리적 요인이 크게 작용하고 있다고 볼 수 있다. 국민회의와 무슬림연맹은 정치적 입지를 확보하기 위한 심리전에 휩싸이게 된 셈이다. 이러한 양대 집단의 심리적 갈등이 드러나는 아슬아슬한 줄다리기를 인도 전체가 양극에 서서 지켜보게 된 것이다.

1930년 국민회의와 무슬림연맹이 통치법 개정을 둘러싸고 맞서고 있을 때 간디의 '소금행진'이 시작되었다. 3월 12일부터 4월 5일까지 진행된 간디의 소금행진은 영국정부의 염세에 대한 비폭력 시위였으나 실제로 소금행진은 각자의 길로 작별의 길목에 서 있던 국민회의와 무슬림연맹에게는 엄청난 심리적 파장을 일으켰다고 볼 수 있다. 소금행진은 비협조운동으로서는 성공적이었다는 평가를 할 수 있겠지만, 당시의 인도 정국은 힌두와 무슬림이 그러한 비협조운동을 통하여 단결하기보다는 세상의 시선이 간디에게 집중되면서 무슬림 지도층들은 더욱더 힘을 상실하는 심리적 타격을 입고, 국민회의 측은 더욱 확고한 입지를 다지게 됨으로써 양보와 타협의 마음을 내지 못하는 계기가 되었다. 또한 무슬림연맹으로서는 <네루보고서>에 자신들의 입지가 반영되지 않음으로써 심리적 상처를 입고, 간디의 소금행진으로 심리적인 위축감이 한층 심화되어, 이후 한 치의 양보도 없이 '분리'를 향해 갈 수밖에 없지 않았을까.

3. 원탁회의

<네루보고서>에 대한 대응으로 <진나 14개조>가 요구되면서 통치

법 개정을 위한 인도국민회의와 무슬림연맹은 타협점을 찾지 못하고 있었다. 이 때 어윈(Edward Wood Irwin) 총독은 인도의 정치적 개혁의 방안을 협의하기 위하여 런던에서 원탁회의가 개최될 것이라고 공포했다. 국민회의와 무슬림연맹의 대립으로 돌파구를 찾지 못하던 정국은 새로운 국면을 맞이하게 되었다. 그러나 첫 원탁회의가 열리기 전에 간디는 염세의 폐지를 위한 소금행진을 1930년 3월에 감행하였고, 이로 인해 간디는 물론 네루를 중심으로 한 국민회의 지도부는 투옥된 상태였다. 런던에서 첫 원탁회의가 열린 1930년 11월 12일에는 국민회의를 제외한 대부분의 단체 대표들이 참석하여 화려한 회합의 모양새를 보였으나 '주인공이 빠진 공연'(조길태, 1994: 520)이 된 셈이다.

1차 원탁회의 후, 영국 정부는 인도 헌법을 개정하는데 있어서 인도 국민회의의 협력이 필요하다는 것을 인식하고 간디를 석방하고 회담을 시도했으며, 간디도 이에 응하여 비협조운동을 종료했다. 1931년 3월 5일에 이루어진 어윈-간디 협약(Irwin-Gandhi Pact)은 국민회의의 시민불복종운동 종결, 원탁회의에 참여, 시민불복종운동으로 구속된 모든 사람들의 석방 등에 상호 동의하는 것이었고 이로 인해 간디는 런던에서 두 번째 열린 원탁회의에 참석했다. 1931년 9월 7일에 런던에서 열린 두 번째 원탁회의도 종파문제가 난제로 등장했지만 간디는 <네루보고서>에 준하는 주장을 했고 소수집단들은 그것을 거부했다. 2차 원탁회의에서 내려진 결론이 1932년 8월 16일의 <커뮤날 재정>(The Communal Award)이고 이것은 1935년 인도통치법의 일부를 구성하게 된 것이다. 이 재정(裁定)에서는 무슬림에게 부여되었던 분리선거권이 시크와 영인 혼혈, 인도 기독교인, 유럽인들에게까지 확대되었을 뿐 아니라 피억압계급과 불가촉천민에게도 주어졌다. <네루보고서>에서 폐지하려 했던 분리선거제를 무슬림들에게 되돌려주고 더욱 많은 소수집단에게도 분리선거를 허용한 셈이다.

<커뮤날 재정>에 대하여 무슬림연맹은 만족하지는 않았지만 수용했고, 국민회의는 반대했다. 간디는 불가촉천민의 분리선거권은 죽음에 이르는 단식을 감행하며 막았지만(Ghatak(ed), 1997: 164, 174), 무슬림의 분리선거권은 인정한 셈이다. 세 번째 원탁회의는 1932년 11월 17일에 시작되었으나 국민회의 대표는 참석하지 않았다.

1935년 인도통치법 개정과정에서 발생한 충돌과 이견의 차이를 조정하기 위해 런던에서 열린 원탁회의의 실제적 역할은 무엇이었던가? 조각난 채로 각자의 의견만을 앞세워 어떠한 결론도 도출해내지 못하는 인도의 각 단체를 한자리에 모아 그들의 의견을 듣고 조정할 자리를 마련한 것이 원탁회의의 외형이었다. 여기서 영국이 맡은 역할은 무엇인가. 조정 작업이었다. 그러나 모든 목소리를 낼 수 있는 자리를 마련함으로서 각자의 의견이 더 적극적으로 표출되는 기회만 제공하고 영국정부는 조정 작업에는 손을 놓고 있었다.

국민회의에서는 원탁회의 자체에 그리 적극적으로 임하지 않았다. 3차에 걸친 원탁회의에 2차에만 참석한 셈인데, 그 2차 원탁회의 결과가 <네루보고서>와 <진나 14개조>에서 쟁점이 되었던 분리선거 문제의 결론을 내려버린 <커뮤날 재정>이었으며, 결론적으로 무슬림의 요구가 받아들여지고 국민회의의 주장은 외면당한 것이다.

<커뮤날 재정>이라는 현실적 결과를 놓고 그에 따른 국민회의와 무슬림연맹 그리고 영국정부의 관계를 살펴보자. 먼저 영국정부의 입장에서 보면, 인도의 정치적 현실을 반영하여 새로운 통치법을 재정하기 위하여 사이몬위원회를 구성했으나, 국민회의를 비롯한 인도 내의 반발이 극심해지자 그에 대한 대안으로 인도인들이 장래의 헌법에 대하여 논의하도록 했다. 그러나 종파, 소수집단 문제로 합일점을 찾지 못하자 각 집단들이 모여 서로의 의견을 교환하고 조정하도록 런던에서 원탁회의를 개최하겠다고 공포했던 것인데, 원탁회의를 개최하겠다고 발표한 후에 간디는 소금행진으로 여론을 국민회의 쪽에

집중시켰다. 그러한 상황이라면 조정작업 자체가 무의미해지고, 국민회의가 목표하는 그대로 진행될 가능성도 없지 않은 것이다. 그래서 영국 정부는 소수집단의 보호라는 구실을 앞세워 국민회의보다는 소수집단에게 힘을 실어주는 분위기를 조성하고자 했다고 보는 것이 합당한 심리 분석이 되지 않을까. 1930년에 발표된 사이몬위원회의 조사 보고서도 이와 같은 맥락을 가지고 있다.

그러나 인도인의 다수를 대표한다고 하는 국민회의가 원탁회의에 참석하지 않은 상황에서는 어떠한 결과도 조정의 최종 결과로 내놓을 수 없는 것이다. 그래서 어윈-간디 협약으로 국민회의 대표인 간디를 2차 원탁회의에 참석시키고, 결과물로 <커뮤날 재정>을 발표한 것이다. 국민회의가 폐지하려고 했던 분리선거를 피억압계급과 불가촉천민에게까지 확대함으로써, 가장 억압받는 계층을 보호한다는 모양새를 갖추었으나, 힌두-무슬림의 갈등에 불가촉천민의 갈등까지 부각시킴으로써 국민회의의 힘을 분산시키는 작업을 한 셈이다. 영국정부가 불가촉천민의 분리선거를 인정하면서 국민회의가 강력히 반발할 것을 예측 못했다고 볼 수는 없을 것이다. 불가촉천민 분리선거 문제로 돌풍을 일으켜 국민회의 측의 주장을 약화시켰고, 민주주의 원칙을 강조하면서 소수집단의 보호에 인색한 국민회의의 이미지를 만들어 냈다. 또한 불가촉천민의 권익 옹호를 위한 법안을 영국 측에서 만들었으나 간디가 반대하여 철회된 상황을 만들어 냄으로써 "간디의 시대는 인도의 암흑시대"(Ghatak, 1997: 224)라는 혹평까지 나오게 만들었다. 결국 영국은 원탁회의를 통하여 영국정부는 국민회의 힘을 약화시키고, 간디의 입지도 약화시켰으며, 불충분하게나마 무슬림연맹의 편을 들어줌으로써 국민회의와의 대립과 갈등을 유지할 수 있게 만든 것이다.

이러한 영국의 움직임에 무슬림은 어부지리를 얻은 셈이다. <네루 보고서>에 의하면 무슬림들은 분리선거권을 박탈당할 위기에 처했고, 간디의 소금행진으로 강화된 국민회의의 입지를 재고해 볼 때, 원탁회의를 통하여 분리선거권을 확보하기는 쉽지 않아 보였다. 그러나 <커뮤날 재정>에서는 무슬림뿐만 아니라 시크교도와 영인 혼혈들에게도 분리선거권이 확대됨에 따라 만족할 만한 분리선거권의 확보는 이루어지지 않았지만, 일단 분리선거권은 <커뮤날 재정>을 통하여 확실하게 유지될 수 있었기 때문에 수용한 것이다.

결과적으로 사이몬위원회를 시작으로 <커뮤날 재정>과 1935년 인도통치법에 이르는 과정에서 가장 큰 타격을 입은 것은 국민회의가 된 셈이고, 그러한 과정에서 인도 내의 소수종파와 집단들은 각자의 목소리를 높임으로써, 인도에는 다수의 종파가 공존하고 있음을 확실히 드러나게 하는 계기를 만들었다. 그러므로 원탁회의는 기본 정신이 '조정'에 있었다고 하더라도 그 결과는 '갈등의 증폭제'였다고 볼 수 있는 것이다.

4. 두 국가 이론(Two Nation Theory)

첫 원탁회의가 시작된 1개월이 좀 지난 1930년 12월 29일 알라하바드에서는 전인도무슬림연맹 15차 연차대회가 열렸다. 여기서 이끄발은 의장 연설을 통하여 '뻰잡, 서북변경주, 신드, 발루찌스딴은 하나의 주(州)로 통합되는 것이 바람직하다고 생각한다. 영국지배 하에서든 영국제국이 물러간 후에든, 자치주로 북인도 무슬림 주의 방식을 택하는 것이 무슬림의 마지막 운명이라고 생각한다'(Zahoor, 2000: 214)는 견해를 피력했다. 이때 이끄발은 순수하게 종교가 사람들을 움직이고 사회구조에 있어서 변혁에 영향을 미치는 가장 중요한 요소라고 생각했던 듯하며, 물질적 경제적 요소를 완전히 무시하고, 사회·정치적 변화에 미치는 경제적 요소의 영향력과 파급적 효과를 인식하지 못한 채(Chand, 1983: 251)로 무슬림들의 독립 주(州)를 설정해야

한다고 주장한 것이지만 이 연설의 내용이 이후 파키스탄을 탄생시키는 시금석이 된 셈이다.

두 민족 혹은 두 개의 국가라고 하는 주장은 이끄발에 의해 처음 등장한 것은 아니다. 1883년에는 블런트(W.S. Blunt)에 의해서 주장되었고(조길태, 1999: 36), 사이에드 아흐마드 칸(Sayed Ahmad Khan)의 알리가르 운동(Aligarh Movement)도 서로 다른 두 개의 문화와 종교를 가진 집단의 존재를 인식하면서 시작된 것으로 볼 수 있다. 또한 꾸레시(I. H. Qureshi)는 '무슬림 커뮤니티는 역사적으로 분리된 정체성을 유지해 왔다'고 서술하고 있다.41)

이론 혹은 사상의 단계에 머물던 두 국가 이론은 이끄발의 연설 후부터 실천적 방향으로 움직이게 되었다. 그리고 라흐마뜨 알리(Choudhary Rahmat Ali)가 중심이 된 캠브리지대학의 무슬림 유학생들이 1933년에 <New or Never>라는 소책자를 발간하면서 처음으로 파키스탄이란 용어를 사용함으로써 외형적 틀을 마련하기 시작했다. 이끄발은 하나의 국가 안에 독립된 형태로 무슬림 주를 만들자는 구상을 했던 것이지만, 라흐마뜨 알리는 구체적으로 완전한 주권을 가진 파키스탄 국가를 상정(Jalal, 1995: 75)함으로써 두 국가 이론은 좀 더 확실한 모습을 띠게 된 것이다.

제2차 세계대전이 발발하고 영국이 참전 상태이기 때문에 인도도 당연히 전쟁상태라고 선포하자 국민회의는 인도인들의 자유의사에 반한 참전상태는 받아들일 수 없다고 선언하면서 1939년 10월 그들

41) 반도의 무슬림들은 늘 그들의 정책과 운동에 있어서 이슬람의 강력한 사랑이 동기가 되었다. 그들의 시는 그들의 영웅과 성공보다는 이슬람을 노래했고, 엄청난 열정으로 이슬람의 통일의 이상을 외쳤던 반면에 그들의 국내문제는 늘 두 번째 자리를 차지했을 뿐이다. 그들은 결코 이슬람 사회로부터 동떨어진 체제의 일원으로 생각해본 적이 없다(Ali, 2002: 262).

이 영국통치 하에서 갖고 있는 모든 공직에서 물러났다. 이러한 사태에 대하여 진나는 국민회의의 태도를 비난하면서 국민회의 정권이 그 기능을 정지하게 된 것은 '무슬림에게는 구원의 신호'로 경축할 일이라고 단언하면서 1939년 12월 22일을 구원의 날로 경축하자고 제안했고, 1940년 라호르에서 '두 국가 이론'을 바탕으로 인도 무슬림의 분리를 강조하는 <라호르선언>, 일명 <파키스탄 결의>(Pakistan Resolution)를 채택했다.

진나의 초기 활동은 무슬림들 가운데 가장 힌두와의 협력관계를 강조하던 인물이었음을 반영하는데 비하여 1930년대 이후 진나는 힌두와 무슬림의 분리를 강조하는 선봉에 서고 있다. 진나의 태도가 변화된 계기는 무엇일까. 그것은 바로 1935년 통치법 개정과정에서 보았던 인도에서의 무슬림 심리 위축상태에 대한 우려와 <네루보고서>의 다수결원칙에 대한 위기의식의 심화라고 보아야 할 것이다. 그러나 1935년 통치법은 <네루보고서>보다는 <진나 14개조>가 훨씬 더 많이 반영되었다. 그럼에도 불구하고 진나가 화합보다는 분리라는 강경책을 선택하여 1939년 구원의 날을 선언하고 이어 라호르에서 파키스탄 결의를 내게 되는 계기는 1937년의 선거참패와 국민회의의 연정거부라고 볼 수 있다.

1937년의 선거에서 국민회의는 11개 주 가운데 7개의 주에서 권력을 획득한 후에 조각에서 무슬림연맹과의 연합을 거부하기로 결정했다. 무슬림은 전인도무슬림연맹을 탈퇴하고 국민회의 회원이 되어야 장관의 지위에 임명될 것이라고 주장했다. 이 요구는 전인도무슬림연맹과 국민회의 사이에 앞으로의 협조를 말살하는 것(Zahoor, 2000: 12)이었으며, 무슬림들은 다수인 힌두들과 어떠한 일을 협상할 때마다 이때의 경험을 좋은 예로 지적하면서 그들이 기대할 수 있는 바의 한계를 인식(Smith, 1947: 154)하게 된 것이다. 연정의 거부와 이후의 국민회의의 태도는 무슬림연맹으로 하여금 더 이상 하나의 나라에서 서로 다른 성격을 가진 두 개의 집단으로 존재할 가능성을 버리게 했고, 이끄발의 주장과 라흐마뜨 알리의 '파키스탄' 운동을 현실화하는 계기가 된 것이다.

1940년 람가르(Ramgarh)에서 열린 연차회의에서 국민회의 의장 아자드(Abul Kalam Azad)는 '나는 무슬림이며 그 사실을 자랑스럽게 생각한다. 1300년간의 빛나는 이슬람의 전통은 나의 유산이다. 이슬람의 가르침과 역사, 예술과 문학 그리고 문명은 나의 자산이며 나의 운명이다. 이것을 지키는 것이 나의 의무이다. 그러나 이러한 정서와 더불어 나의 삶의 현실과 조건이 나에게 부여한 또 다른 것들을 갖고 있다...(중략)...나는 인도인이라는 사실을 자랑스럽게 생각한다. 또한 나는 '인디안 내셔널리티'라고 하는 하나의 통일체 일부이다. 그리고 나는 이 숭고한 건축물의 필수 요소이며 나 없이는 이 인도라는 찬란한 구조물은 완전할 수 없다. 나는 인도를 건설하는데 없어서는 안 될 필수 요소이다. 나는 이 꿈을 결코 양도하지 않을 것이다(Miller, 1991: 254).'라고 한데서 볼 수 있듯이 무슬림들도 하나의 나라라는 꿈은 갖고 있었다고 할 수 있다. 물론 아자드는 국민회의를 지지하는 무슬림이고 국민회의 의장직을 맡으면서 한 연설이기에 무슬림의 입장을 대변한다고 볼 수는 없을 것이다. 그러나 하나의 인도에 대한 꿈은 무슬림 대중들에게도 남아있었던 것으로 보인다. 다만 하나의 나라에서 소수집단으로서의 정체성 확립 여부가 불투명해지면서 무슬림 정치 지도자들은 그들의 꿈을 실현할 '또 다른 국가'를 꿈꾸게 되었을 것이다

라호르선언을 즈음하여 분리를 수긍하는 분위기가 확산 된 것으로 보이는데 당시 힌두와 무슬림의 분리국가 건설에 대한 암베드까르의 견해를 통하여 국민회의 이외의 소수집단에서도 분리독립의 불가피함을 인정하고 있는 견해를 엿볼 수 있기 때문이다. 암베드까르는 1940년에 간행된 '파키스탄 문제를 고찰한다' 는 글에서 다음과 같은

견해를 밝히고 있다.

> 이슬람교도들은 완고한 보수파이며 이교도에 대해서 호전적이다. 또한 그들은 이슬람교도만을 동포로 인정하고, 인도를 모국으로 보거나, 결코 힌두교도를 형제로 인정하려고 하지 않는다. 지금 그들은 새로운 국가를 건설하려고 한다...(중략)...강력한 중앙정부를 만들기 위해서는 국내에 배타적이고 비협조적인 이슬람교도를 두기보다는 국외에 두는 것이 현명하다...(중략)...통일 인도를 고집하는 것은 위험하다. 분할에 의하여 양 교도는 서로 파멸의 비극에서 구원될 수 있다(山崎元一, 1979: 63).

이끄발의 알라하바드 연설 이후 라흐마뜨 알리의 파키스탄 운동 그리고 이어지는 진나의 파키스탄 선언으로 두 국가 이론은 구체화되어 파키스탄이라는 독립된 국가가 형성된 것인데, 그 배경에는 1935년 인도통치법의 개정 과정에서 발생한 정치적 갈등과 그에 따른 심리적 변화가 있는 셈이다. 물론 위에 꾸레시가 말한 것과 같이 무슬림들은 어디에서나 어느 시대에나 정치적, 문화적 풍토에 앞서 종교를 우선했다고 하지만 이끄발이 주장한 서북변경지역을 중심으로 한 무슬림 블록의 설정은 종교가 우선이었다고 보기는 어렵다. 파키스탄의 독립은 종교가 다른 두 집단, 즉 힌두와 무슬림은 하나의 국가를 형성할 수 없다는 근거로 분리되었지만, 분리의 근본 원인은 종교에 있다기보다 종교를 바탕으로 한 정치적 집단의 힘겨루기가 앞장을 서고 뒤 이어 자극 받은 힌두와 무슬림 대중이 갈등을 겪게 되는 것으로 이해될 수 있다.

파키스탄이 분리 독립하는 시점에서 정치적 집단 이외에 일반 대중이 어느 정도 힌두와 무슬림의 갈등을 실감하고 있었던가를 볼 수 있는 소설의 한 대목이 있다. 쿠슈완뜨 싱(Khushwant Singh)의 소설 『파키스탄 행 열차』(*Train To Pakistan*)는 시크, 무슬림, 힌두가 평화롭게 어울려 살던 국경의 작은 마을 마노 마즈라(Mano Majra)를 배경으로 하고 있다. 힌두와 무슬림들이 파키스탄과 인도로 이동하면서 이 평화롭던 마을이 소용돌이 속에 휘말린다. 이들은 전혀 서로 적대감이 없었으나 파키스탄에서 학살당한 시체가 가득 찬 기차가 마을에 도착하면서 마을사람들은 심리적 갈등을 겪게 되며, 결국 이 마을의 무슬림들은 안전을 위하여 마을을 떠날 수밖에 없다는 결론을 내리고 마을의 족장은 무슬림인 이맘 박슈(Imam Baksh)에게 "이곳은 우리의 마을이며 당신들의 마을입니다" 라고 말한다. 한 젊은이는 무슬림들이 마을을 떠나야하는가에 대하여 "우리가 여기 있는 한 아무도 당신들(무슬림)을 헤치지 못합니다. 우리가 먼저 싸우다 죽고 나면 그 다음에 당신들이 자신을 지키십시오" 라고 말하고 이에 모두들 동의한다. 이에 이맘 박슈는 "우리가 파키스탄과 무슨 상관이 있습니까? 우리는 여기서 태어났고, 우리 조상들도 마찬가지입니다. 이곳에서 당신들과 형제처럼 살아온 것입니다"라고 말하며 통곡한다(쿠슈완뜨 싱, 정성호 옮김, 1992: 191).

이미 파키스탄의 분리독립이 선언되고 나서도 국경마을에서 어울려 살고 있던 무슬림과 힌두들은 함께 살면서 아무런 갈등이 없었고, 형제애를 갖고 살고 있는 모습이 그려진 이 대목은 실제로 정치적 이해관계가 얽힌 집단들 이외의 무슬림과 힌두 대다수에게는 분리의 이유 자체가 선명하지 않았던 것을 보여주는 것이다. 그러나 그 마을에 파키스탄으로부터 시체가 가득한 기차가 도착한 후 상황은 변화되기 시작했고, 힌두와 무슬림들은 서로를 의혹의 눈으로 바라보고, 점차 불안의 심리가 확산되었다. 소설의 끝은 힌두들도 파키스탄으로 가는 열차에 탄 사람들을 시체로 만들자는 음모로 휩싸였지만, 그 기차에 타고 있는 무슬림여인 누란(Nooran)을 사랑하는 시크교도인 줏구뜨 싱(Juggut Singh)에 의하여 기차는 파키스탄으로 무사히 떠나고 있는 장면을 그리고 있다.

결국 두 국가 이론이라는 것의 등장에는 힌두와 무슬림의 정치적 갈등이 우선한 것이지 그들의 종교적 충돌이 문제가 되었던 것이 아니며, 두 국가 이론의 등장으로 힌두와 무슬림의 문제가 종결되지 못하고 오히려 두 국가 이론의 등장과 완성 과정에서 두 집단의 정치적 갈등이 일반대중의 심리적 갈등으로 확대되고 있음을 볼 수 있다. 이러한 측면으로 두 국가 이론도 힌두 무슬림의 종파적 갈등을 동태화시키고 나아가서는 오늘날의 종파적 갈등을 고질화시키는데 일역을 담당한 것이다.

IV. 인도와 파키스탄의 분리독립과 힌두: 무슬림 갈등의 동태화

1947년 8월15일 인도는 영국의 식민통치로부터 독립했다. 1757년 플랏시전투에서 프랑스를 몰아내고 영국이 인도 지배의 주도권을 장악한 시점으로부터 보자면 200년의 세월이며, 1858년 세포이 대폭동을 진압하고 빅토리아 여왕이 인도의 황제임이 선포된 시점으로부터 100년 동안의 식민지상태가 종식된 것이다.

그러나 독립과 더불어 분리라는 큰 진통을 겪게 되면서 아직도 인도는 힌두-무슬림 갈등을 해결하지 못한 채로, 오히려 심리적 갈등이 더욱 확산되는 현실에 직면하고 있다. 여기서는 인도 독립의 분수령이 되었던 제2차 세계대전 중에, 국민회의와 무슬림연맹의 대영 투쟁 과정에서 형성된 갈등관계를 살펴보고 분리독립이 인도인의 심리에 어떠한 영향을 미쳤는가에 대하여 검토해보자.

1. <라호르선언>과 <인도철퇴 선언>이 미친 심리적 영향

폴란드의 영토인 단찌히(Danzig) 주민의 대다수가 독일인이라는 이유로 히틀러는 1939년 3월 단찌히를 독일에 할양하라고 요구하고, 동프로이센과 독일을 연결하는 지대에 독일군의 점령을 허용하라고 주장함으로써, 이 문제를 둘러싸고 영국과 프랑스가 연합하고, 러시아는 독일과 상호불가침조약을 맺은 상태에서 1939년 9월 1일 독일은 폴란드를 침공했다. 이틀 후 영국과 프랑스는 독일에 최후통첩을 보내고 선전포고를 함으로써 제2차 세계대전이 발생했다.

제2차 세계대전이 발발하자 영국은 앞에서 언급했듯이 '영국이 전쟁 당사자이기 때문에 인도도 당연히 참전상태' 라고 발표하자 국민회의는 이에 반발하여 전쟁협조를 거부하며 8개 주에서 국민회의 내각이 사퇴했다. 국민회의의 내각 사퇴에 대하여 진나는 오히려 잘된 일이라고 경축하며 1939년 12월 22을 '구원의 날'로 선포했다.

'구원의 날'을 선포한 3개월 후인 1940년 3월22일부터 24일까지 라호르의 민토 공원(Minto Park)에서 무슬림 연차 총회를 개최했다. 총회 첫날에 진나는 지난 수개월 동안의 사건들을 열거하고, 무슬림 문제에 대한 자신의 견해를 피력했다. 인도에서 벌어지고 있는 문제는 국내적인 종파 문제의 성격을 띤 것이 아니라 명백히 국제적인 성격을 띠고 있기 때문에 반드시 국제적인 성격으로 다루어져야 하며, 힌두와 무슬림의 차이는 너무도 깊고 심각해서 하나의 중앙정부 통치 아래 둔다는 것은 매우 위험한 일이라고 생각된다고 역설하면서 두 개의 국가로 분리될 절호의 기회라고 강조했다(Smith, 194: 155). 이러한 진나의 견해를 바탕으로 앞에서 언급했듯이 <라호르선언> 혹은 <파키스탄 결의>라고 불리는 분리독립 선언서와 같은 역할을 한 성명을 채택한 것이다.

<라호르선언>이 채택될 무렵, 유럽의 전쟁 양상은 심각한 상태로 악화되고 있었다. 1939년 말부터 1940년 초에 독일과 프랑스 국경선에서는 전쟁이 지지부진한 장기전의 양상을 띠게 되었고, 이틈에 러시아는 핀란드를 공격하여 영토를 할양 받았다. 1940년의 세계대전

은 히틀러의 승리로 전 유럽이 히틀러의 점령지가 되어가고 있었으며 6월에는 파리가 함락되었다. 파리가 점령되자 유럽을 위압하던 히틀러에 대하여 영국은 거의 홀로 대항하는 상황이 되었다. 이러한 위기를 극복하기 위하여 처칠은 전시 연립내각을 구성하고 강력한 영도력을 보이면서 전쟁에 맞섰으나, 1941년 봄에는 유럽의 거의 모든 나라들이 히틀러에 굴복하였고 터키와 스위스 등 몇몇 나라들만이 중립 상태를 유지하고 있는 형편이었다. 1941년 말 일본이 진주만을 공격함으로써 미국은 제2차 세계대전에 적극 개입하게 되었고, 동남아에서는 일본이 미얀마를 점령하는 등의 사태가 심화되어 유럽에서 시작된 제2차 세계대전은 유럽과 미국 아시아까지 확대된 대전의 성격을 띠게 되었으며, 그 전쟁의 소용돌이 한 복판에 영국이 자리하고 있었던 것이다.

상황이 악화일로에 있게 되자, 영국이 인도문제를 해결하여 인도가 연합국 측의 전쟁에 긍정적 역할을 할 수 있기를 희망하는 미국을 비롯한 연합국들의 압력이 점차 거세졌다. 이에 처칠 영국 수상은 1942년 3월 스태포드 크립스(Stafford Cripps)와 국방상을 인도에 보내 일명 <크립스 제안>(Cripps Proposals)을 하게 된다. 크립스 제안의 중요 내용은 첫째 전쟁이 종료된 후 가능하면 빠른 시일 내에 지방선거를 실시한다는 것이고 둘째는 영연방국으로서 새로운 인도 자치국이 만들어질 것이며, 연방자치국에 합류하지 않는 주는 독립 체제를 형성할 수 있고, 셋째는 소수 종파는 보호될 것이라는 것이다(Wallbank, 1963: 204-5).

<크립스 제안>에 대하여 국민회의와 무슬림연맹 모두 반대했다. 진나는 이 제안이 파키스탄을 승인하지 않고 있기 때문에 반대한다고 밝혔고, 국민회의는 <크립스 제안>을 전면 반대하며 1942년 8월에 간디의 <인도철퇴(Quit India) 선언>을 하게 된다. 미얀마로부터 피난 오는 인도인들로부터 일본 침략의 잔학성을 들은 인도인들은

한편으로 영국의 지배에 이어 새로운 침략자들의 지배를 받게 되지 않을까 하는 두려움에 휩싸이게 되었고, 영국이 전쟁 중에 인도를 독립시킬 의지가 없음이 <크립스 제안>에서 드러나자 간디와 국민회의는 영국이 인도에서 물러가고 인도의 지도자들이 새로운 헌법을 만들어 새로운 정부를 구성하고, 일본이 인도에 침공한다면 새 정부가 일본에 맞서 싸워야 할 것이라고 주장하면서, 영국은 즉각 인도에서 물러나라는 선언을 하게 된 것이 1942년 7월에 와르다(Wardha)에서의 <인도철퇴 선언>이다.

<인도철퇴 선언>에 대하여 진나는 즉각적으로 이를 비난했고 영국 정부는 국민회의 관련자와 동조자 6만여 명을 체포하는 것으로 응수했다. 국민회의 지도부 거의 모두가 구속된 상태에서 국민회의는 마비상태에 이르렀고, 이때에 무슬림연맹은 그들의 정치적 행보에 박차를 가했으며 여기저기서 종파적 충돌과 폭동이 일어나게 되었다.

지금까지 <라호르선언>과 <인도철퇴 선언>의 배경과 진행과정을 간단히 살펴보았다. 이 두 개의 선언은 이후 인도 역사의 흐름을 예견하게 하는 중요한 선언이라고 평가되고 있다. <라호르선언>은 파키스탄이라는 새로운 국가 건설의 주춧돌이 된 셈이고 <인도철퇴 선언>은 인도의 독립운동에 새로운 장을 열게 되는 선언이라고 평가될 수 있을 것이다.

이제 이 두 개의 선언이 힌두와 무슬림들에게 어떠한 심리적 영향을 미쳤으며, 종파갈등에는 어떠한 역할을 하게 되었는지를 검토해 하자.

1939년부터 1942년까지의 시기는 영국은 제2차 세계대전을 치르는 시기였고, 인도는 독립을 향하여 빠른 발걸음을 재촉한 시기라고 할 수 있을 것이다. 유럽에서는 독일의 히틀러 세력이 확대되어 유럽 대다수 국가를 점령하였고, 일본은 동남아 여러 나라를 침공하고 점령지를 확대해가는 상황에서 영국은 세계대전에 인도가 영국과 협조적 태도를 취해주기를 희망했다. 그러나 영국과 인도는 동상이몽의 상태로, 영국은 인도가 협조하면 종전 후에 영연방인도 자치국으로서의 지위를 인정하려 했다. 그러나 인도는 영국이 인도인들의 동의 없이 참전 상태를 선언한 것 자체에 대한 불만으로 영국과의 완전한 결별을 선택하고, '자치'가 아닌 '독립'을 향한 행진을 시작한 것이다. '자치'와 '독립'이라는 동상이몽의 상태에서 국민회의가 선택한 행진의 첫걸음이 '내각 총사퇴'였는데 이것은 종파갈등의 측면에서 보자면 최악의 선택을 한 셈이 된다.

세계대전이라는 긴박한 시기의 대영 투쟁의 방식을 선택함에 있어서 1920년대와 같은 '비협조'운동으로 일관하고 있는 국민회의의 태도가 힌두-무슬림 갈등이 증폭되도록 방치한 것은 아닌가 하는 비판의 여지가 있다. 간디가 비폭력운동을 주도하던 1920년대와 1931년 그리고 1940년은 시기적으로 많이 다르다.

1935년에 개정된 인도통치법을 근거로 실시된 1937년 선거에서 무슬림연맹과 연립정부를 구성하기로 했던 국민회의의 배신에 대해 깊은 상처를 입었던 진나와 무슬림연맹은 국민회의가 내각 총사퇴를 선언하자, 오히려 환영하면서 국민회의의 압제로부터 무슬림이 해방되는 날이라는 입장을 표명하고 '구원의 날'로 선포한 것이다. 이미 1935년 통치법 개정안을 마련하는 과정에서 힌두와 무슬림 혹은 국민회의와 무슬림연맹의 갈등의 골이 깊어졌고, 이어진 '1937년의 지방 선거는 인도를 분열시켜 파키스탄 분리로 몰고 가는 결정적 전기를 마련했다'(조길태, 1999: 44)는 평가를 받을 수 있는 정도인데, 국민회의는 이러한 것을 인식하지 못하고, 변화를 외면한 일관된 비폭력, 비협조운동을 전개하면서 내각 총사퇴를 선택함으로써, 성장하고 있는 무슬림의 세력에 대하여 제대로 인식하지 못했다는 평가를 받을 수밖에 없지 않을까. '내각총사퇴'에 '구원의 날'로 응수할 만큼 성장한 무슬림을 과소평가함으로써 오히려 힌두와 무슬림의 갈등을 심화시키는 부정적 영향을 끼쳤을 가능성이 높다는 것이다. 구원의 날을 선포한 이후 <라호르선언>이 채택되기에 앞서 했던 진나의 연설은 힌두와 무슬림의 대립적 위치를 극명하게 드러냈다. "힌두와 무슬림은 두 개의 다른 종교, 사상, 사회 관습과 문학을 가지고 있다. 그들은 서로 통혼하지도 않고 함께 식사하지도 않으며, 근본적으로 상충되는 사상을 가진 두 개의 다른 문명에 속해 있다. 그들은 다른 서사시와 다른 영웅들, 다른 일화들을 가지고 있으며, 종종 한쪽의 영웅은 한쪽의 원수이며, 한쪽의 승리는 다른 쪽의 패배와 겹쳐져 있다."[42] 이러한 진나의 연설은 힌두와 무슬림이 서로 다른 문화와 전통을 가진 분리된 집단이기 때문에 서로 다른 독립국가를 형성해야 한다고 주장하는 근거가 되었지만, 한편으로는 '한쪽의 영웅이 다른 한쪽의 원수'가 되는 표현 등은 '분리'보다는 '적대감'을 증폭시켜 심리적 갈등을 만들어 낼 수 있는 것이었다,

진나의 연설 내용을 굳이 문제 삼지 않는다고 하더라도 분리독립을 위해서는 '다름'을 주장해야 하기 때문에 역사적으로 그들이 어떻게 화합하지 못했고, 어떻게 서로 충돌을 일으켰는가를 피력하지 않을 수 없을 것이다.[43] 그렇기 때문에 파키스탄 분리독립을 위한 선언인 <라호르선언>자체가 힌두와 무슬림 갈등의 증폭제가 되는 것은 당연한 것이다. 그래서 간디는 이 선언에 대하여 '거짓' 이라는 표현

---

42) http://www.kashmir-information.com/LegalDocs/69.html 진나의 연설문 참고

43) 무라라끄 알리(Murarak Ali)는 "Parkistan's Search for Identity"에서 '파키스탄의 초기 지도자들은 인도의 그늘에 남아 있는 한 파키스탄의 지위를 공고히 할 수 없다고 생각하여 그들의 모든 노력을 그들의 이웃인 인도와는 다른 국가를 만드는데 기울였다'고 한다(Brass & Vanaik (ed), 2002: 250). 그와 같이 다름의 강조는 정체성을 확보하는데 중요한 요인이 되기 때문에 '분리'를 주장하기 위해서는 다름을 극명하게 드러낼 수밖에 없는 것이다.

으로 극도의 우려를 표명했고, 네루를 비롯한 국민회의 지도부에서도 격렬하게 비난했던 것이다. 그러나 이러한 우려와 비난이 이후 국민회의 노선에 충분히 고려되지 못했기 때문에 갈등은 심화되어갈 수밖에 없지 않았을까.

뿐만 아니라 내각사퇴와 <인도철퇴 선언>을 통하여 국민회의 중요 인물 대다수가 투옥됨으로써 무슬림연맹의 정치적 입지를 상승시켜 국민회의와 힘을 겨룰 만큼 성장하게 하는 기회를 제공한 셈이 되었다. 갈등의 표출에 있어서 한쪽의 힘이 다른 한쪽에 비하여 월등히 클 때보다는 엇비슷한 힘을 가지고 있을 때 훨씬 강력하게 충돌할 수 있는 여지가 있다. 영국정부와 국민회의가 소수인 무슬림들을 위하여 어떠한 타협과 양보의 자세를 가져주길 바라는 단계를 넘어서 이제 자신들만의 국가를 건설하겠다는 정치적 선언을 한 기초가 <라호르 선언>이었는데 이 상황에서 국민회의는 무슬림 문제에 대해 고심한 흔적이 그리 많지 않고, 독립에만 집중하여 <인도철퇴 선언>을 했고, 이 때문에 대다수의 국민회의 지지자가 투옥된 상태에서 무슬림연맹은 점차 목소리를 높였으며 이 과정에서 힌두와 무슬림의 종파적 충돌과 폭동이 만연되는 사태를 만들어간 것이다. 일부 연구에 따르면 당시의 <라호르선언>에 파키스탄이라는 말이 들어가 있지 않았지만 이것을 <파키스탄선언>이라고 보도한 것은 힌두측 신문들이었으며 두 개의 국가 건설이라는 의미를 분명하게 만들어 전달한 것도 힌두측이었다는 평가를 하고 있다(조길태, 1999: 42). <라호르선언>에서의 진나와 무슬림들의 요구가 이전의 요구에 비하여 훨씬 독립적 형태를 갈구하고 있다는 것을 깊이 고려하지 않은 상태로 '미친 계획' 혹은 '거짓' '죄악' 등으로 평가하면서 무슬림의 향보를 검토하는데 소홀한 상태로 대영 투쟁에 몰두하여 '인도철퇴'를 선언한 것은 성급한 것이었다는 평가를 받을 여지가 있다.

<인도철퇴 선언>은 영국으로부터의 인도 독립운동의 차원에서는

큰 주춧돌이 되었다고 평가될 수 있으나 힌두-무슬림 갈등과 분리독립의 심리를 재촉하는 역할도 했다고 볼 수 있는 것이다. 힌두와 국민회의의 목표는 자치와 독립을 향한 것이었다. 그러나 소수인 무슬림들의 입장으로서는 독립에 앞서 힌두와의 관계도 독립 못지않은 중요 사항인 것이다. <라호르선언>으로 독립 국가를 건설하겠다는 움직임이 확대되고 있는 상태에서 국민회의는 영국에게 인도에서 온전히 물러가라는 선언을 한 것인데, 무슬림의 장래에 관한 어떠한 해결책도 없이 영국이 인도에서 물러간다는 것은 무슬림들로서는 생각할 수 없는 일이었던 것이다. 그래서 간디의 <인도철퇴 선언>에 대하여 즉각적인 비난을 하고 나선 것이다.

목표의 우선순위 문제에 있어서 국민회의는 '독립'이 우선이고, 무슬림연맹은 '소수인 무슬림의 장래' 문제가 우선순위가 될 수밖에 없었던 것이다. 국민회의 측에서 보자면 영국으로부터 독립하려는 독립운동에 사사건건 무슬림들이 비난을 일삼는 모양새가 되어 힌두들은 무슬림들에 대하여 더욱 부정적 태도를 가졌고, 무슬림들은 그들의 장래문제를 도외시한 국민회의와 힌두에 대하여 회의적 입장을 취하고 상호 비방과 폭력이 난무했던 것이다 그런데 여타지역의 독립운동과 달리 종파적 갈등과 분열을 내재하고 있는 인도에서 과연 영국지배를 벗어나는 것만이 최우선 순위가 될 수 있는 것인가에 대하여 재고할 필요가 있다.

네루는 진나의 두 국가 주장에 대하여 '왜 두 개의 국가만인가? 종교에 근거한 국가라고 한다면 인도 내에는 수많은 국가가 있어야 한다. 두 형제 가운데 하나는 힌두이고 하나는 무슬림이라면 그들은 다른 국가에 소속되어야만 한다. 인도의 대부분 지역에는 다양하게 이 두 개의 국가가 존재해야 함으로 국경이 없는 국가가 될 것이며 그들의 영토는 서로 겹칠 것이다'(Hasan, 2002: 55)라고 하는 데서 볼 수 있듯이, 무슬림의 '세력권 형성'에 대하여 크게 인식하지 못했거나,

과소평가하고 있었다는 평가를 받을 수 있다. 1937년경의 네루의 이런 생각은 독립의 막바지까지 크게 달라지지 않았다고 볼 수 있으며, 국민회의가 무슬림 문제를 독립에 버금가는 중요한 문제로 인식하지 못하고 있음을 반영하는 것이다.44)

국민회의와 힌두들은 독립만을 최우선 과제로 삼아 매진하고, 무슬림들은 독립에 앞서 그들의 권익이 보장되어야 한다는 것에만 몰두한 상황45)을 거름으로 하여 힌두-무슬림의 갈등은 심화되고, 나아가 분리독립과 이후 두 집단의 갈등을 증폭시키는 터전이 마련된 것이라고 평가될 수 있는 것이다. 독립운동의 과정에서 힌두-무슬림 갈등의 표출, 그 분수령이 <라호르선언>과 <인도철퇴 선언>이며, <인도철퇴 선언>으로 무슬림들은 심리적으로 더욱 급하고 초조한 발걸음을 서둘 수밖에 없었을 가능성이 크다고 생각된다.

2. 간디-진나 회담과 힌두-무슬림의 심리적 갈등

간디와 진나의 회담은 인도의 독립운동과 파키스탄 운동에 중요한 의미를 갖는다. 1944년 7월 17일에 간디는 회담을 제의하는 편지를 진나에게 보냈다. 두 사람의 역사적 회담은 힌두-무슬림 갈등을 조정

---

44) 네루(Nehru, 1982: 721)는 무슬림 종파지도자들의 요구가 인도 단일국가 형성의 희망을 붕괴시켰다고 서술하고 있다.

45) 암베드까르는 1943년 라나데(M.G.Ranade), 간디 그리고 진나에 대한 발언에서 정치적 타협에 대하여 다음과 같은 말을 했다. '정치적 조정에 있어서 지켜야 할 것은 타협 가능한 것이어야 한다는 것이다. 그것은 제시된 견해에 동의해야만 한다는 것이 아니라, 제안을 거부해서는 안 된다는 것이다. 즉 당신의 주장이 부적절하다는 것을 알았을 때, 당신의 상대방에게 더 이상 양보하도록 강요만 해서는 안 된다는 것이다(Omvedt, 1994: 218).' 국민회의와 무슬림연맹은 암베드까르의 기준에 의하면 타협하거나 조정할 기본적 자세를 갖고 있지 않았던 것이라고 볼 수 있다.

할 수 있을 것이라는 대중적 희망을 낳기도 했다. 간디와 진나는 1944년 9월 19일에 진나의 사저에서 만났는데 간디는 진나에게 자신은 개인의 자격으로 진나와 논의하러 온 것이며 힌두를 대표하지도 국민회의를 대표하지도 않는다는 말로 회담을 시작했다. 간디는 이 회담을 통하여 진나가 <파키스탄 결의>를 잘못된 것으로 받아들이게 하고자 했다. 그러나 진나는 간디에게 오히려 파키스탄의 분리독립의 당위성을 역설했다. 회담이 거듭될수록 타협의 가능성이 사라졌고, 진나는 '무슬림뿐만 아니라 <라호르선언>에서 제안한 인도에 속하는 지역의 나머지 모두의 진정한 번영을 위한 것'이라고 확언했다. 이에 대하여 간디는 '인도 전체의 불행이다'라고 전제하면서 '무슬림이 절대 다수인 지역은 그 지역 주민의 다수가 찬성한다면 국민투표를 통하여 인도가 외국통치의 지배를 벗어난 후 조속한 시일 내에 분리 될 수 있을 것이다.' 라고 제의했다.[46] 그러나 간디의 이러한 제안은 인도의 통치권이 영국으로부터 국민회의에게 넘겨지고 그 후에 분리하기를 원하는 지역에서 투표를 통하여 무슬림 다수 지역이 구성될 것이라는 것이며, 독립주권국가가 아닌 인도연방의 일원으로서 독립성을 갖는 지역구성을 주장한 것이다. 간디는 그의 제안이 <라호르선언>의 내용을 보증하는 것이라고 주장했으나 진나는 간디의 제안에 동의하지 않았으며 회담은 결렬되었다.[47]

---

46) http://www.storyofpakistan.com (Gandhi-Jinnah Talks)

47) 스미스(Smith, 1947: 150)는 '힌두는 그들이 힌두라기보다 인도인이라는 정체성으로 분리의 필요성을 인식할 필요성이 없다고 하며, 국민회의는 힌두의 대표라는 정체성을 인정하지 않았으나, 인구비례와 선호도로 볼 때, 힌두는 힌두로서 힌두후보를 선택하고, 무슬림은 무슬림으로 무슬림후보를 선택한다면 수상과 대통령은 언제나 무슬림이 아닌 힌두일 것이다'라고 설명하고 있다. 이와 같이 힌두들의 입장, 국민회의의 입장 혹은 간디의 입장에서는 선 독립 후 결정과 선 분리 후 독립이 결정적인 것이 아니라도 진나의 입장에서는 받아들이기 힘든

간디와 진나의 회담과 결렬은 파키스탄 분리독립과 힌두-무슬림 갈등 문제에 있어서 중요한 역할을 한다. 간디가 자신은 힌두의 대표도 아니고 국민회의의 대표도 아니며 개인 자격으로 진나에게 진심으로 인도의 장래를 위한 회담을 제의한 것이라고 전제했지만, 인도에서의 간디의 움직임은 결코 사적인 것이 될 수는 없는 것이었다. 1982년 리차드 아텐보로(Richard Attenborough) 감독이 제작한 영화 <간디>에서 간디가 진나를 만나러 가기 위해 출발하려는 순간 많은 힌두 젊은이들이 길을 막고 진나를 만나지 말기를 간청하는 장면과 이들의 만류를 뿌리치고 간디가 진나를 만나러 가는 장면이 나온다. 간디는 여기서 "나에게 무엇을 하지 말라는 것이냐. 너희들(힌두극우청년들)의 행동이 형제들(무슬림들)에게 두려움을 주는 것이다. 당장 그만둬라!" 라고 강력한 어조로 말하고 있다. 이것은 영화의 한 장면이지만 실제로 간디가 진나를 만나 회담을 하는 것에 대하여 당시의 힌두와 국민회의는 그리 환영하지 않았음은 쉽게 짐작 할 수 있는 일이다.

더구나 간디가 진나를 초청한 것이 아니라 간디가 진나의 사저로 찾아가서 회담을 하는 자체가 보수적 관점에서 보면 무슬림의 주장에 힌두들이 저 자세로 임하는 모양새가 될 수 있는 것이다. 이러한 것이 당시의 극우 힌두단체들의 심리를 자극했을 가능성도 도외시 할 수 없다. 또한 회담이 진행되는 동안 간디는 진나에게 가능한 모든 것을 양보하는 태도를 보였다. 마침내 독립 후 원한다면 분리독립적 지위를 무슬림 다수 지역에 인정한다는 간디의 제의는 진나의 입장에서는 영국의 통치권이 국민회의에게로 넘어가고, 국민회의 지배체제 하에서 무슬림 다수지역의 독립권 부여 여부가 결정된다는 것은 있을 수 없는 일로 보였기 때문에 받아들이지 않은 것이다. 그러

요구인 것이다.

나 국민회의 입장에서 보면 간디의 제안은 지나친 양보의 자세로 보였을 것이다. 그렇기 때문에 간디-진나 회담의 결렬은 국민회의에게도 무슬림연맹에게도 심리적으로 불쾌한 일이 아닐 수 없었을 것이다. 간디-진나의 회담에서 '위대한 영혼' 간디가 무슬림들의 파키스탄 건국을 저지하려고 했던 것이 되고, 국민회의 측에게는 그들의 입장을 지나치게 낮춤으로써 무슬림연맹이 의기양양해지는 빌미를 준 것으로 이해되어질 소지가 충분히 있는 것이다.

또한 간디가 진나와 단독 회담을 한 것은 결과적으로 진나를 무슬림들의 대표 자격으로 인정한 셈이 되고, 한편으로는 간디와 진나의 입장이 대등한 정도로 부상하게 하는 계기가 된 것도 부정할 수 없는 것이다. 아울러 분리독립이 아니라 선 독립 후 분리의 성격이라도 무슬림 지역의 분리독립의 필요성을 간디가 승인한 셈이 되어, 화해와 타협을 위한 회담은 분리독립의 불길에 기름을 부어준 상황을 연출한 셈이다. 그래서 골목길에서 한쪽에서는 "힌두스탄 만세" "인도의 승리여 영원하라"는 구호를 외치는 무리가 지나가고, 한편에서는 "파키스탄이여 영원하라!"라는 구호를 외치는 상황(사흐니, 이정호 역, 1987: 43)과 작은 불씨로도 과격한 종파적 충돌이 발생할 가능성이 만연되어 갔던 것이다. 그렇기 때문에 간디-진나 회담은 좀 더 진지하게 무슬림과 힌두의 갈등이 독립 못지않은 중요한 문제임을 상기시키지 못했을 뿐 아니라, 간디와 진나의 회담으로 간디의 영향력에 걸맞은 진나의 입지가 세워졌을 뿐 독립을 위한 논의에서도 큰 성과를 거두지 못하였고, 나아가 힌두-무슬림 갈등을 조정하는 역할에 있어서도 긍정적 평가를 받기 힘들다. 즉 간디와 진나의 회담은 독립에서의 힌두-무슬림 협조 체제를 형성시키는 역할을 하지 못했을 뿐만 아니라, 진나의 입지를 높임으로써, 진나가 파키스탄 독립을 향한 깃발을 높이 들 수 있도록 자격증을 부여한 셈이 되었다. 결국 간디-진나 회담은 무슬림들에게 분리독립을 향한 마지막 카운트 펀치를 날릴 기회를 제공한 셈이다.

3. 제2차 세계대전의 종전과 종파갈등의 표출

여기에서는 1945년 제2차 세계대전의 종전으로부터 1947년 8월 15일 인도-파키스탄으로 분리 독립하는 과정을 간략히 살펴보고 그 과정에서 표출된 종파갈등에 대하여 검토해보고자 한다.

연합군은 1944년 6월 로마에 입성했고, 이어 노르망디(Normanndy) 상륙작전에 성공하여 독일의 방어선을 무너뜨리고 파리를 탈환했으며, 1945년 5월 8일 베를린에서 항복식을 거행함으로써 유럽에서의 전쟁에 종지부를 찍었다. 1945년 8월 6일, 미국은 일본의 히로시마(廣島)에 원자탄을 투하했고, 8월 15일 일본이 항복함으로써 제2차 세계대전은 막을 내렸다.

1945년 5월 유럽에서 세계대전이 종식되자 웨벨(Wavell) 인도 총독은 영국 행정부와 인도의 장래에 대하여 논의하기 위해 런던으로 갔다. 거기서 논의된 결과물이 1945년 6월에 발표된 웨벨 계획안(Wavell Plan)이다. 이 계획안에 따라 각 정치단체 대표들이 지명하는 사람들로 구성된 총독집행위원회를 재구성하기로 하고, 웨벨은 1945년 6월 25일에 시믈라에서 회합을 열었다. 이것이 일명 '시믈라회합'인데 국민회의와 무슬림연맹의 대표들이 회합에 참석했다. 무슬림연맹은 그들이 인도에서 유일한 무슬림 대표 단체로 인정되어야하고 총독집행위원회의 무슬림 대표는 모두 무슬림연맹에서 지명해야한다고 주장했다. 물라나 아자드(Maulana Azad)를 대표 위원장으로 파견한 국민회의는 인도에 있는 모든 단체의 대표이기 때문에 그들도 무슬림 대표를 지명해야한다고 주장했다(Wallbank, 1963: 214-215). 결국 협상은 교착상태에 빠져 웨벨 계획안이 무산됨으로써 시믈라회합은 인도 미래에 어떠한 희망도 주지 못했다.

시믈라회합이 무산되자, 웨벨은 1945년과 1946년에 중앙과 지방의회 의원 선거를 실시할 것이며, 그 후에 헌법제정을 위한 단체를 구성하고, 중요 인도 정치단체의 지지를 받는 총독행정집행위원회를 구성할 것이라고 발표했다. 국민회의와 무슬림연맹은 모두 웨벨의 성명을 반대하면서도 선거운동에 나섰다. 선거는 인도 장래문제에 중대한 역할을 할 것이며, 그들의 입장을 결정짓는 중요한 역할을 할 것이라고 인식되었기 때문이다. 무슬림연맹은 무슬림 유권자의 표를 몰아, 그들이 인도 반도 내의 무슬림들의 대표임을 입증하고자 했고, 국민회의는 종교를 떠나 그들이 모든 인도인의 대표임을 입증하려고 했다.

무슬림연맹은 선거에서 벵갈의 과반수 의석을 차지했으며, 뻰잡에서도 무슬림 의석이 늘어났고, 신드에서도 득표의 증가를 보였으나, 서북변경주에서는 의석을 늘리지 못했다.[48] 그러나 1945년의 선거는, 독립을 논의하는데 있어서 무슬림들이 국민회의만큼 중요한 집단으로 다루어져야한다는 것을 영국에게 입증시키기에 충분했다.[49]

영국정부는 인도에서의 국민회의와 무슬림연맹의 화합을 도모했으나 모두 실패했고, 1945과 1946년에 걸쳐 중앙과 지방의 입법의회 의원 선거를 거치면서 오히려 힌두와 무슬림의 갈등은 더욱 극명해졌다. 이러한 갈등을 해결할 방법을 모색하기 위해, 영국 정부는 1946년 3월 24일 각료사절단(Cabinet Mission)을 인도에 파견하여 5월 16일에 제안서를 내놓았다.

각료사절단의 주요 과제는 독립인도의 자치정부를 위한 헌법구성의 방법과 타협을 논의할 임시정부 혹은 집행위원회를 구성하는 일이었다. 사절단이 제시한 제안서의 주요 내용은 첫째, 인도와 인도의 주들로 이루어진 인도 연방이 될 것이며 연방정부는 외교 국방 통신

48) S. Gurbachan Singh Talib ed, Muslim League Attack on Sikhs and Hindus in the Punjab 1947, ch2.(internet book: http://voi.org/books/mla/ch2.htm)

49) 무슬림연맹은 지방의회 선거에서 무슬림 의석 441석 가운데 425석을 확보했고, 중앙의회의 무슬림 의석 전부를 차지함으로써 함으로써(Wallbank, 1963: 217), 명실상부한 무슬림 대표기구로 부각되었다.

업무를 담당한다. 연방은 행정부와 입법부를 둔다. 둘째, 잔류권한은 주에 귀속되고 모든 주는 3개의 권역으로 나눈다. 주들은 첫 번째 보통선거를 실시한 후에 소속된 그룹을 선택할 수 있다. 셋째, 주요 정치 단체의 지지를 얻는 임시정부가 구성될 것이라는 것이었다.

이러한 방식은 진나가 파키스탄을 요구했던 지역의 자율성을 충분히 보증할 수 있는 것으로 이해되었기 때문에 무슬림연맹은 연방안에 대체로 찬성했다. 국민회의는 무슬림연맹보다 앞서 제안서에 대하여 찬성한다고 밝혔지만 임시정부를 구성하는 문제에 대하여는 이의를 제기했다. 양당은 시믈라에 초대되어 일주일 동안 논의했으나 합의점을 찾지 못하자 1946년 6월 16일 총독은 정당간의 토론을 더 이상 지연시킬 수 없다고 하면서 임시정부를 구성할 인물을 발표했는데 6명은 국민회의의 힌두, 5명은 무슬림연맹에서, 3명은 시크교, 파르시교도와 인도의 기독교인 각각 1명이었다.

이에 대하여 무슬림연맹은 수긍했지만 국민회의에서는 '국민회의에 소속된 무슬림을 임시정부에 포함시키지 않는 것은 무슬림들이 의장직을 역임했던 국민정당으로서의 국민회의 정신에 어긋난다'고 반대한 것이다. 이에 각료회의는 더 이상 임시정부 수립 논의를 진행할 수 없다고 발표하자 진나는 격렬하게 비난하면서 8월 16일을 '무슬림 직접 행동일'로 선포했다.

힌두-무슬림의 종교적 폭동과 학살이 확산되는 가운데, 영국정부가 '1948년 6월 30일에 인도에서 철수할 것'이라고 밝히며 새로운 마지막 총독으로 마운트배튼을 임명한다고 발표하자 위기는 잠시 소강상태에 들어갔다.

마운트배튼 총독은 인도에 부임하여 국민회의와 무슬림연맹지도자들과 대화를 했으나 진나는 파키스탄에 대한 요구는 인도의 모든 무슬림들이 지지하고 있으며 그는 그것을 철회할 의사가 전혀 없다고 못을 박았다. 파뗄(Patel) 등의 과격파들도 무슬림의 분리독립 요구를 인정하자, 마운트배튼 총독은 인도 반도의 분할을 위한 준비에 착수했으며 1947년 6월 3일에 분리독립을 발표했다.

독립 안이 발표되자 국민회의와 무슬림연맹 모두 분리를 위한 임시정부를 구성하고 1947년 8월 15일 영국의 200년 지배를 벗어나면서 인도와 파키스탄으로 분리독립했다.

지금까지 제2차 세계대전이 종식된 시점부터 인도와 파키스탄이 분리독립한 과정을 개괄적으로 살펴보았다. 종전 후에 독립을 위한 준비 혹은 국민회의와 무슬림연맹의 화합을 도모하기 위해 영국정부는 웨벨 계획안, 각료사절단의 제안서 등을 제시했으나, 이 제안서들에 일관된 것은 영국의 지배 상태 안에서 장래 인도를 지배할 헌법을 제정하려고 하고, 그 헌법을 만들 집행위원회를 구성하는 문제로 국민회의와 무슬림연맹의 서로 다른 입장을 표출시키는 장을 열었다는 것이다.

웨벨 계획안이 무산 된 것은 각 정치단체 대표들이 지명하는 사람들로 구성된 총독집행위원회를 구성하기로 했으나, 국민회의와 무슬림연맹이 타협점을 찾지 못했기 때문이다. 이런 상황 하에서 지방과 중앙의 입법회의 의원선거를 치르게 된 것인데, 두 집단이 극도로 대립된 상태에서 선거가 실시되면, 서로를 비방하는 일이 난무하고, 상대 정당의 추악한 면과 악행을 들춰내기 마련이다. 1945년의 선거운동 기간 동안 국민회의와 무슬림연맹은 상호 비방을 일삼았고 이 때문에 힌두와 무슬림 대중들에게까지 대립의 감정이 번져갔다. 극우 힌두들은 무슬림연맹 후보를 낙선시키는 일에 앞장섰고 이를 위해 무슬림들에 대한 비난을 일삼았다. 이에 유감을 갖는 대다수 무슬림들은 극우 힌두와 국민회의를 구분하지 않았다(Hasan, 2002: 245). 이미 극우 힌두정당이든 국민회의든 무슬림 대중에게는 '힌두'로 밖에는 보이지 않게 된 셈이다.

무슬림연맹 역시 선거를 통해 국민회의를 비난했고 무슬림들을 무슬림연맹을 중심으로 단결시키기 위하여 무슬림연맹을 위해 투표하라고 무슬림들에게 요구하면서 '만일 우리가 오늘 우리 의무를 인식하지 못하면 여러분들은 노예상태로 강등될 것이며 이슬람교는 인도에서 패배하게 될 것' 이라는 연설로 무슬림들을 무슬림연맹을 중심으로 단결시키려고 노력한 진나는 1946년에 8월에 '카스트 힌두의 파시스트 국민회의'[50]라고 언급하면서, 영국의 무력적인 힘의 원조를 받아 무슬림과 다른 소수종파들을 지배하려고 한다고 비난했다.

웨벨이 타협점을 찾지 못한 채 선거를 치르면서 힌두-무슬림 갈등의 밑바닥까지 표출시켰고, 아울러 1945-1946년에 걸친 선거를 통하여 무슬림연맹도 국민회의와 더불어 인도의 장래를 논의 할 수 있는 중요한 단체임을 드러나게 함으로써 국민회의와 무슬림연맹은 한 치도 물러설 수 없는 평행선의 상태로 직면하게 된 것이다.

제2차 세계대전 동안 영국-국민회의-무슬림연맹 삼각구도가 무르익고 그 삼각형 내부에서 논의 된 주요 현안은 영국-독일 전쟁에 인도는 어떠한 역할, 혹은 어떤 지원을 할 것인가 하는 것이었다. 그런데 전쟁이 끝나자, 이 삼각구도는 이상한 방향으로 균형을 잃게 된 셈이다. 세계대전이 끝나면 인도에서의 중요 이슈는 영국으로부터의 독립이어야 하는데, 독립을 위한 대영투쟁보다는 대전 중에 무르익은 힌두-무슬림의 갈등 혹은 인도와 파키스탄의 분리독립문제가 주요 이슈가 되면서 비난과 종파갈등의 폭력사태가 이어진 것이다. 대영투쟁은 [영국: 인도(힌두+무슬림)]라는 구조보다는 [영국 : 힌두 : 무슬림]의 구조에서 영국이 지켜보는 가운데 [힌두 : 무슬림]의 갈등이 무르익어 가는 모양새로 변화된 셈이다. 이러한 구조는 총체적으로 보아 국민회의의 파워가 강했다 하더라도 실질적인 체감 파워는 무슬림연맹이 국민회의를 압도하는 것으로 느껴졌을 가능성이 높다는

50) http://www.indiansaga.info/history/partition_league.html

평가를 할 수도 있다. 세계대전 중에 진나를 중심으로 한 무슬림연맹의 세력 성장은 분리독립을 위한 확실한 세력으로의 부상이라고 할 수 있기 때문이며, 현안인 독립에 대한 국민회의와의 견해를 달리하는 집단으로서의 무슬림연맹이 아니라, 파키스탄을 건설하는 주춧돌을 쌓은 단계 거쳐 이제 상량식을 준비하는 단계에 이르렀기 때문이다.

웨벨 총독이 선거를 통하여 새로 등장하는 각 단체의 대표들로 총독집행위원회를 구성한다고 하는 의도가 어디에 있었던가를 불문하고, 이 선거는 파키스탄 분리독립에 중요한 역할을 했다고 평가 되어야 할 것이다. 이 시기에 무슬림연맹이 선거에서 국민회의를 압도한 것은 주로 국민회의 인사들이 투옥된 시기였기 때문이라고 일부 힌두들은 주장한다. 그러나 비협조운동과 내각 사퇴, 그리고 <인도철퇴 선언>으로 상당수 국민회의 소속자들이 구속된 사태를 만들어 무슬림의 정치적 입지가 강화되고, 그로 인하여 1945년의 선거에서 무슬림연맹이 선전하게 한 것에 대하여는 국민회의 측이 당시의 정세 파악에서 무슬림 문제를 제대로 인식하지 못했던 실책을 더 문제 삼아야할지 모른다. 대영 투쟁 과정에서 구속을 자처함으로써 영국에게 인도의 독립의지를 전달하는 문제에 대하여는 성공적이었던 평가를 받을 수 있지만 인도 반도 내에서의 종파문제를 도외시함으로써 갈등을 심화시키는 역할을 했다는 것 역시 부정할 수 없는 셈이다. 아울러 이러한 사태를 파악하고 있는 영국 역시 파키스탄의 분리독립을 위해 긍정적 역할을 한 셈이다. 선거를 통하여 무슬림연맹은 하나의 의견을 제시하는 수준의 집단이 아니라 파키스탄이라는 건물을 짓는데 필요한 모든 작업을 마무리할 수 있는 세력으로 성장할 수 있는 기회를 확보했기 때문이다.

지금까지 살펴본 웨벨 계획안의 무산과 선거를 통한 무슬림연맹의 확고한 입지가 마련 된 상태에서 각료사절단이 파견되었고, 연방정부의 구성과 3개 권역의 설정으로 실질적인 분리의 심리를 더욱 심화시켰다고 평가해도 과언이 아닐 것이다. 각료사절단의 제안서는 실제로 오늘날 인도아대륙의 3개 국가의 지리적 경계와 그리 큰 차이가 없다는 것을 고려해볼 때 이 제안서는 인도에서 '분리'를 기정사실화하는 데 일역을 담당했다고 볼 수 있는 것이다. 각료사절단이 제시한 안에 대하여 국민회의가 이의를 제기하자 임시정부 수립 논의를 정지시켰고, 이에 격분한 무슬림들은 'Lekar Rahenge Pakistan'(쟁취하여 살 것이다, 파키스탄을)이라고 외치며 1946년 8월 16에 캘커타에서 종교적 학살을 자행했다. 이에 맞서 힌두인들 역시 보복에 나서 5천여 명이 희생되었다. 결국 웨벨 계획안이나 각료사절단의 제안 역시 힌두-무슬림의 갈등을 증폭시키는 역할을 자처한 셈이 되었고, 힌두와 무슬림은 이제 갈등의 단계를 넘어서 폭력이 난무하는 상황으로 번져 확대 상호 보복과 학살이 자행되었다.

영국 정부 당국은 그들이 이러한 상황을 제대로 통제하지 못할 것을 우려했고, 영국정부가 이러한 상황을 해결하기에는 너무 늦었으며, 내전을 일으키지 않을까 우려할 정도가 되었다. 국무장관은 임시정부에 무슬림연맹을 참여시키지 않으면 내전이 불가피 할 것이라는 우려를 표명하자, 무슬림연맹이 각료사절단의 제안을 받아들이지 않고 직접행동 정책을 포기하지도 않았음에도 불구하고 웨벨은 1946년 10월 무슬림연맹을 임시정부에 참여시켰다.

종전 이후의 영국의 대인도 정책은 인도를 설득하여 영연방내의 자치국으로 잔류하기를 희망한 것이고 인도는 완전독립을 추구하는 동상이몽의 상태였다고 할 수 있다. 영국이 인도가 한 개의 나라로 대영제국의 연방국으로서의 자치권을 갖기를 바라는 희망을 버리지 않았기 때문에 영국의 지배 상태 하에서 장래 인도의 헌법을 제정하고자 했고, 실질적으로 국민회의와 무슬림연맹이 타협할 수 없는 제안서들을 내놓게 된 것이 아닐까 생각된다. 외관상 국민회의와 무슬림연맹의 화합과 타협을 목표로 내놓은 제안들이 결과적으로는 국민회의와 무슬림연맹의 상호 다른 의견을 극명하게 표출시키는 역할을 한 셈이다. 또한 그러한 차이를 극명하게 드러내는 과정에서 국민회의와 무슬림연맹은 힌두와 무슬림 대중을 선동하여 지지를 확보하고자 했고 선거를 치르면서 이러한 대중적 영향과 갈등이 심화된 채로 독립을 맞이하게 된 셈이다.

일단 독립안이 통과되고, 국민회의와 무슬림연맹은 '인도'와 '파키스탄'을 위한 임시정부를 발족시켰다. 결국 하나의 조국이 두 개의 나라로 조각난 것에 대한 책임에 대하여 힌두와 무슬림은 상호 비방의 목소리를 높였고 라호르, 아므리뜨사르 등지에서 종파폭동이 계속 일어났으며 네루는 영국정부가 폭동을 막는데 실패했다고 비난했다. 뿐만 아니라 뻔잡에서는 시크와 무슬림 사이의 폭동도 발생했다. 시크들은 뻔잡이 파키스탄에 속하여 자신들의 종교와 땅을 잃게 되는 것을 막기 위하여 진나의 암살을 시도하는 등의 혼란 속에서, 인도 반도는 1947년 8월 15일 영국의 200년 지배를 벗어나면서 인도와 파키스탄으로 분리독립한 것이다.

결국 세계대전의 종식으로 전쟁의 폭풍에서 벗어나 독립의 깃발을 높이 들었으나 휘날리는 깃발은 태풍을 몰고 왔다. 태풍 속에서 힌두와 무슬림은 피로 물든 구조선을 만들어 나누어 타고 새로운 항해를 시작하게 된 셈이다.

4. 인도-파키스탄의 분리독립과 종파갈등의 동태화

2백년의 영국 통치를 벗어나면서 인도와 파키스탄 두 개의 나라로 분리독립했는데, 파키스탄은 이슬람국가임을 명백히 했으나, 인도는 국교를 인정하지 않는 세속주의를 택했다. 세속주의를 표방한 인도는 종교적으로 자유 국가이다.[51] 개인의 의지에 따라 어떠한 종교도 선

51) 세속주의 채택에 대하여 '인도가 세속주의를 택한 것은 선택이 아니라

택하여 개인의 신념과 종교를 가질 수 있는 나라인 것이다. 그러기에 힌두교도가 80% 이상을 차지한다고 하더라도 인도의 국교가 힌두교라고 할 수 없는 것이다.

그런데 독립하면서 하나의 나라가 두 개의 나라로 분리독립하게 된 원인은 무엇인가. 그것은 종교적으로 소수인 무슬림들이 그들의 안전과 행복한 미래를 보장받고자 이슬람국가인 파키스탄을 요구했기 때문이다. 그렇다면 인도에서는 더 이상의 힌두와 무슬림 문제와 갈등이 발생하지 않아야 하나의 조국을 둘로 나눈 정당한 대가를 받는 것이 아닐까. 그렇기 때문에 인도에서 발생하는 무슬림 문제에 대하여 무슬림들보다는 힌두들의 반발이 거센 것에 대하여 잘못된 것이라고 비난할 수만은 없는 것이 아닐까. 종교적 근거만으로 하나의 국가를 따로 건설해야하는 정당성에 대하여 무슬림연맹은 '온전한 의미의 한 개의 국가 개념'이라고 강조했던 측면을 상기하면, 무슬림 지역인 동파키스탄과 서파키스탄이 내전을 겪고 두 개의 나라로 다시 분리되는 상황에 대하여는 어떻게 설명할 수 있는가. 종교만으로 분리독립해야 한다는 주장이 설득력을 잃을 수 있다. 그렇기 때문에 인도의 힌두들은 이제 파키스탄이라는 무슬림들의 국가가 건설된 것으로 인도에서 힌두-무슬림 갈등은 사라지기를 희망하는 것도 무리가 아닐 것이다.

이러한 심리를 잘 보여주고 있는 소설이 기딴잘리 슈리의 『그 해의 우리 도시』(*Hamārā. Shahara Usa Barasa*)이다*. 이 작품 속에서 여신의 사원 이쪽에 살고 있는 하니프(Hanif)와 슈루띠(Shruti) 그리고

필수였다. 인도에 살고 있는 힌두와 무슬림은 세속주의라는 하나의 우산을 쓰고 살아야한다는 것보다 더 분명한 타당성은 없다'(Chitkara, 1997: 99) 는 견해도 있다.

* 이 작품에 관해서는 3부의 "기딴잘리 슈리의 『그 해의 우리 도시』에 나타난 힌두－무슬림 갈등의 심리적 고착화의 확대" 참조 바람.

닷두(Daddu) 세 사람이 골목 어디에서나 들려오는 카세트 테이프를 듣고 있는 장면이 나온다. 이 테이프에서 흘러나오는 소리 가운데 '너희에게 우리는 평등을 주었는데 너희는 우리에게 무엇을 주었느냐-파키스탄. 자비로운 종교의 이야기는 지겹게 했다. 이제는 용기와 무자비의 날들이다. 여기에서 살려면 라힘(Rahīma)이 라스칸(Rasakhāna)이 되어야 한다...(중략)...이제 너희에게 가르쳐야만 할 것이다. 이미 너희들에게 파키스탄을 주었는데 왜 여기에 앉아 있느냐, 다른 파키스탄을 만들면서?'(Shree, 1998: 44)라는 대목이 있다. 이 소설은 아요댜사건 이후 쓰인 소설이지만 독립 후의 인도인들의 심리를 적나라하게 묘사하고 있는 대목으로 볼 수 있다.

독립 후, 엄청난 충돌과 학살이라는 희생을 치르면서 파키스탄 지역의 힌두들은 인도로, 인도 지역의 무슬림들은 파키스탄으로 이동했다. 그럼에도 불구하고 인도는 인구비례에 있어서는 힌두가 절대 다수에 속하지만 인구의 숫자로 볼 때는 파키스탄보다 많은 무슬림이 살고 있는 지역이다. 파키스탄이라는 이슬람 독립국가가 건설되었음에도 불구하고 인도는 세속주의를 택함으로써 다 종교국가인 것이다. 이곳에서 '너희에게 파키스탄을 주었는데 너희들은 우리에게 무엇을 주었는가?' 라는 의문이 생기는 것은 일견 당연한 것이 아니겠는가.

그러나 네루가 집권한 독립 초기의 인도는 세속국가로서의 의지와 간디의 비폭력 화합의 정신이 살아 있는 시기였다고 볼 수 있다. 그래서 인도국민들에게 있어서 독립은 외국의 지배를 벗어난 온전한 의미로써의 독립이었으나 외국지배의 기억이 희미해져 가는 시점에서는 독립의 의미가 외부지배로부터의 해방보다는 '왜 우리는 두 개의 국가로 분리되었는가?' 의 의미를 되새겨보게 됨으로써 독립의 의미가 무슬림과의 관계 속에서 정립되는 문제가 발생한 것으로 추론해 볼 수도 있을 것이다. 그러므로 독립의 시점에서 힌두-무슬림의 갈등은 현재와 같은 고질화 된 양상은 아니었다 하더라도 오늘날의 고질적인 종교 갈등을 일으킬 수 있는 상황 즉 갈등의 동태화 단계에 있었다고 볼 수 있는 것이다.

V. 맺음말

월뱅크(Wallbank, 1958: 52)는 '인도에 무슬림이 들어오면서 첫 단계의 정복과정에서 많은 학살이 일어났다. 정복자의 종교적 열광으로 힌두들이 많은 고통을 겪었으며 부유한 힌두의 영지가 몰수되기도 했다. 그러나 하층의 일반인들은 새로운 침입자들에 의해 크게 영향을 받지 않았으며, 둘째 단계에서는 정복이 완료되어 정부의 조직과 체제를 정비하면서 정복자와 힌두들의 문화가 융합되었다. 그리고 힌두들은 정복왕조의 행정직에 종사하기도 했으며 통혼으로 피가 섞이게 되었다, 그리고 다음 단계에서는 상당한 문화적 융합이 이루어지고 정복자들도 페르시아어 대신에 우르두어를 사용하는데 이르렀으며 무갈제국 하에서 인도의 문화는 새로운 빛을 발하게 되었다.'고 서술하고 있다. 인도에 무슬림이 들어오면서 생긴 힌두와 무슬림의 관계에 대하여 많은 학자들이 이와 비슷한 견해를 보이고 있다. 랄 교수 역시 무갈 행정 조직에 상당수의 힌두가 참여했고 그 숫자는 점차 증가했으며, 무갈왕조의 황제 가운데 힌두들에게 가장 가혹했다고 하는 아우랑제브 시기에도 그 증가 추세는 계속되었다는 것을 근거로, 무슬림의 인도 지배가 무갈시대에 상당한 정도의 타협점을 찾고 있었다는 견해를 갖고 있다. 그러나 이러한 생각에 대하여 최근에는 힌두들이 지난 역사에 대하여 무감각하거나 무심히 넘기고 있기 때문에 이러한 해석을 하고 있다고 비난하는 학자들도 있다. 이들 힌두뜨바 운동을 하고 있는 상당수의 사람들은 가즈니왕조와 구르왕조 그리고 무갈제국의 건설과정에서 역사상 유례없는 학살이 이루어졌다는 것을 강조53)하면서 힌두뜨바 건설을 목표로 해야하고 동시에 역사 다시 쓰기를 해야 한다고 주장하고 있다. 엘스트(Elst)에 의하면 '인도의 이슬람의 정복은 아마 역사상 가장 피비린내 나는 이야기 일 것이다. 그 이야기는 우리를 몹시 낙담하게 한다. 문명은 귀중한 것인데, 그 문명의 질서와 자유, 문화와 평화의 절묘한 복합체는 내부에서 형성되었거나 외부에서 침입해온 야만인들에 의하여 언제라도 전복될 수 있다는 것이기 때문이다.'54)라는 견해로 인도인들의 과거에 대한 무감각에 대하여 질타하고 있다. 이러한 외국학자들이나 힌두 단체의 견해가 굳이 식민사관의 잔재 혹은 힌두 근본주의의 영향이라고 하지 않더라도 간디가 말한 것처럼(M. Gandhi, 안찬수 옮김, 2002: 83) 인도의 과거는 인도의 눈으로 그 시대적 감각을 가지고 봐야한다. 현재의 시각으로 인도의 역사를 다시 써야하고, 과거에 대한 인식의 결핍증을 비난만 한다면 그것은 현재의 문제를 과거에서만 찾으려는 과장된 제스처가 아닐까 생각된다.

오늘날 이슬람권에서 충돌과 갈등을 야기 시키는 주된 요인들은 영토분쟁, 부족한 자원 공유의 실패, 인위적 인구이동을 통한 인구 재배치, 문화적 정체성의 부정, 종족 정체성에 대한 위협, 인종적 편견, 사회·경제적 차별, 종교적 열정, 이데올로기의 차이, 약탈을 위한 침

---

53) Arun Shourie 외, *Hindu Temples What Happend To Them* Volume 1 등을 참조

54) Koenraad Elst, *Negationism in India-Concealing the record of Islam-* 이 자료는 http://www.bharatvani.org/books/negaind/ 에서 온라인 북으로 올려진 자료에서 인용하였다. 또한 Francois Gautier 역시 *Negationism and the Muslim Conquests-Part 1* 등에서 힌두들이 지나온 무갈 지배에 대하여 지나치게 관대한 이해와 무감각증으로 역사를 이해하고 있다는 비난 섞인 어조로 논하고 인도에서 이슬람의 지배로 힌두들이 얼마나 고통과 파괴를 당했는가를 되돌아보아야 한다는 논조를 띠고 있으며 힌두뜨바와 힌두 라슈뜨라를 위한 www.Hinduunity.org를 만들어 이러한 생각에 동의하는 주장들을 정리해두고 있다.

략 등에서 비롯된 것(한국이슬람학회, 2002: 21)이라는 관점에서 보자면, 오늘날의 힌두뜨바의 움직임이나 그 반대 급부로의 무슬림의 움직임은 종교적 인종적 관점에 앞서 부족한 자원공유의 문제와 현실적 정치 경제의 우월권 다툼일 뿐이며, 그들의 입지를 위하여 종파 갈등을 확산시키고 있는 것이다.

역사적 상황을 돌아보면 이슬람이 인도에 들어오면서 '가혹한 학살' '종교적 박해'의 측면이 없는 것은 아니지만 상대적으로 이슬람 정복지에서 일어나는 다른 지역의 경우에 비하여 그리 예외적으로 가혹 수준이었다고 보기는 어렵다. 그러나 이러한 상황을 '가혹' 쪽에 무게를 실어주는 사건이 발생하는데 그 기폭제가 벵갈분할일 것이다. 벵갈분할에서 보이는 상황들은 힌두-무슬림 갈등을 더욱 표출시키고 그 원인을 무갈의 힌두 지배에서 찾으려는 경향과 무갈제국의 영광을 되찾으려는 경향으로 양분시켰고, 이에 영국은 부채질까지 했던 것이다. 그러나 돌아보면 이런 상황 역시 정치적 이해관계가 얽힌 엘리트층에서 일어나는 현상이었고 하층의 대중은 그리 크게 이 문제에 노출되지 않았던 듯하다. 역사적 현장에서 무슬림의 충격과 그 반응 등은 늘 지배층과 지배를 상실한 측에 얽힌 것이었고 일반 대중은 조금 거리를 가지고 있었다고 볼 수 있을 것이나 오늘날 인도의 대량 학살이 벌어지는 현장에 일반 민중이 관여되는 것은 이제 그 지배와 피지배의 선이 약화되어 선거라는 것을 통하여 민중도 지배권에 영향력을 갖게 됨으로써 갈등구조라는 배에 동승하게 된 것이 아닐까.

인도의 경우 세속주의 원칙이 고수되어 종교에 대한 국가의 억압을 제거하고자 했지만 이러한 것이 중앙정부의 통치력이 약화될 때, 혹은 정당의 정권획득을 위해 다수인 힌두를 자극할 때, 세속주의는 명분만의 위치를 차지하고 집단의식을 자극하여 소수집단을 정치 경제적 피해 혹은 소외집단으로 만들게 된다. 이에 반발하는 소수집단을 폭력집단으로 인식시키려는 음모 역시 또 다른 폭력 충돌을 양산시킨다. 난디(Nandy, *Times of India*. 1991/2/18)가 '오늘의 힌두뜨바 혹은 힌두근본주의는 제국주의의 마지막 발길질일지도 모른다'라고 한 것처럼 힌두와 무슬림의 갈등의 악화는 식민지시대의 잔재를 청산하지 못하고 몸살을 앓고 있는 동양의 여러 식민지들의 문제와도 맥을 같이 하고 있는 것은 아닐까. 힌두와 무슬림은 비록 종교를 달리 선택했다 하더라도 그들은 함께 어울려 살아야할 인도인인 것이다. 오늘날 힌두와 무슬림으로 나뉘어 종교라는 명분 아래 상호 폭력과 테러를 일삼는 것은 그들이 영국지배라는 울타리를 아직도 벗어나지 못한 것을 반증하는 것이 아닐까. 영국지배 시기를 돌아보면서 힌두와 무슬림 모두는 영국인들이 인도를 지배하기 위하여 그들의 갈등에 부채질을 했다는 사실을 부인하지는 않을 것이다.

독립운동 과정에서 힌두와 무슬림은 서로 다른 입장을 가졌으나 타협의 여지는 언제나 존재하는 것이다. 그 타협의 물고를 트기 위해 많은 자리가 마련되었지만 무산되었다. 제2차 세계대전이 끝난 후에도 영국과 인도는 독립을 위한 논의를 계속 했지만, 국민회의와 무슬림연맹의 다름과 차이만 부각되었을 뿐이다. 더욱이 독립 초기 세속주의에 대한 확신을 가졌던 네루 집권 당시에는 나름대로 종파적 갈등을 억제할 여지가 있었으나 인디라 간디를 시작으로 세속주의가 쇠퇴하고 정치적으로 종파갈등을 선거에 이용하는 추세가 확산되어 아요댜사건라는 불행한 일도 발생하게 된 것이다. 힌두:무슬림의 갈등=국민회의:무슬림연맹의 갈등이라는 등식이 성립되지는 않는다. 그러나 점차 세속주의가 쇠퇴하고 종교근본주의가 전면에 등장하면서 독립운동 과정에서의 국민회의:무슬림연맹의 갈등을 곧 힌두와 무슬림의 갈등이었던 것으로 바라보고, 기정사실화하고 있으며, 이러한 인식을 바탕으로 힌두들은 "너희에게 파키스탄을 주었는데 너희는 우리에게 무엇을 주었느냐?"는 의문부호를 가진 채로 상호 비방과 폭력적 충돌이 빈번히 일어나고 있는 것이다. 이러한 힌두-무슬림의 갈등은 독립운동 과정에서 동태화되어 이후 점차 인도의 고질적인 문제로 자리 잡아 가고 있다.

일부 세속주의자들은 종교근본주의 자들과는 다른 길을 가는 듯이 보이지만 종교 갈등이 동태화를 넘어 고질화를 향해 치닫게 되는 동안 세속주의자 역시 종교근본주의에 동조하거나 최소한 종교근본주의를 방관하는 자가 되고 마는 것이다.

지구상의 많은 나라들 가운데 단일 민족, 단일 종교, 단일 문화 국가가 얼마나 되겠는가. 각 나라에서 다름이 발견될 때마다 그 다름을 이유로 '분리' 혹은 '갈등'의 근거로 삼는다면 '국가'라는 개념조차 형성될 수 없을 것이다. '다름'을 '조화'로 이끌 수 있는 성숙된 정신의 개발만이 인도의 종파갈등을 해결할 수 있는 열쇠가 될 것이다.

영국의 분할 통치가 인도의 갈등을 만든 원인이라고 분석하면서 아직도 갈등에서 벗어나려는 노력보다 갈등의 원인을 영국과 무슬림들에게 돌리면서 식민잔재를 벗어나려는 노력을 하지 않는다면, 인도인들 스스로 식민시대에 머물러 있는 것이 되지 않겠는가. 현재의 눈으로, 어떠한 방편을 위해 힌두와 무슬림의 역사적 관계를 검토하려는 시도보다는 진정으로 그들이 어떻게 함께 살아왔는가를 검토해야 한다. 그리고 시대의 다른 지역에서 일어난 전쟁과 충돌의 역사에 비추어, 인도에서 일어난 두 종교 집단의 만남과 충돌 그리고 함께 살아가기 위한 노력을 이해한다면, 오늘날 인도에서 벌어지는 종교 갈등과 같은 극단적인 충돌보다는 어울림을 위한 새로운 시도가 가능하지 않을까 생각된다.

제3부 인도의 종파주의에 대한 문학적 접근

I. 소설『아자디』에 나타난 종파갈등*

1. 들어가기

제 1부에서 언급했듯이 인도의 종파갈등에 대한 연구는 여러 학자들에 의해 시도되어 왔다. 그 중에서 짠드라, 듀몽, 나이두 등은 종파갈등의 원인과 배경에 대한 연구를 진척시켰으며. 특히 브라스, 아자르 등에 이르러서는 사회현상을 분석하는 이론적 틀 속에서 종파갈등에 대한 접근이 시도되었다. 이와 같은 연구들이 사회현상과 인간행태에 대한 체계적인 해석과 이해에 도움을 준 것이 사실이지만 집단이나 조직이 아닌 개인의 종파에 대한 태도와 반응, 그리고 사회변화의 잠재적 동기가 되는 인간의 내면 영역에는 심층적인 접근이 어

---

* 이 글은『남아시아연구』10권 1호에 발표된 최종찬(2003)의 논문을 수정, 보완한 것임.

려웠던 것으로 보인다. 이 글은 이를 보완하는 한 방안으로 문학작품 분석을 통해 종파갈등에 대한 접근을 시도해 보고자 한다.

문학작품을 통하여 종파갈등에 접근하는 방법은 무엇보다 사건과 관련된 인물의 개인적인 행태와 내면을 작가의 눈을 통하여 세밀하게 엿볼 수 있다는 장점을 지닌다. 이는 종파주의에 대한 다수의 연구들이 엘리트나 정당을 중심으로 접근해 온 것에 보완적 시각을 제공할 수 있다는 의미를 갖는다. 문학작품분석은 무엇보다 기존의 사회학자들의 연구논문이 현장감 있게 다룰 수 없었던 개인의 종파에 대한 의식구조에 쉽게 접근할 수 있게 해준다.

본고는 소설 『아자디』(*Azadi* '독립')에 묘사된 인도독립 당시의 사회상황과 사건들을 정리하고, 등장인물들의 심리묘사를 분석함으로써 종파갈등의 요인, 개인의 심리적 반응, 종파폭력의 특성 등을 살펴보고자 한다. 연구대상으로서의 소설 선정의 적절성을 제시하기 위해 작가의 개인적 경험과 소설 집필 의도를 소개하고, 소설의 줄거리와 함께 당시 인도의 정치사회적 모순이 일개인에게 받아들여지는 양태와 이에 대한 반응을 중점적으로 분석한다. 더불어 소설에 반영된 작가의 견해를 추적하여 사건을 바라보는 인도지식인의 태도를 살펴본다.

2. 작가와 소설 『아자디』

소설 『아자디』의 작가 짜만나할(Chaman Nahal)은 인도영어소설의 제 2세대를 대표하는 소설가로 알려져 있다. 특히 그는 인도영문학에서 상대적으로 빈곤한 정치소설의 영역을 개척한 소설가로서 의미 있는 평가를 받는다. 간디시대를 전체적으로 조명한 소설 『간디사중주』(*Gandhi Quartet*)는 4편의 소설로 구성된 그의 대표작이며 소설 『아자디』는 그 중의 한 편에 해당한다. 소설 『아자디』는 인도의 분리

독립 당시 파키스탄의 국경지역인 인도 북서지방에 살고 있는 주민들이 분단과 함께 겪게 되는 비극적 운명을 사실적으로 서술한 소설로 평가된다. 이 소설은 1975년에 발표된 이래 10여개의 언어로 번역되었으며 이 작품으로 작가는 인도문학원상(Sahitya Akademi Award)과 인도출판연맹상(The Federation of Indian Publishers Award)을 받았다.

작가는 소설의 배경이 되는 인도 북서부지역의 작은 도시 시알꼬뜨(Sialkot)에서 태어나 성장했으며 파키스탄과 인도가 분리되는 와중에 발생한 종파적 충돌의 피해 당사자이기도 하다. 작가 자신이 시알꼬뜨를 떠나 인도로 피난해야 하였으며 그의 누이와 매형은 열차에서 피살되었다. 소설 『아자디』의 이야기는 작가 자신의 이러한 경험과 기억을 바탕으로 구성되었다. 따라서 자서전적인 요소가 많고 고발적 성격의 역사성이 있는 소설로 평가된다.

『아자디』는 국가의 분단에서 비롯된 여러 모습의 상처들을 다루고 있으며, 작가 짜만 나할은 힌두와 무슬림간의 증오와 사랑을 객관적 입장에서 편견 없이 그린 것으로 인정된다. 작가는 서문에서 밝힌 바처럼 이 소설을 통하여 인도와 파키스탄의 분리가 수세기 동안 공존해온 다인종, 다종교, 다문화 사회의 조화를 어떻게 깨뜨렸는가를 보여주고자 한다.

소설의 시대적 배경은 인도와 파키스탄이 분리독립하기 직전인 1947년 6월부터 간디가 암살당하는 1948년 1월 사이로 설정되었다. 지금은 파키스탄의 영토가 된 서뻔잡 지역의 작은 도시 시알꼬뜨에 살던 힌두들이 인도와 파키스탄이 분리된 이후 종파갈등의 희생양이 되어 겪게 되는 개인과 가정의 파탄과정이 주인공 랄라 깐시 람(Lala Kanshi Ram 이후부터 깐시 람)을 중심으로 묘사되었다.

소설은 모두 3부로 구성되어 있다. 제1부는 소강(小康), 제2부는 폭풍(暴風), 그리고 제3부는 여파(餘波)이다. 소설의 구성이 보여주듯이

제1부는 비교적 조용하고 한가한 영국식민지 시대 말기의 시알꼬뜨 도시를 배경으로 이야기가 전개된다. 시알꼬뜨에서는 여러 종교 집단들이 조화롭게 살고 있었다. 주요인물들인 깐시 람과 그의 가족들, 그리고 주민들은 삶의 기준으로 종교보다는 경제와 세속적 필요, 경험, 인간관계 등을 중요시하는 평범한 사람들이다. 그러나 인도와 파키스탄의 분리가 결정되면서 사회는 두 종파로 양극화되고 그때까지 유지되어 왔던 집단 간의 평화로운 관계는 깨어지게 된다. 분리된 이후로 천만 명에 이르는 인도인들이 약탈과 살인을 당하거나 위협을 느껴가며 새로운 삶의 터전을 찾아서 인도로 이동하였다. 고향을 떠나 새로운 삶의 터전을 찾아가는 과정에서 힌두들은 물질적으로나 정신적으로 큰 상처를 입으며 황폐화되고 고립된다. 삶을 지탱해 주었던 그들의 문화는 붕괴되고 상처 입은 그들은 가족끼리 조차도 서로 침묵하는 고립된 존재가 되는 것으로 소설은 마감한다.

3. 종파갈등의 요인

그 근본이 본질적으로 다른 종파들이 공존하는 사회에는 종파갈등이 발생할 소지가 항시 존재한다고 볼 수 있다. 이 가능성이 형체를 얻게 되는 과정에는 여러 요인이 작용한다. 소설이 보여주는 요인으로는 정치적 환경의 급격한 변동, 종파 지도자들의 음모, 종파 구성원의 민감한 심리적 반응 등이 대표적인 것으로 눈에 띈다.

초입부터 소설은 힌두와 무슬림 두 종파가 전통적으로 평화로운 관계 속에 살아왔음을 강조한다. 이들은 같은 땅에서 어울려 살았다. 이 소설의 힌두 주인공인 깐시 람도 마찬가지이다. 그는 가난한 무슬림 압둘 가니(Abdul Ghani)에게 푼돈을 자주 빌려주었고 후자는 꼬박꼬박 제때 잘 갚곤 하였다(Nahal, 2001: 39-40), 깐시 람은 또한 무슬림 친구인 쪼드리 바르까뜨 알리(Chaudhri Barkat Ali) 집안과 친밀한 관계를 유지하여 왔다(Nahal, 2001: 80). 깐시 람의 아들인 힌두 청년 아룬(Arun)은 바르까뜨 알리의 딸인 무슬림처녀 누룰-니사르(Nurul-Nisar)와 사랑하는 사이이며(Nahal, 2001: 73) 그녀의 오빠 무슬림 청년 무니르(Munir)와도 절친한 친구사이다. 이와 같은 점들을 미루어 볼 때 힌두와 무슬림 사이에 종교의 차이가 적어도 표면적으로는 일상의 삶과 대인관계에 별다른 영향을 주지 않았음을 알 수 있다.

당시 시알꼬뜨에는 각기 다른 종교 재단에 속한 여러 학교의 학생들 사이에 충돌이 있었지만 이는 학교 집단 간의 경쟁심에서 비롯된 것이지 종교적 차별에서 비롯된 것이 아니었다(Nahal, 2001: 81). 1930년 뻰잡 지방을 순회하면서 간디는 힌두와 무슬림에게 상호 우애와 긴밀한 협력을 강조하였으며 이러한 결속의 당부는 이들 사이에 갈등이 있어서라기보다는 독립 쟁취를 위한 모든 인도인의 단합이 요구되는 시대적 필요성에서 나온 것이었다. 주민들은 간디의 요구에 부응하여 서로 형제임을 재확인하고 친목을 도모하였다(Nahal, 2001: 87). 이처럼 이 소설의 배경이 되는 시알꼬뜨의 주민들은 각기 다른 종교로 인한 삶의 불편함이나 갈등을 느끼지 못하고 살아왔다.

소설은 종파의 인식과 그 실체 형성이 조직이나 지도자들에 의해 시작되었다고 말한다. 가령 깐시 람은 빤자비어를 한다. 그러나 글자는 무슬림들의 문자로 알려진 우르두 문자를 사용한다. 우르두는 아버지에게서 배웠지만 그의 아버지도 힌두이다. 그러나 힌두의 지도자들로부터 인도의 진정한 언어는 산스끄리뜨어이고 그에 가장 가까운 언어가 힌디어라고 교육받은 이후 깐시 람은 언제나 자신의 모어(母語)가 힌디어라고 답한다. 그는 힌디어를 사용한 적도 없으며 힌두의 문자로 알려진 데바나가리 문자도 모른다. 힌두종교단체인 아랴사마즈의 회원으로서 그는 힌두지도자들에 의해 온전한 힌두로 성장해 간다(Nahal, 2001: 3-4).

이러한 의식화 과정은 무슬림의 경우도 마찬가지였다. 무슬림 지도자들과 조직의 영향 하에서 무지한 무슬림 압둘 가니는 타종파를 의심하고 적대적으로 인식하면서 반사적으로 자신이 속한 집단의 정체성을 뚜렷이 의식하기 시작하였다.

> ... 압둘 가니는 더 이상 시장의 힌두 상인들과 친하지 않았다. 그들에 비하면, 그의 사업은 보잘 것 없는 사업이다 - 아니 전혀 사업이라 할 수 없다. 그저 하루 하루 밥 벌어 먹을 정도이다... 그러나 그의 이웃들은 그를 동등하게 대했고 그는 그들과 평화롭게 지냈다. 정작 인도가 독립을 하고 힌두들이 득세하면 그에게 위협이 될 것이라고 인식시킨 것은 무슬림연맹이다. 그건 그의 개인적인 생각이 아니었다. 무슬림연맹이나 진나 선생님이 더 잘 아신다. 그들은 힌두 이웃을 의심의 눈으로 보라고 했고 그는 그렇게 했다. 그들은 파키스탄이 있어야 한다고 했고 그는 파키스탄을 부르짖었다(Nahal, 2001: 41-42).

조직이나 지도자에 의해 형성된 일반대중의 종파의식은 정치적 환경이 조성되면 행동단계로 발전하게 된다. 분리독립에 대한 방송이 있은 그날 밤 무슬림들은 분리를 기념하는 가두행진을 시작하였고 시끄럽게 힌두들의 지역에까지 몰려들었다. 힌두들은 공포를 느끼고 길에 설치된 출입문으로 거리를 차단하였다. 행진을 계속하기를 원하는 무슬림들의 소동에 출동한 울라 칸(Inayat-Ulla Khan) 무슬림 경관은 힌두들의 안전보다는 무슬림에게 우호적인 태도를 보이는데 더 마음을 쓴다. 작가는 분리독립에 대한 방송 이후 변화하고 있는 무슬림 경관의 심리 묘사를 통해 그가 경찰 신분보다는 무슬림이라는 것에 더 가치를 두는 모습을 제시한다. 힌두 구역으로 가는 길이 차단되어 있는 것에 대해 무슬림들이 항의하였을 때 울라 칸은 생각하였다.

> 울라 칸은 국내법상 밤에는 주민들이 자치적으로 동네 거리를 통제할 권한이 있다는 것을 알고 있었다. 그러나 그도 방송을 들었다. 그리고 지난 몇 시간 사이에 법의 시시비비를 가리는 것 자체가 울라 칸에게는 무의미한 것이 되었다. 이젠 오히려 양심의 문제였다. 수년 동안 그는 영국정부의 지시에 따라 무슬림 시위행렬에 대해 경찰봉 진압을 지휘하기도 했다. 그러나 사실 그는 그 짓을 싫어했다. 그들은 자신의 형제였고 명령은 다른 자들의 것이었다.... 그는 양심의 무거운 짐을 지고 살아왔다.... 오늘 그에게 기회가 왔다. 그는 팔을 내리며 행렬의 선두들에게 말했다.
> "당신들 주장도 맞소."
> 군중은 승리의 환호성을 질렀고 북치는 자들은 요란하게 북을 두드렸다(Nahal, 2001: 62-63).

울라 칸은 무슬림 군중들의 편에 서서 힌두구역으로 통하는 차단문을 열 것을 지시한다. 이처럼 종파적 정체성이 직업이나 신분을 우선하는 시간이 시작되었다.

당시 힌두와 무슬림의 정치지도자들은 갈등의 불을 지핀 이후로 불길이 크게 번지도록 하는 데에도 적극적으로 나섰다. 인도로부터 매일 수백 명의 난민들이 시알꼬뜨로 들어오면서 그들이 힌두들에게 당한 공포와 증오의 이야기들을 퍼뜨렸고 그러면 이 지역에 두 종파 간 상호 비방과 각종 루머가 돌았다. 때로 무력충돌로 이어졌다. 정치가들은 이를 잠재우기 위해 노력하기 보다는 자신들의 이익을 위해 대중을 부추기고 적대감을 증폭시키는 역할을 담당하였다(Nahal, 2001: 118).

평소 계층 또는 그룹간의 불평등도 종파갈등이 쉽게 확산하는데 도움을 준 것으로 분석된다. 분리독립이 발표된 이후로 무슬림들의 자축 행사는 서서히 과격해지고 급기야 폭력적으로 발전해 갔다. 일부 무슬림들은 힌두교도들의 집에 돌을 던지며 적대감을 노골적으로 표시했다. 이는 그간 밑바닥에 깔려 있던 힌두에 대한 적개심이나 억눌림에서 나온 행동으로 해석된다. 당시 시알꼬뜨의 힌두들은 소수이지만 부유층인 반면 무슬림들은 다수로서 상대적으로 빈곤했다(Nahal, 2001: 71).

끝으로 당시의 상황에서 종파갈등이 폭력으로 이어지는데 결정적인 역할을 한 것은 군중의 보복심리였다. 보복심리는 과격한 행동을 가능하게 하는 가장 좋은 기폭제로 작용하였다. 동뻔잡에서 무슬림들이 피난 오다가 힌두와 시크의 습격으로 가족과 재산을 잃고 원한과 슬픔으로 통곡한다는 소식이 시알꼬뜨에 알려진 후 이 도시의 무슬림들은 힌두를 상대로 약탈과 방화 그리고 살인을 동반하는 대규모 폭동을 일으켰다(Nahal, 2001: 106-107).

인도 독립 당시의 종파갈등 요인들을 열거해 보았다. 갈등의 씨앗을 키운 것은 대중이 아니라 이들을 인도하는 지도자와 조직이었다. 정치적 환경이 조성되자 종파의식이 급격히 빠른 속도로 종파구별로 발전하였다. 불우한 처지에서 살아온 무슬림들은 상대적으로 부유한 소수의 힌두 집단에 대하여 적대적으로 종파구별을 하였다. 특히 상호 폭력에 대한 보복 심리는 극한상황의 집단적 폭력으로 치닫게 하는 결정적 동기가 되었다.

4. 종파갈등과 단절

소설 『아자디』는 사건이 전개되어감에 따라 등장인물의 심리와 행동양식이 어떻게 변해가고 있는지를 단계적으로 잘 보여주고 있다. 개인의 입장에서 볼 때 종파갈등의 상황은 거스를 수 없는 거센 사회적 흐름이었다. 이 흐름 속에서 개인은 모든 것을 하나씩 잃어가며 파괴되어 간다. 작가는 개인이 무너져가는 과정을 단절의 개념으로 보여주었다. 살던 공간과 사회로부터의 단절, 가까운 지인들과 헤어지거나 가족을 잃게 되는 상실감, 정신적인 지주가 되었던 지도자나 공권력에 대한 기대감의 상실, 종교의 정체성에 대한 회의, 폭력과 만행에 상처 입은 마음이 갖게 되는 자폐증적 심리상태 등이 단절의 구체적인 예들이다.

주인공 깐시 람을 통하여 개인의 단절과정을 이야기 형식으로 추적해 본다. 깐시 람은 시알꼬뜨라는 작은 도시에서 곡물 상인으로서의 비교적 만족스런, 식민지 시대의 삶을 영위한다. 시골에 약간의 땅도 사두었고 무지하지만 순종하는 부인과 성장한 두 자녀를 두었다. 깐시 람은 베다철학에 경외와 믿음을 갖고 있는 영적인 힌두로서 힌두 종교 단체인 아랴사마즈의 회원으로 활동하며 힌두문화에 대한 자긍심을 키워 왔다. 다른 한편으로는 힘센 영국을 존경하며 무슬림 이웃과도 잘 어울려 살았다.

이런 그의 가족에게 불행이 찾아온다. 영국의 식민지배를 받아온 인도는 이제 막 독립을 앞두고 있었다. 당시 힌두와 무슬림은 영국과 인도의 지도자들이 빚어내는 협상결과를 기다리고 있었다. 힌두들은 분리 없이 인도가 독립을 얻기를 희망하는 반면 무슬림들은 자신들만의 독립된 땅을 기대하였다. 분리독립으로 결정되어 공포되자 파키스탄의 영토에 편입된 시알꼬뜨의 주민들은 힌두와 무슬림으로 나뉘어 서로 다른 반응을 보였다. 무슬림들은 크게 환영하는 반면 힌두와 시크교도들은 자신들의 안전과 미래에 대한 불안으로 정신적 공황에 빠졌다. 일반 대중은 갑작스럽게 힌두와 무슬림 간의 서로 다른 정체성을 인식하게 되었다. 정치적인 사건이 어느 날 갑자기 종파의 정체성을 전면에 부각시킨 셈이다.

시알꼬뜨에는 이제 서서히 갈등의 바람이 불기 시작하였다. 무슬림들은 파키스탄 만세를 외치며 춤을 추고 무리를 지어 가두 행진을 하였다. 그들이 춤추고 노래하고 서로 씨름을 하면서 힌두들이 사는 구역으로 넘쳐 들어가자 금시라도 폭동이 일어날 듯한 분위기로 바뀌었다. 대부분의 주민들은 힌두와 무슬림으로 구분되어 갑자기 서로를 두려워하고 증오하기 시작하였다.

날이 가면서 치안이 점차로 흐트러지는 가운데 깐시 람의 가게가 약탈당했다. 그는 상당히 혼란스러워 하였다. 평소에 남에게 원한을 사는 일 없이 조용히 살아온 그는 그의 가게가 이유 없이 약탈당한 사실을 받아들이기 어려워했다. 상황은 더 악화되어 깐시 람을 비롯한 힌두들은 자신들의 안전을 위해 거처를 옮겨야만 하였다. 자신들이 살던 땅, 집, 가게, 동네에 대한 애착을 버리고 새로운 땅을 찾아 떠나야만 하였다. 양국 정부는 난민캠프를 마련하여 이들의 안전을 도모하였다. 깐시 람은 자신이 살던 땅과 집을 떠나 근거 없는 떠돌이 신세가 되는 것에 대하여 심한 심적 고통을 겪는다.

> 깐시 람은 그날 밤 잠을 이루지 못했다. 소수집단이 얼마나 무기력할 수 있는가를 절감하면서 그도 곧 떠나야 할지 모른다고 생각했다. 그 사실이 그의 마음을 저리게 했다. 그는 생각하면서 방안을 이리 저리 거닐었다. "정말 떠나야 하는 거야, 떠나야 하는 거야!" 그는 소리쳤다. "이곳에서 태어났는데, 이건 내 집이야 - 내가 왜 집을 떠나야 되지?"(Nahal, 2001: 108)

처음에 그는 가족의 위로와 설득에도 불구하고 집을 버리고 떠나기를 거부한다. 그러나 도시에서 소요가 계속되고 힌두 행정관이 무슬림 부하에 의해 살해되는 등 통제 불능의 상황으로 빠져들자 더 이상 견딜 수 없게 된 깐시 람은 결국 난민캠프로 들어간다. 평생 자신의 것으로 생각했던 공간으로부터의 단절이 시작된 것이며 이는 차례로 주인공을 기다리고 있는 여러 유형의 단절들을 잠 깨우는 서곡에 불과하였다.

가족을 잃고 지인들을 잃어가는 과정이 주인공이 겪는 두 번째 유형의 단절이다. 난민캠프에 거처하는 동안 깐시 람은 딸과 사위의 피살소식을 듣고 참담한 심정이 된다. 딸과 사위는 시알꼬뜨로 돌아오는 길에 기차에서 무슬림 폭도들에 의해 살해되었다. 이런 슬픔은 그만의 것이 아니었다. 이웃에 살던 무군다(Mughunda)의 어머니가 살해되었고 옥살이를 하던 힌두죄수들이 감옥 안에서 집단살해되었다는 소식이 전해졌다. 정부에서는 지역의 치안을 위해 여러 조치를 강구하지만 종파집단의 폭력과 살인은 계속되었다.

종파간의 갈등은 민간인뿐만이 아니고 공적인 업무를 수행하여야 하는 군 경찰에게까지 확산된다. 이들은 적극 가담하지는 않더라도 사건을 방관함으로써 사건에 동조하였다. 소수자들은 이제 아무 기댈 곳도 없어진 셈이다.

깐시 람은 영적인 힌두이면서도 지극히 세속적인 사람이었다. 그는 권위와 권력에 절대 복종하고 아부하는 것으로 자신의 안전과 번영을 지킬 줄 아는 사람이었다. 동시에 깐시 람은 자신감 있고 패배를 모르는 자로서 주변의 불안정하고 위험한 정황 속에서도 긍정적이고 적극적인 사고방식을 갖고 의연함을 지켜왔다. 그러나 자신의 딸인 마두(Madhu)가 피살된 이후 그의 의기는 무참히 꺾이고 이제껏 미련을 버리지 못했던 시알꼬뜨를 떠나 인도로 피난 갈 것을 생각하게 된다(Nahal, 2001: 182).

다른 한편으로 그는 정부 지도자와 정치가들에 대한 신뢰를 더 이상 갖지 못하게 된다. 국가 권위와 지도자들에 대해 배신감과 불신을 갖게 되었으며 진나와 네루 등과 같은 지도자들의 정치적 발언은 공허한 울림이라고 생각하였다(Nahal, 2001: 183). 동시에 영국인들에 대한 신뢰와 의존심도 버린다. 소수 종파인들이 수 없이 살육되어도 지역의 군인들은 국민 보호보다 자신의 종파집단에 충성하는 태도를 보였으며 이 상황에서 소수의 영국인들이 가진 힘은 무력한 것이 되었다.

종국에 깐시 람의 마음을 아프게 한 것은 리스(Rees) 장군의 휘하에 있는 국경부대가 지역의 치안을 다스릴 능력이 없다는 점이었다....그는 리스 나리가 얼마나 무기력한가를 보았다. 대부분의 그의 부하들은 인도인들이었으며 각각 자신이 속한 종파집단에 대한 충성심을 갖고 있었다. 이러한 충성심은 공공연하게 스스럼없이 표현되었다. 깐시 람은 동뻔잡과 서뻔잡에서 많은 소수집단인들이 국경부대의 군인들이 보고 있는 앞에서 살해되었다는 이야기를 수 없이 들었다. 이런 사악한 분위기에서 한 두 명의 영국인이 할 수 있는 일이 무엇이겠는가?(Nahal, 2001: 183)

고향을 떠나고 친지를 잃는 것이 외형적인 단절이라면 심리적 상실감은 내면적인 단절의 시작이라고 볼 수 있다. 소설은 내면적인 상실을 보다 돋보이게 묘사해 나간다. 의지할 세속적 힘, 즉 지도자나 공권력에 대한 기대와 신뢰가 없어짐에 따라 깐시 람은 더욱 종교에 의존하게 된다. 특히 딸이 피살된 이후로 눈에 띄게 폐쇄적인 사람으로 변하였다. 사람들과의 교류를 피하고 기도와 묵상에 더 많은 시간을 보냈다. 그는 날이 갈수록 사회와 사람들에 대한 기대를 하지 않게 되고 완전히 힌두교의 껍질 속으로 들어가 몸과 마음을 숨기게 된다(Nahal, 2001: 185). 원래 외형적 성격으로 사람들과 만나기를 즐기던 그의 이러한 변화는 주변과의 관계 단절이 여러 면에서 진행되고 있음을 시사한다.

피난길에서 무슬림의 공격과 약탈, 여인 납치, 살인, 방화 등으로 힌두 피난민들은 갖은 수모를 겪으며 정신과 육체가 모두 망가졌다. 이러한 상처들은 치유될 수 있는 성질의 것이 아니었다. 가령 피난 중에 납치된 힌두여인들을 되찾게 된 경우조차도 가족들은 재회의 기쁨을 누리지 못했다. '일부 가족은 이미 더럽혀져 불명예스럽게 된 여자가 가족의 품으로 돌아온 것을 유감스럽게 생각했다'(Nahal, 2001: 282). 피난 중에 '어떤 식으로든 타격을 입지 않은 가족은 없었고 난민들은 완전히 낙담하였다'(Nahal, 2001: 282).

그들은 결국 라비(Ravi) 강을 건너 인도의 영토로 들어옴으로써 자신들이 살던 땅으로부터 완전히 단절된다. 시간이 흘러갈수록 돌이켜질 수 없는 단절의 층들이 두터워져갔다. 인도에 들어옴으로써 무슬림의 습격으로 인한 위험과 공포는 덜었지만 안도의 숨을 쉬기에는 너무나 많은 역경이 그들을 기다리고 있었다. 깐시 람은 인도에 친척도 없었고 의지할 곳이나 정해진 방향이 없었다. 결국 그의 가족은 델리로 가기로 작정했다. 데라 바바 나낙(Dera Baba Nanak)에서 아므리뜨사르로 가는 길에 그들은 기이한 광경을 목격하였다. 파키스탄에서 힌두와 시크에게 가해진 폭력에 대한 보복이 이곳에서 시크와 힌두에 의해 진행되고 있었다. 아므리뜨사르에서는 무슬림 여인들의 나체 행렬이 시장으로 이끌려가고 있었다. 그들은 또한 기차역에 도착했을 때 수백 명의 살해된 무슬림 시체가 쌓인 기차를 보고 아연실색하였다. 깐시 람이 인도로 피난 오면서 겪은 그 모든 일들이 인도에서 파키스탄으로 피난하는 무슬림들에게 그대로 적용되고 있었던 것이다. 힌두와 무슬림은 이로서 인도와 파키스탄의 분리에서 시작된 서로에 대한 폭력의 균형을 유지하고 있었다.

이즈음 작가는 깐시 람과 부인과의 대화를 통해 두 종파가 나아가야 할 길을 제시한다. 깐시 람은 재산을 모두 잃었고 고향에서 쫓겨났으며 딸조차 잃었지만 이제 무슬림을 미워할 수 없다고 말한다. 이전까지 공개적으로 무슬림을 비난해온 그의 과거와 비교해보면 큰 심경의 변화이다. 개인적으로는 원한이 사무치지만 인도와 파키스탄이 서로에게 저지른 동일한 수준의 만행들을 보며 무슬림만을 일방적으로 욕할 수 없는 현실을 깨닫게 된 것이다. 쌍방이 서로 가해자인 동시에 피해자인 이 사건들에 대하여 그는 용서만이 자신의 평화를 지킬 수 있으며 서로에게 죄를 지었으므로 서로에게 용서를 빌고 서로를 용서해야 한다고 생각한다.

"나는 더 이상 무슬림을 미워할 수 없소... 내가 말하고 싶은 것은 파키스탄에서 무슬림이 우리한테 한 그 모든 짓들을 이곳에서 우리가 그들에게 하고 있다는 거요... 우리도 그만큼 죄를 저질렀소."... "용서. 그것만이 자신을 평화롭게 지킬 수 있소."(Nahal, 2001: 298-300)

이제 델리에 정착한 깐시 람의 생활은 불행하게도 모든 것으로부터의 단절을 의미했다. 기존의 모든 것들과의 단절은 체념적으로 수용할 수 있는 문제라 할지라도 가족과의 단절은 더 이상 견디기 어려운 일이었다. 그는 이제 마지막 남은 관계인 아내와 아들과의 단절을 경험하게 된다.

밤에 침대에 홀로 누워서 그는 생각에 잠겼다. 그가 겪은 인간성의 상실은? 물질의 상실은? 마두는? 돌이켜질 수 없는 보상받을 수 없는 것들이었다. 그리고 그는 그의 앞에 놓여있는 모진 날들과 황폐한 세월을 보았다.... 그는 저 끝이 보이지 않는 터널 앞에 서 있는 자신을 느꼈다.....그는 황량하고 불확실한 미래에 대하여 아내와 아들에게 말하고 싶었다....그는 가족과 대화를 할 힘을 잃어버렸다. 그는 아내나 아들과 접촉할 수 없었다.(Nahal, 2001: 326)

이처럼 깐시 람은 음울한 과거에 눌려 잠을 못 이루고 옆에 누워있는 아내와 아들에게 말을 걸기를 원했다. 그러나 그는 가족들과 대화할 힘을 잃었다. 아내와 아들로부터 사랑과 존경을 받고 있다고 느껴지지만 다른 한편으로 그들로부터 단절된 자신을 느꼈다. 무엇인가가 그들을 분리시켜 놓았다. 이러한 감정은 아내와 아들의 입장에서도 마찬가지였다. 소설은 깐시 람의 가족이 상처로 인한 어떤 두꺼운 껍질에 갇혀 상호 의사소통이 단절된 부조화의 시간 속으로 들어감을 다음과 같이 기술한다.

> 아룬과 쁘라바 라니(Prabha Rahi)도 깨어 있었다. 그들은 눈을 뜬 채 천장을 바라보고 있었다. 아룬은 일어나 아버지에게 말을 걸고 싶었지만 할 수 없었다. 그는 오히려 알 수 없는 적개심같은 벽이 둘 사이에 있는 것 같은 느낌을 가졌다.... 쁘라바 라니는 남편이 깨어 있는 것을 알고 있었다. 하지만 남편을 부르고 싶은 마음이 들지 않았다. 그녀도 같은 덫에 잡혀 있었다. 그들 사이에 있었던 편안한 감정을 잃고 그녀는 오히려 자신만의 속으로 함몰했다. 셋은 다함께 깨어 있었지만 서로의 마음을 헤아릴 수 없음으로 불편했고 서로 대화할 수 없음으로 죄책감을 느꼈고 잠들 수 없음으로 분노를 느꼈다. 슬픔이 그들의 가슴을 짓눌렀고 이들은 숨 막혀 분쇄되는 자신을 느꼈다(Nahal, 2001: 327).

이상으로 종파주의의 배타성과 폭력에 의해 개인이 겪는 고통과 내면세계의 변화과정을 종파갈등의 단면으로 살펴보았다. 주인공 깐시 람은 종파갈등의 피해자로서 사회적 관계의 단절과 심리적 고립화과정을 겪었다. 그는 평생 삶의 터였던 고향에서 쫓겨나고 더불어 친구와 이웃을 잃고 나아가 가족과의 단절을 겪게 되며 종국에는 정신적으로 고립되어 자신만의 단단한 껍질 속으로 들어갔다. 개인의 물리적 심리적 단절과정의 이와 같은 세부적 묘사는 소설 분석을 통하여 얻을 수 있는 자료로서 충분한 연구가치가 있는 것으로 판단된다.

5. 종파적 폭력행태의 특성

소설 『아자디』에 나타난 종파적 폭력행태는 무슬림과 힌두 양쪽 종파에서 모두 몇 가지 공통된 특성을 보여준다. 우선 종교 자체보다는 종교적 명분을 내세운 폭도들의 조직적 폭력으로 그 양상이 지극히 비인간적이다. 둘째, 종파갈등은 일종의 폭력적 정치운동으로 하층민의 기회주의적 참여가 두드러진다. 끝으로 각기 상대를 대상으로

한 동일한 패턴의 폭력이 가해진다. 그리고 동일한 패턴의 폭력은 보복 심리에서 나온 모방 행위로 해석된다.

종파갈등에서 빚어진 폭력행위는 종교적인 성격과는 거리가 멀다. 종교적 대의와는 무관한 탐욕과 사욕으로 가득한 약탈자 무리들의 기회주의적 행태로서 두 종파간의 거리를 더 벌려놓는 악순환적 기능을 한다. 종파갈등으로 인한 살인 약탈 방화 등은 모두 용인될 수 없는 만행들이지만 여자들로 하여금 시내거리를 벌거벗겨 걷게 하는 작태와 비교해 볼 때는 차라리 대의적이다. 이처럼 종파갈등을 계기로 발생하는 여러 유형의 폭력행위들은 비종교적인 것 이상의 비인간적이며 악마적인 성격을 갖는다. 깐시 람이 '더 좋은 삶을 위해 만들어진 종교가 어떻게 광적인 종파주의로 타락해 버렸는지'에 대하여 회의적 사유를 한 것처럼 종교라는 명분하에 종파에 속한 무지한 구성원들은 주어진 타락의 기회를 마음껏 누리며 종교와는 상반된 행동양식을 취한다.

> 납치된 많은 힌두 여인들은 개인 집으로 사라졌다. 독신의 무슬림이 여인을 데려가서 개인용으로 챙겼다. 또는 다른 무슬림들의 동의를 받아 무슬림으로 여인을 개종시킨 후 부인으로 취했다. 나머지는 집단 강탈을 당했다. 때로는 공공장소에서 때로는 군중들 앞에서 겁탈을 당한 후 가슴이 잘려져 나가거나 죽임을 당하기도 했다. 살아남은 여인들은 다시 겁탈과 수모의 과정을 거친 후 늙은이나 아직 부인을 얻지 못한 자들이나 추가로 부인을 원하는 무슬림들에게 배당되었다. 여인들은 계속 납치되었고 피랍 여인들은 같은 과정을 겪었다.(Nahal, 2001: 258)

종파적 증오와 비열함은 여인들의 나체 행렬에서 정점을 맺는다. 나로왈(Narowal) 도시의 시장에서 무슬림들에 의해 강요된 나체의 여인들이 군중 사이를 지나갔다. 나로왈의 무슬림들은 더럽고 비열하고 보복적이고 육욕적이었다고 작가는 폭로한다.

> 행렬이 도착했다. 아룬은 숫자를 세어보았다. 40명의 여인들이 줄지어 행진했다. 나이는 16세에서 30세까지 다양했다... 그 중의 두 여인은 60은 넘어보였다... 그들은 모두 완전히 전라의 몸이었다. 머리는 삭발했고 겨드랑이와 음부의 털들도 모두 밀었다. 옷과 털이 없는 그들의 몸은 어린 여자아이 또는 털 없는 태아처럼 보였다... 그들은 오로지 땅만 보고 걸었다. 그들은 모두 울고 있었지만 눈물을 흘리지는 않았다... 그들의 팔은 자유로웠지만 형편없이 유린당하고 영혼과 윤리가 완전히 부서진 그들로서는 아무도 자신의 몸을 가리려고조차 시도하지 않았다... 몸에 난 멍은 그들이 거칠게 두들겨 맞았음을 보여주었다(Nahal, 2001: 260-261).

군중들은 온갖 음탕함을 섞은 야유와 거친 욕설과 눈길을 이들에게 퍼부었다. 이 과정에서 여인들의 몸과 영혼이 유린당한 만큼 군중은 도덕적인 파멸의 시간을 갖는다. 작가는 이들의 파멸적인 행동에 대해 한 무슬림의 기도를 통해 회개를 시도한다. 나체여인의 행렬이 한 약국 앞을 지나가게 되었을 때 약국의 한 의사는 무릎을 꿇고 고통스런 얼굴로 알라에게 비탄에 젖은 기도를 올린다. "알라여, 이 잔인한 자들을 용서하소서. 그리고 오 알라여 이 여인들을 지켜주소서"(Nahal, 2001: 263). 그러나 한편으로 아룬의 친구인 수라즈(Suraj)는 이 행렬에서 받은 충격을 자제하지 못하고 아룬에게 음주를 제안한다. 이 힌두청년은 나체여인의 행렬이 주는 악마적 색욕을 즐기고 흥분한 것이다. 사실 힌두 무슬림 모든 군중은 야만적 나체행렬을 호기심과 더불어 즐기며 종교와는 거리가 먼 어둠의 세계를 공유한 셈이다.

종파적 정치운동을 조정하는 것은 정치나 종파조직의 지도자들이지만 그 행동의 전선에서 주된 활동을 앞장서 하는 그룹은 평소 억압받고 소외된 하층민임을 소설은 보여준다. 그리고 이들의 참여는 광신적이거나 기회주의적이다.

가난한 무슬림 압둘 가니를 통해 하층민이 종파갈등에 맹목적으로 가담하는 한 예를 엿볼 수 있다. 평소 힌두들의 도움을 받기도 하며 의기소침하게 살아온 그가 갈등상황에 참여하는 모습은 가히 광신적이다. 그는 열차습격사건으로 피살된 힌두들의 시체를 처리하는 기차역 시체처리작업에 자원봉사자로 참여한다. 이교도들을 화장함으로써 힌두를 청소할 수 있다는 신념으로 나선 것이다. 이 광신도는 자매의 시신을 찾으러 온 깐시 람의 아들 아룬에게 조롱 섞인 말투로 자신의 힌두에 대한 적개심을 표출한다

> 그리고 불빛에 섬뜩하게 빛나는 이를 냉소적으로 드러내며 아룬에게 말하였다. "자네 누이가 살해되었다고 누가 말해주든가, 꼬마 친구? 그러나 걱정말게. 내가 자네 누이와 매부를 내 손으로 직집 불속에 넣었지, 이제 그들은 시옥으로 가는 중일세-그곳에서 영원히 썩어버리길 원하네!"(Nahal, 2001: 159)

한편 힌두 건달인 강구 물(Gangu Mull)을 통해 평소 억압된 환경에 있다가 사회변동의 시기에 기회주의적 행태를 보여주는 인물의 예를 찾아볼 수 있다. 시알꼬뜨의 힌두들이 인도로의 피난행렬을 시작하는 날 강구 물은 무슬림으로 개종하여 나타난다. 강구 물은 시알꼬뜨에 남게 될 재산에 대한 욕심과 더불어 부인에 대한 평소의 혐오감을 이유로 남기로 결심하였다: "아시다시피 내 처는 얼마나 쌍년입니까요- 더러운 입에 늘상 욕설만 퍼올리고. 이젠 지겨워요"(Nahal, 2001: 236)라고 불평하면서 깐시 람에게 무슬림 여인을 얻어 살 것이라고 말한다. 남편은 시알꼬뜨에 남고 부인만 인도로 떠나게 된 셈이다. 이처럼 하층의 인생을 살아온 자들은 종파갈등으로 인한 사회변

동의 시기에 평소의 원한이나 적개심을 과감히 드러내며 맹목적이고 극단적인 행동을 취한다. 자신의 이익을 위해 평소의 인간관계를 서슴없이 저버리는 모습도 주목할 만하다.

끝으로 모방적 성격의 폭력행위를 종파폭력의 또 다른 주요 특성으로 꼽을 수 있다. 두 종파집단에 의해 서로에게 가해지는 폭력행위는 그 방법과 유형이 너무나 흡사하다. 서뻔잡에서 동뻔잡으로 피난오면서 온갖 수모를 겪은 힌두 피난민들이 인도 땅에 들어와서 본 것은 힌두들이 무슬림들에게 가한 그만큼의 폭력들이다. 시알꼬뜨를 비롯한 대부분의 파키스탄 도시와 마을의 힌두 거주지와 가게 등이 방화와 약탈로 부서진 것처럼 그만큼 그런 방식으로 아므리뜨사르의 무슬림 거주지와 가게들이 방화와 약탈로 얼룩져 있음을 힌두난민들이 보게 된다(Nahal, 2001: 288). 납치된 무슬림 여인들이 나체로 아므리뜨사르의 시내를 행진하는 장면은 파키스탄에서 무슬림들이 힌두여인들에게 강제했던 그대로의 모습이다(Nahal, 2001: 289). 파키스탄 땅에서 힌두들이 열차습격을 받고 살해된 것처럼 인도 땅에서는 무슬림들이 열차에서 무참히 살해되고 약탈당했다(Nahal, 2001: 289). 이와 같이 양국가에서 일어난 일련의 폭력행위들이 동일한 패턴을 보이는 현상은 우연의 일치라기보다는 모방에서 비롯되었다. 상대지역에서 피난 온 사람들의 말을 통해 끔직하고 잔악한 폭력행위들이 전달되고 이에 대한 보복으로 동일한 폭력들이 발생했다.

6. 나가기

소설 『아자디』의 분석을 통하여 종파갈등의 원인과 전개과정, 폭력행위의 특성 그리고 이로 인해 피해를 입은 개인이 어떠한 사회적 심리적 경험을 하게 되는지를 세부적으로 살펴볼 수 있었다.

종파갈등은 집단 간의 잠재적인 차별인식이 한 사건을 계기로 표면화되면서 폭력이나 폭동으로 이어지며 이런 사건들의 배경에는 이를 주도하는 지도자가 존재한다. 현장에는 기회주의적인 하층민들이 광적으로 참여한다. 일반 대중은 대부분 피해자로서 파멸의 과정을 겪는다. 개인 또는 가정의 파멸은 결국 사회의 파멸을 뜻하며 그들에게 남는 것은 깊은 상처와 함께 관계의 단절이다.

한편으로 작가는 종파 간 충돌이라는 시대적 사건이 초래한 불행에 대하여 편견 없이 그 광기를 고발하지만, 궁극적으로 두 종파 간에 새겨진 깊은 상처를 치유할 수 있는 방안에 더 관심을 보인다. 그는 종파갈등의 책임자로 종파조직과 지도자들을 비난하는 한편 우매한 군중의 경솔함도 함께 야단친다. 그러나 작가는 상처를 주고 또 상처를 입은 모든 힌두와 무슬림들이 이를 극복하고 관계를 회복할 수 있는 길은 용서를 통한 화해 밖에 없다는 자신의 견해를 주인공 깐시 람을 통해 전달한다.

소설 『아자디』는 사건의 기술이 사건의 현장에 등장하는 인물들의 주관적 시각과 심리를 바탕으로 이루어져 있어 개인의 내면세계를 관찰할 수 있을 뿐더러 종파주의에 대한 개인의 태도와 작가의 견해를 읽을 수 있다는 장점을 보여주었다.

II. 힌디소설문학에 나타난 힌두 : 무슬림의 갈등 -'아므리뜨사르에 다 왔소'와 '벨나무 잎'을 중심으로-*

1. 들어가기

비슈므 사흐니(Bhishma Sahni)[54]와 기딴잘리 슈리[55]는 인도-파키스

---

* 이 글은『남아시아연구』 9권 1호에 발표된 김우로(2003)의 논문을 수정, 보완한 것임.

54) 비슈므 사흐니는 힌디소설문학에서 사실주의를 대표하는 작가이다. 그는 인도사회의 문제들을 인본주의를 바탕으로 한 현실감각과 뛰어난 성격묘사, 자연스런 문체로 형상화하였다. 그는 현재 파키스탄에 속해 있는 라왈삔디(Rawalpindi)에서 태어나 라호르에서 고등교육을 받는 등 1947년 인도-파키스탄의 분리독립 이전까지 파키스탄에 살았다. 그는 1947년 8월 13일에 고향, 라왈삔디를 떠나 인도로 피난오지 않을 수밖에 없었고 그 과정에서 당시 상황을 직접 체험했다. 대표작으로는『창』(*Jharokhe*),『사슬』(*Kaṛiyan*),『바산띠』(*Basantī*),『매야다스의 천개(天蓋)』(*Maiyādās Kī Māṛī*),『꾼또』(*Kunto*) 등의 장편소설과『협로』(*Paṭariyan*) 등 여러 권의 단편집 그리고『하누시』(*Hānūsh*) 등 세편의 희곡이 있다. 아동문학에도 관심이 많아『새총놀이』(*Gulel Kā Khel*)를 남겼고 러시아문학과 영문학의 많은 주요 작품을 힌디로 번역, 소개하였다.

55) 기딴잘리 슈리는 1990년대의 발견이라고 하는 신세대 여류작가로 인도사회의 예민한 주제를 민감하게 형상화하고 있다. 그녀는 1978년, 네루대학에서 역사로 석사, 1986년 바로다(Baṛaudā)대학에서 인도 최고의 사실주의작가, 쁘렘짠드(Premchand)와 식민지시대에 북부인도의 교육받은 계층에 관한 연구, 'Between Two Worlds: an Intellectual Biography of Premchand'로 박사학위 취득, 한때 자미아 밀리아대학과 델리대학에서 역사를 가르쳤다. 그녀는 사상적으로 분명하면서도 언어의 파괴와 재구축을 통해 자신만의 독특한 문학세계를 형성하여 독자들 사이에 자신의 특별한 위치를 확고히 하고 있다(Pāṇḍe, 2001 : 118). 그녀는 글쓴이와의 인터뷰에서 자라면서 자신의 집안과 이웃에

탄 분리독립 당시의 세대와 독립 후 현 세대를 대표하는 작가로 두 작가 모두 종파문제를 다룬 장편소설을 발표하여 많은 주목을 받았다.[56] 비슈므 사흐니는 종파문제를 다룬 작품 중에서 고전이라고 할 수 있는『암흑』(*Tamas*, 1974)에서 인도-파키스탄의 분리독립 당시 힌두-무슬림의 갈등과 인도의 지도자들과 영국 식민통치자들의 관계를 파헤쳤다. 그는 이 작품으로 1975년도 인도문학원상을 수상했고[57]

만연한 무슬림들에 대한 수많은 편견들에 대해 체질적으로 저항심을 가지고 있었다고 했다. 주요 소설로는『어머니』(*Māī* ,1993),『그 해의 우리 도시』(*Hamārā Shahara Usa Barasa*, 1998)와 두 여성의 우정을 다룬『감추어진 것들』(*Tirohita*, 2001)『빈 자리』(*Khāli Jagaha*, 2006) 등이 있다. 단편집으로 '벨나무 잎'이 수록된『반향(反響)』(*Anugūṁja*, 1991),『탈속(脫俗)』(*Vairāgya* ,1999) 등이 있다. 그녀의 주요 화두는 여성과 종파문제라고 스스로 밝혔다. 그녀는 델리의 극단, '비바디'(Vivadi)에 깊이 관여하고 있는데 '비바디'는 주로 여성이나 소수집단과 같은 주변부의 소리에 관심에 갖고 활동을 하고 있고 작가가 '비바디'를 위해 한 희곡작업은 모두 여성과 종파문제에 관한 것이다.

56) 두 작품 외에 주요 작가의 몇몇 대표적인 장편소설로는 야슈빨(Yashpāl)의『거짓된 진실』(*Jhūṭhā Sacha*, 1960), 라히 마숨 라자(Rāhī Māsūm Rajā)의『절반 농촌』(*Ādhā Gāṁva*, 1966), 끄리슈나 소바띠(Krishna Sobati)의『인생 이야기』(*Zindagināmā*, 1979), 만주르 에흐떼샴(Manjūr Ehateshām)의『메마른 반얀나무』(*Sūkhā Bargad*, 1986), 압둘 비스밀라흐(Abdul Bismillāh)의『아주 섬세하게 짜여진 천』(*Jīnī-Jhīnī Bīnī Cadariyā*, 1986), 비부띠 나라얀 라이(Vibhūti Nārāyaṇa Rāy)의『도시에 통행금지』(*Śahara Meṁ Karfyū*, 1988), 까믈레슈바르(Kamleshvar)의『수많은 파키스탄』(Kitne Pakistan, 2000, 2003년도 인도문학원 힌디문학부분 수상작), 두드나트 싱(Dūdhnāth Singh)의『마지막 펜』(*Akhiri Kalam*, 2003)등이 있다.

2002년 2월 구즈라뜨주의 고드라사태 이후 종파문제를 놓고 많은 단편과 시가 쏟아져 나오고 있다. 인도의 문인들은 종파문제를 인도에서 가장 심각하고 위험한 문제로 인식하고 있고 따라서 인도문단의 가장 강력한 화두가 되고 있다.

57) 다른 인도-파키스탄의 분리를 다룬 소설처럼 종파폭동의 원인이 영국

1987년에는 영상화되어 큰 화제를 모았다. 기딴잘리 슈리는 『그 해의 우리 도시』에서 종파폭동이 일어났을 때 그 곳의 다수와 소수집단 사이에 긴장감과 서로에 대한 태도와 생각의 변화를 그리면서 1992년 아요댜사건 이후 힌두-무슬림의 갈등을 파헤쳐[58] 작가로서 그녀의 위치를 더욱 확고히 하게 된다.

이 글에서는 1950년대 초 신 단편(新 短篇, Nayī Kahānī)운동[59]시기에 발표된 비슈므 사흐니의 단편, '아므리뜨사르에 다 왔소'(Amritsar Ā Gayā)와 1980년대 후반 발표한 기딴잘리 슈리의 초기 작품 중에 하나인 '벨나무 잎'(Bela Patra)을 동시에 살펴봄으로 시대에 따른 힌두-무슬림의 갈등관계에서의 심리적 측면의 변화가 작가의 경험세계의 문학적 형상화를 통해서 어떻게 구체적으로 나타나고 있는지 통시적으로 밝히고자 한다. 분석 대상 작품 중 '아므리뜨사르에 다 왔소'는 인도와 파키스탄의 분리독립 당시를 배경으로 한 작품이고 '벨나무 잎'은 힌두 남성과 무슬림 여성의 결혼과정과 그 후 부딪히는 상황을 다루고 있는데 두 작가가 종파문제를 심도 있게 다룬 장편소설을 발간하기 이전에 발표한 작품들로 인도에서 힌두-무슬림의 갈등관계를 매우 함축적으로 그리고 있다. 이 글에서는 아자르가 사용한 갈등의 동태화 과정에서 나타나는 심리적 고착화, 갈등의 결과로 나타나는 심리적 경직화 등의 인간심리에 관련된 용어를 그대로 수용하여 두 작품을 분석하였다.

과 그의 지지자들에 의한 것이었다는 관점을 나타내어 역사적인 사실을 극도로 단순화하고 있다는 비판이 있다(Singh, 1996 : 521-2)

58) 다음 글은 이 작품에 관해 다루고 있다.

59) 1950년대에 한창이던 신 단편운동은 독립 이후 격동하는 인도사회에서 변화하고 있는 사회적, 윤리적 상황을 삶의 총체성을 염두에 두고 자신들이 '직접 체험한 진실한 사실'에 비추어 새롭게 보자는 시도를 했다. 비슈므 사흐니도 신 단편운동을 주도했던 대표적인 작가 중에 한 사람이다.

2. '아므리뜨사르에 다 왔소': 힌두-무슬림 갈등의 심리적 고착화

인도-파키스탄의 분리독립 당시 파키스탄에 거주하던 힌두교도와 시크교도들은 인도로, 인도에 거주하는 무슬림들은 파키스탄으로 이동하였다. 그 정확한 수치를 알 수 없지만 1천만이 넘는 사람들이 피난을 가야만 했고[60] 2백만 명 이상이 살해되었고(Bhalla, 2000: 84) 수 많은 사람들이 수많은 야만적 폭동, 약탈, 방화, 강간의 희생자가 되었다. 이러한 상황을 배경으로 비슈므 사흐니는 '아므리뜨사르에 다 왔소'에서 평범한 힌두와 무슬림이 열차의 한 객차라는 일정한 공간 속에서 열차의 이동과 함께 경험하는 변화되는 상황과 함께 서로에 대한 태도와 심리가 어떻게 변하는가를 그리고 있다. 이 단편에서 여행자들이 있는 객차는 인도의 축도(縮圖), 등장인물은 각 종교공동체를 대표하는 전형이라고 할 수 있다.

1) '아므리뜨사르에 다 왔소' 의 줄거리

이야기는 화자가 델리에서 열리는 독립경축식에 대한 기대 속에서 파키스탄의 라호르에서 탔던 인도행 기차의 한 객차 안에서 일어났던 일을 회상하는 내용이다. 무슬림을 대표하는 빠탄인(Paṭhāna, 아프가니스탄에 거주하는 무슬림) 세 명과 뻬샤와르(Peshāwara, 현재 파키스탄과 아프가니스탄의 접경지역)에 살았던 것으로 추정되는 야윈 힌두교도 신사(벵갈인), 시크교도, 한 노파 그리고 화자가 여행을 함께 한다.

객차 안에서 등장인물들이 자유롭게 대화를 나누고 특히 힌두를 대표하는 야윈 신사와 무슬림을 대표하는 세 명의 빠탄인들이 주로

60) 어떤 학자는 새로이 그어진 국경선 때문에 약 1천7백만명이 이동을 했다고 한다(Settar & Gupta, 2000: 9)

농담을 주고받고 시크교도 등 주변의 인물들도 거기에 합류하며 모두 화기애애한 분위기 속에서 기차여행을 한다.

와지라바드(Wazirabāda)역에 도착했을 때 밖에서는 폭동이 일어나고 있지만 농담이 오가는 좋은 분위기가 지속된다. 이때 폭동을 피해 도망 나온 힌두 가족이 기차에 오르려고 한다. 객차 안의 사람들은, 할머니를 제외하고 모두 큰 소리로 그들을 객차 안으로 오르게 하지 못한다. 특히 빠탄인 중에 한명이 힌두교도의 부인의 배를 걷어차고 그녀는 비틀거리면서 떨어지고 힌두교도는 결국 객차에서 내리게 된다.

약간 어색해진 분위기 속에서 곧 그 지역에 폭동이 일어나고 있음을 확인하게 된다. 불타는 도시를 지나가면서 객차 안의 좋은 분위기는 끝나고 뒤섞여 앉아 있던 승객들은 신경과민이 되어 힌두-시크와 무슬림으로 나뉘어 서로 의심하며 불안해한다. 도시가 무슬림이 지배적인 와지라바드라는 것을 알고 빠탄인들은 자유롭지만 힌두교도와 시크교도는 긴장하고 침묵하고 있다. 여윈 힌두교 신사는 두려워서 바닥에 드러누워 자신을 숨긴다.

하르반스뿌르(Harabanspura)를 지나 아므리뜨사르에 도착하여 상황은 달라진다. 겁에 질려 있던 여윈 신사가 빠탄인에게 힌두 여성을 발길로 찬 것에 대해 거칠게 시비를 건다. 여윈 신사의 욕설을 듣고 빠탄인들은 풀이 죽고 불안해한다. 여윈 신사는 내리고 그 사이에 빠탄인들은 다른 객차에서 온 빠탄인들과 함께 다른 객차로 간다. 한 객차 안에서의 무슬림과 힌두-시크교도 사이에 분리는 기차의 전 객차로 확대된다. 여윈 힌두교 신사는 쇠막대기를 구해 와 빠탄인이 사라진 것을 아쉬워한다. 인도에 들어온 승객들은 모두 안심하고 기차는 서서히 달리고 있다. 어떤 역에서 무슬림 남성이 아내와 함께 기차에 타려고 한다. 야윈 힌두교 신사는 객차에 오르는 그를 쇠막대기로 쳐서 죽인다.

2) 힌두-무슬림 갈등의 심리적 고착화

파키스탄의 라호르에서 힌두, 무슬림, 시크 등이 어울린 화기애애한 분위기 속에서 시작된 이야기는 인도지역에서 힌두에 의한 무슬림의 살해로 끝을 맺는다. 이런 비극적인 결론에 도달하게 되는 이유는 정치지도자와 영국의 식민통치자들의 합작품인 인도-파키스탄의 분리독립이라는 현실에 대한 인식을 정확하게 하지 못하던 대중이 분리 현실을 체험하면서 종교를 토대로 '우리'와 '그들'로 나누이며 서로 불신하고 증오하게 되기 때문이다. 그리고 '우리'와 '그들'로 분리되는 것은 내부적인 요인보다 외부적인 요인이 결정적으로 작용하게 된다. 작가는 이 작품에서 이런 과정을 사실적으로 그리면서 증오와 편견 속에 힌두-무슬림 사이에 갈등의 심리적 고착화 현상이 나타나고 있으며 이런 현상이 전 인도적으로 확대되어 갈 것을 한 객차 안에서의 하룻밤의 여행을 통해 밝히고 있다.

(1) 일반 대중의 인도-파키스탄의 분리현실에 대한 인식

아직 일반 인도인들은 인도-파키스탄의 분리독립에 대해 확실한 인식을 하지 못하고 있었다. 작가는 한 인터뷰에서 자신의 아버지는 다른 수천만의 힌두-무슬림들과 마찬가지로 통치자가 바뀌는 것이 조상 대대로 살고 있던 땅으로부터 추방을 의미한다고는 믿지 않았다고 했다(Bhalla, 2000: 85). 즉 인도 대중은 지도자들의 정치적 야망을 이해하지 못했고 분리독립의 역사적 의미가 무엇인지를 정확하게 인식하지 못하고 있었다. 이 작품에서 시크교도와 화자의 대화를 통해서도 대중의 분리현실에 대한 인식을 읽을 수 있다.

> 내 앞엔 앉은 시크교도는 되풀이하여 나에게 파키스탄이 생기면 진나선생이 봄베이에 그냥 살 것 같으냐 아니면 파키스탄에 가서 정착할 것 같으냐고 물었고, 나는 번번이 "봄베이를 왜 떠나겠소,

파키스탄에 왔다 갔다 하겠지요. 봄베이를 떠나는 게 무슨 의미가 있겠소?" 라고 대답했다(Sahni, 1983 : 53).

대중이 분리독립에 대해 정확하게 인식하는 데에 당시 사회적 분위기도 걸림돌의 역할을 했다. 인도-파키스탄의 분리에 따른 힌두-무슬림의 종파갈등과 대학살, 대탈출, 이에 따른 피난문화, 곧 이어 힌두광신자에 의한 인도의 국부(國父), M 간디의 암살(1948)과 그에 따른 선에 대한 신념의 동요 등으로 매우 암울한 분위기였다. 그러나 정치적 독립과 초대 총리, 네루의 사회주의에 의한 새 국가건설의 공약에 대한 기대로 희망과 성취의 새 시대가 열리리라고 막연히 생각하고 있었다(김우조, 1998 : 135). 인도의 대중뿐만 아니라 많은 문인들도 인도의 모든 문제는 정치적 독립과 네루의 '새'국가건설의 공약의 실현으로 해결되리라고 믿고 있었다. 이러한 사회분위기가 이 작품에서도 잘 나타나 있다.

> 밀밭에는 가벼운 물결이 출렁거리고 있었다. 나는 델리에서 있을 독립경축식에 대한 기대로 매우 들떠 있었다. ...모두들 나라가 독립되기만 하면 폭동은 자연적으로 끝날 것이라고 막연히 기대하고 있었다. 암울한 분위기 속으로 독립이라는 황금의 바람이 불고 있었다(Sahni, 1983 : 53).

이러한 상황인식은 일반 대중뿐만 아니라 대부분의 지식인층에서도 만연하였고 그런 현상은 '새로움'의 추구와 함께 나타난 당시의 신낭만주의운동에서도 확연하게 볼 수 있다. 작품 속의 화자가 당시의 현실에 대해 어스름이라고 인식한 것은 후의 일이다.

> 지금 그 때를 돌이켜 보면 어떤 어스름 속에 살고 있었던 것 같이 느껴진다. 그리고 시간이 흘러감에 따라 과거의 모든 행위가 그

> 어스름 속에 스러져 간 것 같다. 더구나 미래의 장이 펼쳐짐에 따라 그 어스름은 더욱더 짙어져 갔다(Sahni, 1983 : 53).

그리고 작가의 당시 현실에 대한 이러한 인식은 더욱 깊이를 더해 가게 된다. 작가는 분리, 독립 전후는 의미와 논리와 목적이 부재한, 완전한 암흑 즉 '따마스(Tamas)'의 시기였고 분리는 종교적 정치의 파멸적 맹신의 결과로 나타난 실수였다고 주장한다(Bhalla, 2000, 83). 작가의 이런 인식에서 『암흑』이라는 종파문제를 다룬 고전적 소설이 탄생하게 된다.

(2) 분리현실의 체험과정과 정체성문제

분리독립과 이에 따른 짙어져가는 어스름에 대한 인식의 출발점은 여행과정에서의 체험이라고 할 수 있다. 황금빛 바람에서 어스름으로 끌어가는 상황은 무슬림이 지배적인 와지라바드에 도착한 이후 긴박하게 전개된다. 처음에 여행을 시작할 때 힌두, 무슬림, 시크교도 등 모두 하나이었다. 힌두교도들에게는 예민한 사항이라고 할 수 있는 힌두의 음식문화를 놓고 무슬림이 농담을 하고 그 농담을 시크교도가 거들지만 이에 대해 힌두교도인 야윈 신사는 부드럽게 반응한다. 그러나 와지라바드에서 폭동에서 피해 나온 힌두교도를 객차에서 빠탄인들이 쫓아내고 폭동이 있음을 안 이후 분리의 과정은 급속도로 진행된다. 처음에는 객차 안에서 일어난다. 객차 안에서 섞여 앉아 있던 사람들이 불안과 두려움 속에서 자신들의 종교에 따라 나누어지고 긴장관계가 시작된다.

> 시크교도가 일어나서 내 옆 좌석에 와 앉았다. 아래 좌석에 앉았던 빠탄인은 일어나 동료들과 함께 위 칸 침대로 올라갔다. 아마도 그런 동요는 다른 기차 칸에서도 있었을 것이었다. 기차 칸에

> 는 묘한 긴장감이 감돌았고, 사람들의 대화는 중단됐다. ...빠탄인 세 사람은 모두 위 칸 침대에 함께 앉아 아래를 내려다보고 있었다. 승객들은 모두 눈을 부릅뜬 채 서로 의심하고 있었다(Sahni, 1983 : 58). ...미지의 부담스런 분위기 속에서 여행을 계속해야만 했다. 밤이 깊어갔다. 객차의 승객들은 의심에 가득 차서 꼼짝 않고 앉아 있었다(Sahni, 1983 : 59).

이처럼 일정한 한 공간에서 힌두-무슬림 사이에 분리는 어떤 계기가 생기기 전까지는 존재하지 않지만 어떤 계기가 주어지면 대중은 쉽게 분리되고 긴장된 갈등관계로 발전한다. 그리고 긴장된 갈등관계는 분리를 급속도로 확대하는 것을 알 수 있다. 객차 안에서의 분리는 전 열차에서 일어난다.

> 빠탄인 서너 명이 객차 밖에 나타나서 안을 들여다보았다. 빠탄인 동료들이 눈에 띄자 빠슈또어(Pashto)로 무엇인가 말했다. ...객차에 있던 빠탄인 세 명은 각자의 짐을 가지고 내려서 다른 빠탄인들과 함께 앞쪽 객차로 가고 있었다. 좀 전에 각 객차마다 일어났던 분리가 이제 전 기차에서 일어나고 있었다(Sahni, 1983: 61).

급속하게 진전되는 분리의 토대는 종교이었다. 대중은 위험한 상황에 대해 인식하면서 두려움과 공포 속에서 자신들의 안전을 위해 자신들의 종교집단을 찾아 이동한다. 즉 그들은 자신들의 정체성을 자신들의 종교집단에서 찾는 것이다. 자신의 종교집단을 찾아 이동하는 것은 다른 종교집단에 대한 그들의 불안, 경계심 내지는 불신을 나타내는 것이다. 분리의 큰 틀이 종교에 토대하고 있는 상황에서 대중의 정체성의 근거는 종교가 될 수밖에 없었다고 할 수 있다.

이 작품에서 사건의 전환을 가져오는, 무슬림이 지배적인 와지라바드와 힌두-시크교도가 지배적인 하르반스뿌르[61]-아므리뜨사르 지역에서 보여주는 사람들의 태도는 종교를 토대로 한 정체성 찾기의 한 모습이라고 할 수 있다. 힌두교도인 야윈 신사는 무슬림이 지배적인 와지라바드에서는 몹시 나약한 모습을 보이지만 힌두문화권 지역으로 들어오자 탄성을 지르며 안심한다. 야윈 신사뿐만 아니라 빠탄인들을 제외한 힌두-시크교도들도 정도의 차이는 있으나 같은 반응을 나타낸다.

> "와지라바드 역이오." 누군가가 대답했다. 그 대답은 객차 안에 또 다른 반응을 일으켰다. 빠탄인들의 심적 긴장이 즉시 풀어진 반면, 승객들 중 힌두교도와 시크교도의 침묵은 더욱 심각해졌다. ... (폭동이 일어났었다는 것을 알고서) 기차가 움직이자 갑자기 창의 덧문이 내려지기 시작했다. 아주 멀리까지 기차바퀴의 털컥이는 소리와 함께 창의 덧문이 내려지는 소리가 번져가고 있었다. 어떤 불길한 의혹에 가득 차서 여윈 신사는 내 옆자리에 일어나 두 좌석 사이의 바닥에 드러누웠다. 그의 얼굴은 여전히 송장같이 창백했다. ... "하르반스뿌르를 지났다." 그 (신사)는 흥분해서 비명을 지르다시피 말했다. 객차 안의 모든 사람들은 침묵을 깨는 그의 목소리에 깜짝 놀랐다. 그 객차의 대부분의 승객들은 그의 말을 듣고서야 비로소 움직이는 것 같았다(Sahni, 1983 : 58).

그리고 안전지대인 아므리뜨사르가 오자 여윈 힌두교도 신사는 무슬림인 빠탄인이 힌두 여성을 발길로 찬 것에 대해 빠탄인에게 욕설을 퍼붓고 그들에게 복수하려고 쇠막대기를 구해 오지만 그들이 사라졌기 때문에 쇠막대기를 사용하지 못하다가 무슬림 가족이 타려고 하자,

---

61) 지명을 통해서도 그 지역이 어떤 문화권에 속해 있나 알 수 있다. '-바드'는 이슬람 문화권에 속한 지역이고 '-뿌르'는 힌두 문화권에 속한 지역이다.

> 바로 그 순간 나는 신사의 손에서 쇠막대기가 번쩍거리는 것을 보았다. 그와 동시에 신사는 그 남자의 머리 위로 쇠막대기를 힘껏 내리쳤다. 그것을 보자마자 나는 공포로 다리가 후들거렸다. -- 다음 순간 그의 얼굴에 두서너 줄기의 핏방울이 흘러내렸다. 그 때 나는 새벽의 미명 아래서 그의 열려진 입 사이로 번쩍이는 치아를 보았다. 남자는 두서 번 '오호, 알라여'라고 뇌면서 다리를 부들부들 떨었다. 그의 눈은 신사를 향해 절반쯤 감겨진 채 서서히 수축되어 가고 있었다. 도대체 그가 누구인지, 또 누구 원수를 그에게 갚고 있는지를 알아내려고 애쓰는 것 같았다(Sahni, 1983 : 64).

평범한 힌두와 무슬림이 객차라는 일정한 공간 속에서 열차의 이동과 함께 체험하는 변화되는 상황과 그에 대한 태도는 바로 인도-파키스탄의 분리독립과 그 전후로 전개되는 상황에서 대중이 당시 지도자들에 의한 종교를 토대로 한 힌두-무슬림의 인위적 분리를 분명하고 직접적으로 체험하면서 보이는 태도라고 할 수 있다. 즉 대중은 분리독립에 대해 정확하게 인식하지 못했지만 분리로 나타나는 폭동 등을 체험하면서 종교라는 틀에 의해 분리된 현실을 인식하고 불안과 공포의 상황에서 자신의 안전이 '그들'에서 분리되어 '우리'와 하나가 되는 데에 있다고 생각하며 '우리'와 '그들'의 분리의 근거를 종교에서 찾는다. 이런 상황에서는 우발적으로 일어났던 사건에 대해서도 종교적인 감정에서 대응하면서 '우리'와 '그들'의 분리는 매우 심각해지고 '우리'의 '그들'에 대한 태도는 극도로 적대적이고 폭력적이며 증오심에 불타는 것이 된다. 이처럼 이 작품은 독립 당시 인도-파키스탄 분리현실에 대한 체험이 힌두-무슬림 갈등의 심리적 고착화에 결정적으로 기여하였고 이를 계기로 힌두-무슬림 갈등의 심리적 고착화가 확대, 만연되어 갈 것을 예견하고 있다.

3. '벨나무 잎': 힌두-무슬림 갈등의 심리적 경직화

인도에서 힌두교도 남성과 무슬림 여성이 결혼한 사례는 그리 많지 않다. 기딴잘리 슈리는 '벨나무 잎'에서 흔하지 않는 힌두 무슬림의 결혼과 그 후에 부딪히는 부부 사이의 갈등상황을 현재의 현실과 과거의 회상으로 섬세하게 엮어간다. 이 작품에서 남편은 중심에 있는 다수지배집단을 대표하는 인물로 아내는 여성으로 또한 무슬림으로 주변에 있는 소수집단을 대표하는 인물로 그려진다. 이 작품을 통해 '아므리뜨사르에 다 왔소'에서 볼 수 있었던 독립 당시 힌두-무슬림 간의 갈등의 심리적 고착화의 시작이 얼마나 심각한 갈등의 심리적 경직화라는 현상으로 발전되어 왔는지 알 수 있다.

1) '벨나무 잎' 의 줄거리

이 작품은 사건 중심이 아니고 현재 진행 중인 부부 사이에 갈등상황과 함께 회상구조로 짜여져 있어 줄거리의 구성이 어렵지만 이야기는 다음과 같다.

이야기는 부부가 어떤 대상에 대한 종교적 관념의 차이로 갈등하는 장면으로 시작된다. 야채시장에 갔다가 여주인공, 파띠마(Fatima)는 소똥을 밟게 되는데 남편 옴(Om)은 그것이 아무렇지도 않지만 파띠마는 더럽다고 생각한다.[62] 그리고 집에 돌아오자 숙모가 힌두교의 슈랏다(Shraddhā, 일종의 제사의식)에서 받은 성스런 실을 여주인공에서 손목에 묶고 있으라고 하고 파띠마는 성스런 실을 묶기는 하지만 저녁에 지금까지 하지 않았던 나마즈(Nāmaza,이슬람교의 메카를 향한 예배)를 하며 부부의 갈등은 심각해진다. 부부의 이러한 갈등

62) 힌두교도들에게 소똥은 정제기능을 가진 소에서 나오는 다섯 가지(빤쯔가벼, pancagavya) 중의 하나이다.

속에서 아내의 학창시절 사회와 종교를 전혀 두려워하지 않던 진보적인 모습과 그들이 협박과 해고와 부모의 극렬한 반대 속에서 했던 결혼에 대한 회상이 삽입된다.

남편은 부부 사이의 갈등을 사랑으로 극복하려고 노력한다. 그러나 사회적 동물로서 힌두사회에서 받아들여지지 않는 아내는 결혼 후의 관계 속에 자신의 정체성을 찾을 수 없다는 것과 인도사회로부터 느끼는 두려움과 불안이 부부 갈등의 근원임을 남편이 이해하기를 바란다. 다시 회상으로 돌아가 결혼 후 시어머니와의 친밀해지는 과정을 그리면서 힌두들의 무슬림에 대한 다양한 편견을 서술하고 있다. 시어머니의 사망 이후 그들의 집에는 다른 힌두교도의 집처럼 집안에 사원형태가 만들어지고 힌두교의례가 행해진다. 파띠마는 상황에 따라 자신의 직접 그 의례를 행하기도 한다. 그러나 집 밖으로 나가면 파띠마는 불안해하고 두려워한다. 사람들과 관계를 형성하지 못한다. 이로 인해 남편과 갈등이 있다. 그리고 작가는 사람들 사이에 파띠마와 관련된 근거 없는 악의적인 소문에 관해 서술한다. 그 과정에서 사회적인 수준으로 가면 상호이해가 불가능하게 되는데 작가는 그 주요 원인을 사회적 편견으로 서술한다.

남편은 갈등을 해소하려고 파띠마를 설득하는 장면이 나오고 힌두교도와의 결혼으로 완전히 단절되었던 친정식구와의 화해과정과 그 때문에 있었던 부부 사이에 종교적 관습의 실행에 관한 논쟁이 있고 그 논쟁에서 아내는 여성이면서 무슬림으로서의 남성 중심의 힌두사회에서 적응의 어려움에 관해 토로한다. 남편의 갈등 해소 노력은 지속되지만 깊숙이 자리 잡고 있으면서 자연스럽게 튀어나오는, 남편이 가지고 있는 무슬림에 대한 편견과 관련된 두 가지 에피소드가 서술된다. 또 다시 종교행위를 놓고 부부는 논쟁을 하고 부부의 결별에 대한 암시로 이야기는 끝을 맺는다.

2) 힌두-무슬림 갈등의 심리적 경직화

이 작품은 사랑으로 시작된 힌두남성과 무슬림여성의 결혼생활이 파탄으로 끝날 수밖에 없음을 그리고 있다. 작가는 그 이유를 인도사회에서 힌두와 무슬림의 갈등의 결과로 나타난 심리적 경직화로 보고 있다. 작가는 섬세한 심리묘사와 무슬림에 대한 많은 편견을 삽입하여 힌두-무슬림 사이에 심리적 경직화의 심각함을 그리고 있다. 이러한 심리적 경직화가 개인적인 차원에서 완화될 수 있지만 사회적인 차원에서는 거의 불가능하며 그것이 각 개인에게 미치는 부정적 영향은 심각하다.

(1) 힌두남성과 무슬림여성의 결혼 : 심리적 경직화의 극복 상징?

이미 언급했듯이 힌두남성과 무슬림여성의 결혼은 인도사회에 흔히 있을 수 있는 것은 아니다. 학창시절에 대한 회상에서 볼 수 있는 것처럼 주인공, 파띠마가 매우 진보적이면서 독립적인 사고를 하고 사회, 종교의 법을 두려워하지 않는 여성이기 때문에 결혼이 가능했다. 무슬림인 파띠마와 힌두교도인 옴의 사랑은 협박과 해고 등, 시작부터 많은 어려움이 따랐고 파띠마가 용기 있게 가출했다.

> 둘은 함께 모든 것과 정면으로 부딪쳤다. 생명을 위협하는 익명의 편지들을 우습게 알고 찢어버렸다. 옴은 직장에서 해고당했다. 그에게 매우 거만하고 사무실 물건을 개인적으로 사용한다는 죄목이 씌워졌다. ... 파띠마를 그녀의 압바(아버지)가 자물쇠로 감금해 두었다. 그러나 그녀는 창문을 뛰어넘어 도망갔고 둘은 결혼 했다 (Shree, 1991: 23).

인도사회에서 힌두-무슬림 사이에 심리적 경직화는 매우 심각하여 힌두-무슬림의 결혼은 매우 어렵다는 것을 쉽게 알 수 있다. 극소수의 인도인들이 개인적인 수준에서 사랑을 통해 힌두-무슬림의 분리의 선을 깨뜨릴 수 있다. 힌두와 무슬림의 사랑의 결실은 개인적인 차원에서 힌두-무슬림 간의 심리적 경직화를 극복한 상징이라고 할 수 있다.

그러나 그 상징이 힌두가 지배하는 남성 중심 사회에서 여성이면서 무슬림인 아내에게는 현실 삶에서 어떤 의미를 주지 못한다. 남편은 종교와 어떤 관계를 갖지 않으며 종교의 쓸데없는 일들에 절대 빠지지 않겠다고 한 결혼 때의 약속을 상기시키며 결혼 때의 이상에 따라 파띠마에게 흔들리지 않고 싸워나갈 것을 강요한다.

> "우리는 서로서로 사랑했지. 종교를 넘어서... 당신은 세상 사람들이 만든 그릇된 소용돌이에 우리가 휘말려들어 들어가는 데에 정신이 팔려 있는 거야? 힌두와 무슬림이라는 것을 보여주는 데에 열성적이야. 파띠마, 당신은 독을 연고로 이해하고 있어. 제발... 파띠마... 제발... 싸워서 나온 그 구덩이 속에 떨어지길 원해 ?... 우리는 비인간적인 것에 대해 싸우는 사람들에게 힘이 되었었어. '상징. 승리의 상징'...(Shree, 1991 : 24)

현실 삶에서 지친 파띠마에게는 남편의 '승리의 상징'이 이제 아무런 의미가 없는 '죽은 상징'일 뿐이다. 그녀는 남편이 명분에 집착하는 태도에 대해 회의적이 되어 현실 삶에서 자신의 싸움의 어려움을 이렇게 토로한다.

> "이런 사소한 싸움들이 진짜야. 크게 싸우는 것은 쉽지. 그런 것들과는 자랑스럽게 싸움을 하지. 그리고 우리는 자랑스럽게 죽을 수도 있어. 그 큰 싸움을 위해서는. 그러나 이런 작은 싸움들은 벌레처럼 증오스럽게... 진드기처럼 들러붙어 있고 그러다 결국 껍데기만 남게 하지. 이 싸움들은 너무 시시해서 거대한, 긍지가 있고 자랑스러운 싸움들과 연결시켜서 보는 것이 어려울 정도야. 당신

의 싸움은 커. 싸워. 그리고 거대한 싸움들에서 큰 승리를 맛볼 거야. 그것은 져도 긍지가 되지. 그러나 나에게는 이러한 작은 싸움들 때문에 큰 싸움을 할 여유가 없어"(Shree, 1991: 25).

파띠마의 이러한 싸움은 개인적인 차원과 사회적인 차원으로 나누어 이해할 수 있다. 개인적인 차원에서는 그 싸움은 어느 정도 성공을 하고 심리적 경직화가 완화되지만 사회적인 차원에서는 가능하지 않다. 그래서 그녀는 자신은 실패자라고 느낀다. 먼저 개인적인 차원에 관해 살펴보자.

(2) 개인적 차원에서 심리적 경직화의 완화

이 작품에서 힌두-무슬림의 분리의 선이 개인적인 수준에서는 어느 정도 지워질 수 있다는 것을 알 수 있다. 파띠마와 시어머니 사이에 친밀한 관계가 형성되는 과정묘사를 통해 힌두교도와 무슬림들은 분리의 선을 넘나들며 함께 생활하는 가운데 많은 편견이 없어지고 상호이해가 가능해진다는 것을 보여주고 있다. 작가는 힌두들이 무슬림에 대해 가지고 있는 편견들-무슬림 여자들은 남자와 같은 목소리를 가지고 있다. 무슬림은 뱀과 같이 위험한 존재이다, 무슬림에게서는 냄새가 난다-이 근거가 없음을 파띠마와 옴, 친구들, 그리고 시어머니와의 대화 등을 통해 밝힌다. 힌두-무슬림의 상호교류를 통해 편견이 없어지고 더 나아가 관습상의 종교와 종교축제도 인정하고 받아들인다. 시어머니의 사망 이후

옴은 어머니의 사진을 액자로 만들어 걸었다. 샤노(Shanno) 숙모는 초상화 옆 선반에 시어머니가 가장 좋아했던 신 샹까르(Shankara)의 사진을 세워두었다. 때때로 오시면 손을 모았다. 그 모퉁이는 예배장소가 되었다. 빠르와띠(Parvati)여신과 가네슈

(Ganesha)신도 왔다. 정면에 놋쇠청동으로 된 한 접시의 시브링그(Shivalinga), 갠지스강의 성스런 물, 향스틱과 등불이 장식되었다. 이 뿌자(Pūjā)는 엄마에 대한 추억과 연결되어 있어 옴이 손가락질을 하지 않았다. 파띠마와 그는 종교의식도 했고, 샤노 숙모의 이야기에 따라 선반이 있는 곳으로는 구두나 샌들을 신고 가지 않았다... 파띠마는 목욕하고 숙모처럼 머리 위에 사리 자락을 썼다. 바나나 잎 위에 구르할(Gurahala), 장미 그리고 모그라(Mogarā)를, 시바지를 위해서는 벨나무 잎을 씻어 가져왔다. 우유로 시브링그를 닦고 꽃, 잎을 바치고 등을 밝혔다(Shree, 1991: 27).

이처럼 개인적인 수준에서는 편견이 없어지고 서로의 종교의례를 인정하고 행하기도 하면서 힌두-무슬림의 상호이해가 가능하고 심리적 경직화가 완화되는 것을 볼 수 있다. 작가는 심리적 경직화를 완화하는 가장 중요한 것은 서로에 대한 편견을 없애는 것이라고 보는 것 같다. 그래서 작가는 많은 편견을 서술하고 편견들에 대해 "때로는 사람들의 생각하는 것에 웃으면서 때로는 깜짝 놀라면서 무시하지만 만들어지지 않는 말이 없었고 사람들은 아무 것이나 믿어버린다"(Shree, 1991: 26)고 등장인물을 통해 자신의 우려를 나타낸다. 그리고 그보다도 더 심각한 것은 무슬림에 관련된 편견들이 모르는 사이에, 어디에서인지 모르지만 듣고 들려온 이야기들이, 어딘가에 자리 잡고 있던 반응들이 그냥 자연스럽게 저절로 튀어나온다는 것이다. 이러한 편견들이 개인적인 차원에서는 없어질 가능성이 있지만 사회적인 차원에서는 그 가능성이 매우 희박하다.

(3) 사회적 차원에서 심리적 경직화와 정체성의 문제

개인적인 차원에서는 힌두-무슬림 사이에 상호이해가 가능하여 심리적인 경직화가 완화되지만 사회적인 차원으로 가면 이야기는 달라진다. 파띠마는 남편의 사회에서 자신이 인정받기를 원한다. 그러나 그녀는 사람들이 그녀를 인식하거나 인정하지 않고 자신을 감내하든지 아니면 모욕을 한다고 생각한다. 그녀는 다양한 관계가 존재하는 자신의 세계를 원하지만 실제로 그녀는 사회의 다양한 관계에서 차별을 체험한다. 그래서 그녀는

> "나는 매 발걸음마다 사회의 화살을 참아내야만 했어. 여자청소부도 나에게 물어보고 당신 앞에서는 입을 열지 않지. 당신의 사랑하는 그 친구의 소위 배웠다는 아내에게까지, 당신에게 옛날처럼 말을 하지, 그러나 나에게는 '안녕'이라는 인사조차 하지 않아... 세탁부조차도 고의적으로 나의 일을 늦게 하지."(Shree, 1991: 32)

파띠마는 결국 자신의 정체성에 관한 문제에 부딪히게 된다. 그녀는 남편의 사회에서 자신의 정체성을 찾지 못하게 되고 이에 따라 그녀에게서 가장 먼저 나타나는 현상은 심리적 불안이다. 그녀는 집안에서의 일상뿐만 집 밖의 군중을 비롯한 집 밖의 모든 것에서 공포를 느낀다.

> "그녀는 정말 많이 두려워하기 시작했다. 쓸데없이 불안의 물결이 그녀의 몸을 후들후들 떨리게 했다. 밤에 잠에서 깼을 때 친숙한 소리가-수도에서 똑똑 떨어지는 방울 소리, 바람으로 서서히 덜컥거리는 창문, 먼 길 위에서 지나가는 트럭의 소리- 그녀는 어둠에서 두려워하면서 엿보기 시작한다... 누구야? 뭐지? " ..."그녀는 군중 때문에 무한히 불안해지기 시작했다. 때로 어떤 아는 사람이 보여도 그녀는 그를 알아볼 수가 없고 혹시 알아보더라도 정면에서 오는 사람이 그녀를 알아보고 있는지 혹은 알아보기를 원하는지 알지 못하고 갈등에 찬 미소를 지으며 피해서 옆으로 지나간다"(Shree, 1991 : 28)

그리고 사회의 모든 것을 두려워하게 된 파띠마는 대인기피증 현상을 보이면서 자신이 그토록 원하는 사회에서 다양한 관계를 맺는 것이 더욱 어려워진다. 이것은 남편과의 갈등의 주요 원인의 하나로 작용한다. 남자이면서 힌두교도인 남편은 이러한 불안심리를 이해하지 못한다. 남편의 눈에

> "이상해지고 있었다, 파띠마는, 마치 한 얇다란 표피 아래 '히스테리'에 '히스테리'가 눌려 있었던 것 같다. 침묵하고 있을 때까지는 괜찮았다. 그러나 조금이라고 소리가 있으면 표피는 찢어지고 비명이 밖으로 터져 나왔다."고 생각한다(Shree, 1991: 22).

그녀는 이제 가족 관계를 통해 자신의 정체성을 찾으려고 한다. 그녀는 남편에게 사회와 싸워왔고 사회가 자신을 욕하고 따돌림 해도 모두 참을 수 있었지만 부모님과 단절되어서는 견딜 수 없다고 고백한다. 그리고 그녀는 종교적 관습의 실행을 통해 친정부모와 화해하게 된다. 그녀는 종교적 관습의 실행은 부모님의 체면을 세우는 것이고 친정부모와의 관계를 지속할 수 있는 수단이라고 생각한다. 파띠마는 현실 삶에서 패배감을 느끼고 힌두 중심 사회에서 자신의 정체성을 찾지 못하고 결국 친정부모와 종교를 토대로 관계를 회복하고 자신의 정체성을 찾는 이유는 아직까지 인도사회에서 힌두-무슬림의 관계가 성숙되어 심리적 경직화가 완화될 분위기가 준비되어 않기 때문이라고 작가는 암시하고 있다.

> 각각의 묘목이 커가려면 토양이 필요하다. 공기와 물이 필요하다. 그녀는 시들기 시작했다. 옴은 그녀가 충격을 받을 때마다 조금씩 더 숙이거나 이렇게 약한 것을 보일 권리가 없다고 말했다. 사회와 싸우기로 했으면 불모의 땅에서도 자라나야 할 것이다. 그렇지 않으면 처음부터 어떤 벨나무처럼 어디엔가, 나무 혹은 벽에 왜 매

달리지 않느냐?고 반문한다(Shree, 1991 : 25).

이 작품에서는 독립 당시 힌두교도와 무슬림 사이에 분리가 이제는 완전히 서로 건너기 힘든 강을 건너 온 것과 같음을 보여주고 있다. 이 작품에서 힌두교도 남성과 무슬림 여성의 사랑의 결실은 개인적 차원에서 힌두-무슬림 간의 심리적 경직화의 완화를 의미하는 것이라고 할 수 있다. 그러나 작가는 개인적인 차원에서 가능한 심리적 경직화의 완화가 현실적으로 유지되는 것은 매우 어려운데 그 주요 원인은 사회에 만연한 '우리'의 '그들'에 대한 편견과 증오로 사회적인 차원으로 가면 심리적 경직화의 완화가 불가능하기 때문이라고 보고 있다. 개인적인 수준에서는 서로 왕래하면서 편견이 없어지고 상호이해하게 되지만 사회적인 수준으로 가면 그 편견은 너무 단단하여 상호이해가 불가능하다. 이런 상황에서 아내는 자신의 정체성의 문제에 부딪히게 되고 친정으로 다시 말해 종교로 돌아가게 된다. 작가는 부부 갈등의 주요 원인을 인도사회에서 힌두-무슬림의 심리적 경직화에서 비롯된다고 보며 부부 결별의 암시를 통해 심리적 경직화가 얼마나 심각한가를 보여주고 있다.

4. 두 작품에 나타난 힌두-무슬림 갈등의 해소책과 악순환

위에서 살펴보았듯이 '아므리뜨사르에 다 왔소'에서 작가는 인도-파키스탄의 분리독립 당시의 상황을 배경으로 대중이 분리 현실을 체험하면서 종교를 토대로 분리되고 상호 불신, 증오, 편견 속에서 나타나는 힌두-무슬림 사이에 갈등의 심리적 고착화 현상을 그리고 있다. '벨나무 잎'에서 작가는 힌두남성과 무슬림여성의 결혼생활에서의 갈등을 중심으로 '아므리뜨사르에 다 왔소'에서 볼 수 있었던 독립 당시 힌두-무슬림 사이에 갈등의 심리적 고착화의 시작이 얼마나 심각한 갈등의 심리적 경직화라는 현상으로 전개되어 개인생활에 영향을 미치는지를 그리고 있다. 이렇게 두 작품에는 모두 힌두-무슬림 간의 갈등을 그려져 있고 그 가운데서 작가가 암시하는 갈등의 악순환의 가능성과 해소책을 찾아볼 수 있다.

비슈므 사흐니는 '아므리뜨사르에 다 왔소'에서 힌두-무슬림 사이에 일어나는 분리가 두 집단 사이에 긴장과 증오와 폭력을 수반하게 되는데 긴장된 갈등관계가 형성되는 것은 외부적인 것이고 그것을 촉발한 계기는 우발적이고 고의성이 없었음을 암시한다. 이 작품에서 무슬림을 대표하는 전형적인 인물로 설정한 빠탄인의 특성을 유의해 볼 필요가 있다. 빠탄인은 앞에서도 언급했듯이 주로 아프가니스탄에 거주하는 무슬림들로 단순, 활달, 성급, 정직하고 신의를 지키는 종족의 대명사라고 할 수 있다. 와지라바드 역에서 힌두가족이 객차 안으로 들어오려고 할 때 들어오지 못하게 한 것은 객차 안에 있는 모든 사람들이다. 빠탄인들은 그들의 성격에 따라 과한 행동을 했을 뿐이라고 할 수 있다. 그래서 힌두 신사가 아므리뜨사르에 도착해서 빠탄인들에게 심하게 욕을 하자 그들은 신사의 행동을 이해하지 못하고 우리가 무슨 얘기를 했다고 그러슈. 다들 내쫓기에 우리도 내쫓았을 뿐인데. 이제 와서 우리에게 욕설을 퍼붓다니...(Sahni, 1983: 61)라고 한다. 이처럼 이 단편에서 무슬림을 대표하는 빠탄인들의 과한 행동은 우발적이고 고의성이 없었음을 암시한다. 이러한 우발적인 사건에 대해 세 가지의 반응이 나타난다.

먼저 노파와 화자의 반응이다. 노파와 화자는 빠탄인의 과한 행동이나 여윈 힌두 신사의 극단적인 행위를 다 못마땅하게 생각한다. 노파는 힌두교도 가족을 객차 안에 들어오지 못하게 한 것에 대해 모두를 꾸짖으며 "참 못할 짓을 했소, 당신네들은! 아주 몹쓸 짓을 한 게요. 당신네들은 동정심도 없소. 그에게는 어린 딸자식까지 딸려 있었는데..."(Sahni, 1983: 57)라고 하고 또 빠탄인에게 욕설을 퍼붓는 야원 힌두교도 신사에게 "가엾은 양반, 좀 편히 앉아갑시다, 진정하고..."라고 자제할 것을 당부한다. 화자는 서술을 통해 노파와 유사한 시각을 보여준다.

두 번째 반응은 말이 많고 단순한 시크교도의 반응이다. 그는 빠탄인과 힌두 신사의 언쟁을 "그만들 둬요! 여기는 싸움하는 곳이 아니오. 이제 얼마 남지 않았소. 좀 편안히 갑시다(Sahni, 1983: 61)"라고 말리던 시크교도는 그의 살해행위를 알고서 "선생님 대단히 용감하신 분이오. 그렇게 비쩍 말랐는데도 어디서 그런 용기가 나는 거요? 선생의 용맹성을 유감없이 보여주었소. 바로 선생 때문에 그 빠탄인들이 이 열차 칸에서 내렸지요. 여기에 있었으면 아마 그들 중에 누군가 하나의 머리는 벌써 박살이 났을 게 아니오?"(Sahni, 1983, 65)라고 말한다. 시크교도는 상황에 따라 변하는 인간의 기회주의적인 심리를 대변한다고 할 수 있다.

세 번째 반응은 힌두교도인 야윈 신사의 반응이다. 노파와 시크교도를 비롯한 다른 주변의 인물들은 빠탄인의 행동에 대해 특별한 반응을 보이지 않는데 그는 과민하게 반응하면서 "왜 그놈들을 가게 내버려두었소? 당신네들은 모두 비겁한 겁쟁이요"(Sahni, 1983: 62)라고 다른 사람들을 비난하고 결국 그의 용기는 무고한 무슬림의 살해로 이어진다.

이 작품에서 작가는 세 가지 반응을 보여줌으로 힌두-무슬림의 갈등문제의 해소책과 악순환의 가능성을 동시에 암시하고 있다. 노파와 화자가 보인 인본주의적 태도는 인도와 같이 다양한 사회에서 모두 공존할 수 길이다. 극단주의로 간 야윈 힌두교도 신사나 부화뇌동하는 시크교도의 태도는 악순환을 조장하는 결과를 가져올 것이다. 따라서 갈등의 해소책은 상생의 인본주의이다. 그러나 작가는 야윈 힌두신사를 통해 힌두-무슬림의 관계에서 우발적인 사건에 대한 반응이 폭력적인 형태로 나타나며 이에 대한 시크교도의 기회주의적인 태도가 종파문제를 비극적으로 끌고 가는 현실을 우리에게 보여줌으로 인도에서 종교집단 사이의 갈등은 수면 아래 상존해 있고 그것은 언제, 어디서 수면 위로 올라올 가능성과 함께 지속될 악순환을 암시하고 있다. 작가는 힌두-무슬림의 갈등문제를 고질화된 사회문제로 보면서 그 해결책을 인본주의의 확립에서 찾고 있는 것 같다.

'벨나무 잎'에서 작가는 종교가 다른 진보적인 젊은이들이 서로 사랑하고 사회의 편견과 차별을 뛰어 넘어 부부로서 맺어지지만 종교가 다름에서 오는 현실적인 고통과 위기를 극복한다는 것이 얼마나 힘든가를 보여준다. 특히 파띠마와 같이 자신의 정체성 찾으려는 인물에게는 더욱 어렵다. 갈등의 심리적 경직화는 너무 심각하기 때문에 무슬림으로 힌두사회에서 정체성을 확립하는 것이 불가능하다고 할 수 있다. 두 가지 가능성이 있는데 하나는 '처음부터 어떤 벨나무처럼 어디엔가 나무 혹은 벽에 매달려'(Shree, 1991: 25) 힌두로서 살아가는 것이고 다른 하나는 힌두사회와의 단절이다. 파띠마는 사랑에 의해 편입되어 와 살고 있던 힌두사회와의 단절 내지는 도피할 수밖에 없음을 남편의 파띠마에 대한 시선과 느낌을 통해 암시한다.

> 파띠마의 눈에는 뭔가 잔뜩 묶여져 있었다. 어떻게 풀릴 것인가? 이렇게 이미 얽혀 버렸으니. 옴은 지금 풀기 위해서는 잡아당기든지 아니면 내버려두든지 계속 얽히게 놓아두든지 결과는 아마도 하나뿐이라고 느꼈다 - 끊어질 것이다. ... 누군가로부터 도망가듯이 달려가고 있었다. 겁먹고 공포에 질려서. 얼굴의 모든 원소들을 안에 숨어 있는 어떤 불안으로 꽁꽁 묶어 죄어놓은 것 같다. (Shree, 1991: 34)

파띠마는 벨나무 잎이 되어 힌두사회에 적응하지 못하고 시들어 떨어질 독립적인 나무라고 할 수 있다. 작가는 파띠마와 같이 무슬림

여성인 힌두 중심 사회에서 독립적인 나무로 자라는 토양을 만들기 위해서는 힌두들의 배려를 중요시하고 있다. 여성이면서 무슬림이라는 약자의 입장에서 파띠마는 남성이면서 힌두교도인, 강자의 입장에서 있다고 할 수 있는 남편에게 더 나아가 힌두 사회에 아래와 같이 심경을 토로한다.

> "우리의 이 사회에서 손해 보는 것은 여자들이지. 남자들은 단지 얻을 뿐이야. 당신들 힌두집단처럼... 아주 멀리까지 당신네들은 그늘을 펴놓고 자신들의 보호 속에 다른 이들을 기르거나, 아니면 물어버리지, 하지만 자신들이 펼쳐놓은 것은 모르면서 누군가 다른 자그마한 피난처를 요구하거나 존재의 권리를 요구하거나 약간의 토지를 요구하면 우리도 우리의 몫이 필요하다고 벌컥 화를 내는 것에는 아주 대단하지?"(Shree, 1991: 30)

작가는 힌두들이 무슬림을 비롯한 다른 집단들의 정체성을 소멸시키려고 한다고 견해를 피력하면서 배려라는 덕목을 힌두-무슬림이 공존할 수 있는 해결책으로 제시하고 있다. 이것은 M. 간디 등 인도에서 세속주의를 주장한 지도자들의 견해나 태도와도 일맥상통한다. 그러나 이 작품에서도 부부결별을 암시하면서 강한 다수집단에 의해 배려라는 덕목이 실현되는 것이 어렵고 힌두-무슬림의 갈등은 고질화된 사회문제로서 개인생활에 심각한 악영향을 미치고 있음을 그리고 있다.

5. 나가기

두 작품의 분석을 통해 힌두-무슬림의 갈등관계에서 심리적인 측면의 변화를 알 수 있다. 인도와 파키스탄의 분리독립 당시를 배경으로 한 단편, 비슈므 사흐니의 '아므리뜨사르에 다 왔소'는 평범한 힌두와 무슬림이 한 객차라는 일정한 공간에서 열차의 이동과 함께 변하는 상황을 체험하면서 서로에 대한 태도와 심리에 어떤 변화를 나타내는지 그리고 있다. 분리 현실에 대해 정확한 인식이 없던 대중이 폭동 등을 체험하면서 종교라는 틀에 의해 분리된 현실을 인식하고 불안과 공포의 상황에서 종교를 근거로 '그들'에서 분리되어 '우리'와 하나가 되는 데에 자신의 안전이 있다고 생각한다. 그리고 '그들'에 대한 '우리'의 태도는 극도로 적대적이고 폭력적이며 증오심에 불타게 된다. 이처럼 이 작품은 독립 당시 인도-파키스탄 분리현실에 대한 체험이 대중 사이에 힌두-무슬림 갈등의 심리적 고착화에 결정적으로 기여하였고 이를 계기로 힌두-무슬림 갈등의 심리적 고착화가 확대, 만연되어 갈 것을 예견하고 있다. 이미 언급했듯이 이 작품에서 객차는 인도의 축도, 등장인물은 각 종교공동체를 대표하는 전형이라고 할 수 있다.

기딴잘리 슈리의 '벨나무 잎'은 힌두남성과 무슬림여성의 결혼과 그 후 부딪히는 상황을 그리고 있다. 힌두남성과 무슬림여성의 사랑의 결실은 개인적 차원에서 힌두-무슬림 간의 심리적 경직화의 완화를 의미하는 것이라고 할 수 있다. 그러나 개인적인 차원의 심리적 경직화의 완화가 현실적으로 유지되는 것은 매우 어렵다. 개인적인 수준에서는 서로 왕래하면서 편견이 없어지고 상호이해하게 되지만 사회적인 수준으로 가면 그 편견은 너무 단단하여 상호이해가 불가능하다. 그래서 아내는 남편의 사회에서 자신의 정체성을 찾지 못하고 불안과 공포를 느낀다. 이런 상황에서 아내는 자신의 정체성을 찾아 친정으로 다시 말해 종교로 돌아가게 된다. 작가는 개인적인 차원에서 가능한 심리적 경직화의 완화가 사회적인 차원으로 가면 불가능한 주요 원인을 '우리'의 '그들'에 대한 편견과 증오라고 보고 섬세한 심리묘사와 무슬림에 대한 많은 편견을 삽입하여 힌두-무슬림 사이에 심리적 경직화의 심각함을 그리고 있다. 실상 부부 갈등과 결별의 주요 원인은 인도사회에서 힌두-무슬림의 갈등의 결과로 나타난 심리적 경직화라고 할 수 있다. 이 작품을 통해 '아므리뜨사르에 다 왔소'에서 볼 수 있었던 독립 당시 힌두-무슬림 간의 갈등의 심리적 고착화의 시작이 심각한 갈등의 심리적 경직화라는 현상으로 발전되어 개인 생활에 얼마나 부정적인 영향을 미치는지 알 수 있다. 이 작품에서 남편은 중심에 있는 다수지배집단을 대표하는 인물로 아내는 여성으로 또한 무슬림으로 주변에 있는 소수집단을 대표하는 인물로 그려진다.

두 작품에는 힌두-무슬림 간의 갈등의 심리적 고착화와 경직화가 잘 그려져 있는데 그 가운데 작가가 암시하는 갈등의 해소책과 악순환의 가능성을 찾아볼 수 있다. 갈등의 해소책으로 '아므리뜨사르에 다 왔소'에서 상생의 인본주의정신을, '벨나무 잎'에서는 다수의 지배집단의 소수집단에 대한 배려를 중시하고 있다. '아므리뜨사르에 다 왔소'의 이면에서 강하게 부르짖는 인본주의나 '벨나무 잎'의 무슬림 여주인공, 파띠마가 힌두 남성에게 간절하게 호소하는 배려라는 덕목은 힌두와 무슬림이 갈등을 해소하고 공존할 수 있는 길이고 이것은 M. 간디 등 인도에서 세속주의를 주장한 지도자들의 견해나 태도와 일맥상통한다. 그러나 두 작품은 모두 힌두의 무슬림에 대한 극단적 폭력 또는 힌두남성과 무슬림여성의 결별의 암시로 끝나며 힌두-무슬림의 갈등의 악순환이 지속될 것이라는 현실에 더 비중을 두고 있다. 이처럼 두 작품 모두 힌두-무슬림 사이의 갈등은 언제, 어디서든 수면 위로 올라올 가능성이 있거나 인도인의 일상에까지 악영향을 미치고 있는 고질화된 사회문제로 보고 있다.

III. 기딴잘리 슈리의 『그 해의 우리 도시』에 나타난 힌두 -무슬림 갈등의 심리적 고착화의 확대*

1. 들어가기

기딴잘리 슈리는 앞글에서도 언급했듯이 인도사회의 예민한 문제를 민감하게 형상화하여 1990년대의 발견이라는 평가를 받는 신세대 여류작가 중에 한 사람이다(Pāṇḍe, 2001, 118). 작가가 주로 다루는 주제는 여성과 종파주의에 관한 것이다. 작가는 첫 번째 소설 『마이』(*Māī*: 어머니, 1993)에서 어머니를 통해 전통적 인도여성이 지닌 내적인 힘에 대한 새로운 인식과 해석을 시도하여 인도 여성성의 새로운 방향을 모색하였다.[63] 여기에서 자세히 다룰 두 번째 소설 『그 해의 우리 도시』에서는 인도에서 종파주의의 심리적인 측면을 부각시키며 세속주의의 위기를 그리고 있다. 세 번째 소설 『띠로히뜨』(*Tirohita,* 감추어진 것들, 2001)에서는 중상류 여성과 낮은 계층의 여성 사이에 우정을 다루고 있다. 작가의 세 소설은 여성문제와 종파주의를 다루었고 모두 많은 화제가 되었다.

작가는 어린 시절부터 종파주의에 대해 체질적으로 저항심을 가지고 있었고 작가의 문단등단작품 중에 하나인 단편 '벨나무 잎'에서 남성으로 중심에 있는 다수지배집단을 대표하는 힌두 남편과 여성으로 주변에 있는 소수집단을 대표하는 무슬림 아내의 사랑과 결혼 후의 갈등상황을 통해 힌두-무슬림 간의 심리적 단절의 심각성을 그려서

---

* 이 글은『남아시아연구』 11권 1호에 발표된 김우조(2005)의 논문을 수정, 보완한 것임.

63) 이에 관하여 김우조(2002) 참조바람. 이 작품의 경우 출판 당시보다 2000년 여성주의 시각의 출판사, '깔리 퍼 위민'(Kali For Women)에서 니따 꾸마르(Nita Kumar)의 번역으로 영어번역본이 출간된 이후 여성주의 시각에서 크게 화제가 되었다.

자신의 종파주의에 대한 관심을 드러냈음을 이미 앞글에서 보았다.

여기에서 다룰 『그 해의 우리 도시』에서는 한편에서는 힌두근본주의 세력이 급격하게 팽창하고 다른 한편에서는 세속주의 세력이 쇠퇴하는 상황 속에서 나타나는 다수집단인 힌두와 소수집단인 무슬림들 사이에 긴장감과 서로에 대한 태도와 심리의 변화 그리고 그로 인해 나타나는 삶의 변화를 그리고 있다. 작가는 특히 이 작품에서 세속주의에 대한 확고한 신념을 가지고 이에 따라 행동하던 지식인계층에서 나타나는 태도와 심리에서의 변화에 주목하고 있다. 작가는 이 작품을 쓰게 된 동기로 1990년대 초 긴장에 찬 분위기에서 뒤엉켜지는 당시의 상황과 갑자기 나타나는 사람들의 행동에 변화를 냉정하게 파악하고 싶었기 때문이라고 했다. 소설의 초반부에서는 상상할 수 없었던 세속주의에 대한 확고한 신념을 가지고 한 목소리를 내던 절친한 친구인 힌두와 무슬림 지식인 사이에 심리적 단절과 그에 따른 물리적 단절이 후반부에 나타난다. 이런 현상은 이미 1부에서 다룬 종파주의를 '장기화된 사회갈등'의 한 유형으로 보는 아자르의 용어로 표현하면 갈등의 심리적 고착화라고 할 수 있으며 심리적 고착화는 일반대중 사이에 이미 깊숙이 자리 잡고 있는 심리적 경직화로 진전되고 있음을 알 수 있다. 세속주의자 지식인에게 나타나는 이러한 변화는 인도에서 세속주의가 직면한 위기상황을 말해주고 있는 것이다.

여기에서는 갈등의 심리적 고착화가 세속주의를 신봉하던 지식인층에까지 확대되는 과정을 중심으로 그 과정에 작용하는 요인들을 살펴보고자 한다. 먼저 이 소설의 전체적인 구성을 알아보고 이 소설에 나타난 갈등의 심리적 고착화의 확대와 확대요인들-세속주의의 쇠퇴, 힌두근본주의 세력의 팽창, 사회심리적 요인-, 갈등의 결과 나타나는 사회와 개인 삶에서의 왜곡 및 기형화현상 그리고 작가가 암시하는 힌두-무슬림 갈등의 해결책을 살펴보고자 한다. 마지막으로 이 작품의 형상화에서의 특성을 간략히 분석하여 이 작품에서 제기한 문제들이 형상화를 통해 더욱 효과적으로 전달되고 있음을 밝히고자 한다.

2. 『그 해의 우리 도시』의 구성

이 소설의 주인공은 저명한 역사학 교수이며 진보적인 무슬림인 하니프, 그의 아내이며 작가인 슈루띠 그리고 하니프의 오래된 친구이며 동료교수인 샤라드(Sharad)이다. 샤라드의 아버지 닷두도 주인공들의 윗세대를 대표하는 주연급 조연이라고 할 수 있다. 하니프부부는 닷두의 집 2층에 오랫동안 세 들어 살고 있으며 이들은 한 가족처럼 지낸다. 이들은 자신들이 극단적 힌두도 극단적 무슬림도 아니고 제 3의 집단에 속하는 확고한 세속주의자라는 것에 자부심을 가지고 있으면서 사회에선 점점 강도가 심해지는 힌두근본주의의 광기를 이해하려고 한다. 이 소설의 주요 인물 가운데 힌두근본주의를 지지하는 사람은 없다. 그러나 스쳐가는 많은 인물과 사건 그리고 많은 장치를 통해 힌두근본주의의 소란스런 주장이 소설의 전체적인 분위기를 만들어간다. 그 밖의 인물로 학과장 난단(Nandan) 교수와 여교수 우르밀라(Urmilā), 초떼 조시(Choṭe Josha)교수, 경찰고위관리이며 샤라드의 친구인 까빠리야(Kāpaṛiyā), 언론인 바부 뻰따르(Bābu Paintara), 영국 여성으로 샤라드의 친구인 베브랄리(Bevaraly) 등이 있다.

이 소설의 '우리 도시'는 다리를 두고 '다리 이편'과 '다리 건너 저편'으로 나누어지고[64] 다리 이편과 다리 건너 저편의 사람들은 다르다. 다리 건너 저 편의 사람들은 (종파)폭동을 일으키고 있다(Shree, 1998: 30). 그리고 다리 이 편의 사람들은 그 폭동이 미친 사람들의 짓이라고 생각하며(Shree, 1998: 15) 폭동에 대해 방관자적인 입장을

64) 또한 '다리의 저편'의 저편에는 무슬림 대중이 살고 있는데 이 소설에는 잠시 언급될 뿐이다.

취하고 그것을 설명, 분석, 비판하려고 한다. 다리 이편에 주인공들이 함께 살고 있는 닷두의 집이 있다. 그리고 도시의 다리 건너 저편에는 여신의 수도원이 있고 힌두근본주의를 직접적으로 또는 심정적으로 지지하는 집단 또는 개인이 있으며 대중이 있다. 또한 그 수도원과 함께 이 도시를 대표하는 유명한 대학이 있고 그곳에는 하니프와 샤라드가 교수로 재직하고 있는 역사학과가 있고 이 학과에는 양쪽의 입장을 지지하는 교수와 힌두근본주의에 대해 의구심은 가졌지만 그 영향에서는 완전히 자유롭지 못한 학생들이 있다.

'바로 이것이 그 장소이다. 우리 도시'(Shree, 1998: 7)라는 슈루띠의 회상으로 시작되는 이 소설의 이야기는 힌두근본주의세력의 급속한 팽창을 배경으로 대체로 세 단계로 전개된다고 볼 수 있다. 첫 번째 단계에는 주로 다리 이편의 세속주의자인 주인공들과 다리 건너 저편에서의 힌두근본주의자의 주장들 또는 힌두근본주의를 지지하는 다양한 인물 또는 집단 사이의 대화 또는 대화 아닌 대화 형식[65]이 주를 이루면서 힌두근본주의자들의 주장과 그 세력의 팽창, 세속주의의 신념을 가지고 있는 지식인의 견해에 관해 다루어졌다. 두 번째 단계에서는 힌두근본주의의 폭풍이 더욱 거세져서 그 폭풍은 학과에도, 다리 이편에도 불어오고 모두 거기에 휩싸이게 된다. 종교가 모든 사람의 사회적 정체성의 토대가 되고 모든 것은 힌두-무슬림으로 양분된다. 방관자적인 자세에서 상황을 이해하려고 했던 주인공들에게도 그 폭풍은 불어와 그들을 얽혀놓는다. 그리고 샤라드는 힌두가 되어가고 하니프는 무슬림이 되어가며 세속주의를 대표하는 이들 사이에 균열이 나타나기 시작한다. 세 번째 단계에서는 세속주의에 대한 확고한 신념을 가지고 있던 주인공들도 자신의 정체성을 종교에서

65) 이 소설에서는 많은 경우 주인공과 사물 사이에 일종의 대화를 찾아볼 수 있다. 예를 들면 확대되는 힌두뜨바의 상징물인 확성기에서 나오는 내용과 이에 대한 샤라드의 주장이 대화체로 엮어져 있다.

찾게 되면서 그들 사이에 나타나는 심리적, 물리적 단절과 내적, 외적 고통과 함께 무슬림 출신의 존경받은 지식인, 하니프는 희생양이 되고 샤라드는 쇠약하고 외로운 인물로 변해가는 과정이 그려져 있다. 그리고 이 소설은 이러한 비극적인 상황에 대한 어떤 대책도 제시하지 않고 열린 구조로 끝을 맺는다.

이 소설에서 '우리 도시'를 비롯한 여러 장소들은 상징성을 가지고 있다. '우리 도시'는 힌두근본주의가 증가하는 인도의 축도라고 할 수 있다. 우리 도시는 나라의 수많은 폭동의 근원이며 또한 전 인도를 상징하고 있다. 그래서 작가는 '여신 수도원이 바로 여기 있다. 그 지부들이 다른 도시에 생기고 있다. 여기를 돌아보면 인도 전체를 돌아본 것과 같다'(Shree, 1998: 17)고 한다. 여신의 수도원은 힌두근본주의의 본거지 그리고 주인공들이 살고 있는 닷두의 집은 세속주의의 최후의 보루와 같은 곳이라고 할 수 있다. 이 소설의 결말에서 하니프를 보호하려고 했던 닷두가 자신의 집에서 종교의식을 행한 뒤 이마에 칠하는 띨라끄(Tilaka)를 한 과격 힌두 젊은이들(하니프의 학생들)에 의해 내팽겨지는 것은 세속주의의 최후의 보루가 무너진 것으로 세속주의가 직면한 위기적 상황을 상징적으로 보여주고 있다고 할 수 있다.

3. 갈등의 심리적 고착화의 확대와 그 결과

1) 갈등의 심리적 고착화의 확대

독립 이후 일반 대중 사이에 힌두와 무슬림의 단절은 심각한 상태이다. 독립 이후 세대의 많은 힌두들은 인도에 남아 있는 무슬림들과 충분한 관계를 형성하지 못한 채 살아왔다. 무슬림들은 자신들의 동네에서 숨어서 사방으로 폐쇄된 채 살고 있다(Shree, 1998: 58). 힌두들은 무슬림의 동네에 가면서 두려워하고 무슬림들은 힌두들의 동네에 오면서 두려워한다(Shree, 1998: 110). 그나마 좋고 선량한 무슬림과 힌두들이 함께 모여 살던 곳에서도 두려워서 함께 살던 동네를 떠나는 형국에 이르게 된다(Shree, 1998: 129). 힌두-무슬림 사이의 단절은 더욱 확대되어 '다리 건너 저편'의 저편을 사람들은 파키스탄이라고, 이편을 힌두스딴이라고 부르기 시작한다(Shree, 1998: 182). 이렇게 상호 교류는 힘들어지고 상호 단절만 깊어지면서 상대방에 대한 불신과 적대감과 공포심만 더욱 확대되고 심화된다. 서로 상대방의 물탱크에 독을 넣었다고 할 정도이다(Shree, 1998: 7, 206).

힌두-무슬림 사이의 극단적인 분열상황은 '모든 것, 모든 색깔, 모든 단어, 모든 인사, 아쯔깐(Acakana, 남성상의)과 도띠(Dhotī, 남성하의) 녹색과 노란색 등이 힌두-무슬림이 되었으며 무슬림 책방 주인은 이름에서 사라스와띠(Saraswati 지혜의 여신)를 지우고 힌두 식당주인은 무갈 궁전이라는 이름 대신에 축소된 힌두적 어휘에서 이름을 찾게'(Shree, 1998: 172-173)하는 결과를 초래한다. 이런 상황 속에서 종교가 인도사람들의 사회적 정체성의 유일한 근거가 된다. 그래서 '무엇을 말하고 쓰고 행했는가 보다 훨씬 중요한 것은 누가 말하고 누가 쓰고 행했는가 하는 것이다. 모두의 이름이 아주 중요해진다'(Shree, 1998: 75). 어떤 종교를 가진 사람이냐가 중요해지고 그 경향은 나날이 심해진다. 리포트를 세 번에 나누어 싣기로 한 언론인, 바부 뺀따르는 '중요한 것은 이름이다.[66] 그것이 인간을 인식하는 시각'(Shree, 1998: 142)이라며 리포트에 하니프의 이름을 넣지 않으려고 한다. 슈루띠는 우리는 다른 두 집단과 다른 제3 집단의 사람들이다. 정체성의 근저는 우리 자신이지 우리의 이름이 아니라고 반박하

66) 인도에서는 이름만 보아도 힌두인지 무슬림인지 알 수 있다. 성을 통해서 종교, 카스트, 지역 등도 알 수 있다. 그래서 요사이 성을 쓰지 않는 사람들도 많다.

지만(Shree, 1998: 142) 사회에서는 이미 이름으로 그 사람이 어떤 사람인지 결정되는 것이 현실이다. 슈루띠가 이것을 인정하지 않으려고 하는 것은 현실을 인정하지 않고 이상을 현실로 착각하는 것으로 받아들여진다(Shree, 1998: 158). 슈루띠는 '이름에 이렇게 의미를 부여하는 경향에 반대하여 말하다가 우리도 스스로 그 경향의 사람들이 되어 가고 있다. 마치 정말 힌두-무슬림이라는 두 개의 인식만이 남고 모두 사라졌다는 듯이 말하기 시작한다'(Shree, 1998: 172)고 어쩔 수 없이 현실을 인정한다.

이제 세속주의 신념을 가지고 있던 지식인의 사회적 정체성의 근거도 종교가 된다(Shree, 1998: 206). 이렇게 된 상황에 대한 안타까움을 작가는 반복적으로 표현한다.[67] 하니프는 이슬람 쪽으로 기울고(Shree, 1998: 233) 샤라드는 힌두 쪽으로 기운다(Shree, 1998: 235). 샤라드는 '이미 비극이 되었어, 우리가 하나라는 것은 사실이지만 하니프와 내가 두 의미가 되었다는 것도 사실'(Shree, 1998: 247)이라고 종교를 토대로 사회적 정체성이 강요되어지는 사회적 현상을 인정한다.

두 세속주의자 지식인들이 자신의 정체성을 종교에서 근거로 찾게 되면서 힌두-무슬림의 의식이 서서히 나타나고 이와 함께 두 친구 사이에 갈등과 균열이 나타난다(Shree, 1998: 141). 지금까지 서로 용납하던 것을 용납하지 못하고 당연하던 것이 이상하다고 느껴진다. '이해되지 않은 점은 이전에도 행하고 말하여온 모든 것이 오늘 왜 나쁘게 느껴지느냐 하는것이다. 그들이 변했는가?'(Shree, 1998: 150) 작가는 실제로 주인공들이 변하고 있다고 분명히 서술한다. 그들 사이에는 '모두가 피하려고 하는 한 무겁고 구체적인 심각함이 퍼져 있었

67) 우리 모두가 힌두가 되거나 무슬림이 되었다(Shree, 1998: 181). 때로는 우리가 때로는 너희가 우리를 힌두 또는 무슬림으로 만들었다(Shree, 1998: 187, 212). 여기에 종교 없이 누구도 숨을 쉬려고 하지 않는다(Shree, 1998: 219).

다. 하니프는 조용했다, 이상하게. 닷두는 중립적이고 슈루띠는 불안해했고 샤라드는 말했다, 이상하게'(Shree, 1998: 158) 슈루띠의 불안은 현실로 나타나기 시작한다. 샤라드가 우리가 서로 마음의 이야기를 하는 것을 그만 두는 것보다 나쁜 것이 무엇이 있겠는가 라고 말하지만 하니프는 반응이 없다(Shree, 1998: 166). 그들은 한 집에 살면서도 서로 공감하지 못하고 갈등과 논쟁을 일삼다가 서서히 교류가 감소하고 불신이 깊어지며 두 친구 사이에 단절의 늪이 깊어 간다. 이처럼 세속주의에 대해 확고한 신념을 가지고 있던 절친한 두 친구 사이에서도 종교로 인해 갈등의 심리적 고착화가 나타나는 것은 이 현상이 인도사회에서 얼마나 넓게 확대되어가고 있는가를 보여주고 있는 것이라고 할 수 있다.

2) 심리적 고착화의 확대요인

작가는 이 작품에서 갈등의 심리적 고착화의 확대요인을 여러 관점에서 찾고 있다. 이 작품에서 가장 부각되는 강력한 요인은 무서운 속도로 광범위하게 확대되어 가는 힌두근본주의 세력이다. 그 영향력에서 자유로운 사람과 영역이 없게 된다. 이 작품에서 힌두근본주의 세력이 자신의 세력을 확장하기 위해 채택한 다양한 전략과 행위를 찾아볼 수 있는데 그 중에서 가장 큰 몫을 한 것은 폭동이었음을 알 수 있다. 또한 힌두근본주의 세력의 확대의 빌미를 준 것은 세속주의가 그 역할과 기능을 다 하지 못하였다는 사실이다. 이미 언급했듯이 이 작품은 세속주의의 위기를 다루고 있고 세속주의의 쇠퇴는 힌두-무슬림의 갈등의 심화를 의미하는 것이기도 했다. 그러나 작가가 이 작품에서 천착하고자 했던 것은 '모른 사이에 자리 잡은 의식', 바로 사회심리적인 요인이 아닌가 생각된다. 여기에서는 갈등의 심리적 고착화의 확대요인을 세속주의의 쇠퇴, 힌두근본주의 세력의 확대 그리고 사회심리적인 요인으로 나누어 살펴보도록 하자.

(1) 세속주의의 쇠퇴와 그 원인

① 세속주의의 쇠퇴

세속주의는 인도 헌법상 국가의 통치이념이다. 인도에서 세속주의는 정교분리를 의미하지 않고 모든 종교를 동등하게 취급한다는 의미로 사용된다. 작가는 이 작품에서 인도에서 세속주의의 적용이 성공하지 못했다고 보고 있다. 난단 교수의 '힌두도 무슬림도 아닌 한 신부가 있다. 수년 전부터 신부가 되어 집에 면사포를 쓰고 들어와 앉아 있다. 그 이름이 세속주의이다. 불쌍한 것의 운이 트이지 않았다. 어머니가 되지도 못했고 집안이 융성해지지도 않았다'(Shree, 1998: 144-145)는 평가는 국가가 세속주의라는 국가의 통치이념을 성공적으로 구현하지 못했다는 것을 의미한다. 다시 말해 국가는 모든 종교를 동등하게 취급한다는 세속주의를 통해 힌두와 무슬림 모두의 근본적인 욕구를 충족시켜주지 못했다. 그 결과 인도에서 세속주의는 오히려 근본주의를 부추기어 힌두-무슬림의 갈등을 더 심각하게 악화시켰다.[68] 더 나아가 세속주의와 힌두근본주의의 대결국면으로 끌고 갔으며 이로 인해 세속주의자와 힌두근본주의자 사이에도 갈등이 심화되면서 많은 세속주의자들이 근본주의자로 변하는 것을 이 작품을 통해서 알 수 있다. 이 작품에서 친 세속주의와 반 세속주의로 극단으로 나누어졌던 여론이(Shree, 1998: 148) 점차로 반 세속주의로

---

68) 이 작품에는 독립 이후의 인도정부의 역할에 대해 비판적인 태도를 보인다. 그러나 식민정부의 역할에 관해서는 난단 교수를 통해 한번 언급되어 있다- '식민 통치의 제국주의가 다른 사람들과 함께 무슬림들에도 자신의 정체성을 가지고 공포와 의식과 희망을 갖게 했고 그런 곳에서는 종파주의가 고개를 들었다. 무슬림을 위험하게 보지 않는 나라에서는 상황이 다르다'(Shree, 1998: 72).

기우는 것은 이러한 상황을 그대로 반영한 것으로 볼 수 있다.

이러한 분위기 속에서 세속주의에 확고한 신념을 가지고 있던 사람들도 신념을 지킬 수 없게 된다. 닷두는 슈루띠에세 '우리는 뭔가 자연스럽고 아름다울 수 없는 시대에 살고 있다. 지금 이 비명은 비명일 뿐이다. 진짜 소리가 아니다. 네가 말해봐라, 네가 미쳐서 지르는 소리가 너의 소리냐 아니면 자연스럽게 말하는 것이 너의 소리냐. 자신의 소리를 잃어버리지 마라'(Shree, 1998: 193)고 당부한다. 그러나 자신의 소리를 잃지 않고 소신을 지켜 나가는 것은 거의 불가능한 것 같다. 그래서 닷두는 이러한 시대를 사는 것은 불운이라고 한다.

이미 앞에서 살펴보았듯이 세속주의자들 사이에서도 갈등과 균열 현상이 심각해지고 세속주의 신념을 토대로 한 결속보다는 종교를 토대로 한 결속이 진행된다. 이슬람교의 원리주의자들은 하니프에게 지속적으로 접근을 시도하고(Shree, 1998: 149, 151, 180) 이것은 하니프와 샤라드 사이에 단절의 단초가 되는 주요 이유 중에 하나이다. 세속주의에 따라 업무를 수행해 왔다고 자부하는 경찰관리 까빠리야가 '당신의 세속주의 사람들도 이제 더 이상 세속주의자로 남아 있을 수 없다. (그런데) 그들(대중)에게 무엇을 설득하겠는가?'(Shree, 1998 : 212)라는 세속주의자들의 무능력함에 대한 비판은 인도에서 세속주의의 쇠퇴를 말해주는 것이다. 그리고 작가는 결론에서 늙은 닷두가 젊은 힌두 청년의 모욕적인 폭력에 의해 쓰러지는 것을 통해 극도로 쇠퇴한 세속주의의 모습을 암시했다.

② 쇠퇴원인

(i) 세속주의에 대한 신념 결핍

인도에서 세속주의가 쇠퇴하게 된 가장 중요한 이유는 국가통치자들이 세속주의에 대한 확고한 신념을 보여주지 못하고 오히려 대중의 종교감정을 이용하여 자신의 권력을 유지해나가려고 했기 때문이다. 이 작품에서 '총리가 수도원의 수장(마한뜨)과 만날 것'(Shree, 1998, 124)이라는 간략한 언급은 정치지도자의 이러한 행태를 대변하는 것이다. 물론 사회적인 분위기가 정치지도자의 이러한 행태를 부추기고 있는지도 모른다. 이것은 한 학생이 '국가의 총리가 이마를 숙이기 시작하면...'이라고 정치지도자를 비판을 하려고 하자 다른 학생에 의해 종교적인 감정이 틀리지 않다고 반격을 당하고 더 이상 자신의 견해를 드러내지 못하는 데에서 알 수 있다(Shree, 1998: 135). 실제로 인디라 간디는 정책적으로 종교적인 감정을 이용하여 자신의 지지기반을 유지해 나가려고 했고 라지브 간디(Rajiv Gandhi)는 다수 힌두를 목표로 한 친 힌두적 정략을 구사하면서 '람 통치'(Rām Rājya)의 재현을 국민 앞에 약속했다(김주희 외, 2002: 174). 1992년 12월의 아요댜사건은 대중의 종교적 감정을 이용하는 세속주의 정치지도자들이 보여준 기회주의적 태도가 한 원인이 되어 일어났던 독립 이후 최대의 비극적인 폭동사건이었다.

정치지도자들의 기회주의적인 면모는 이 소설의 사회지도층에서 그대로 나타난다. 사회지도층은 세속주의를 국가통치이념이므로 따르기는 했지만 인도에서 세속주의의 필요성을 절감하고 있지 않다. 이러한 세속주의자들의 세속주의를 지키려는 노력은 형식적이고 효과를 기대할 수 없는 것이다. 이 소설에서 난단 교수가 주관하는 다종교회의에 관해 신문광고의 4줄로 아주 간략하게 다루고 있고 이에 관해 다른 어떤 언급이 없는 것은 이를 반영한 것이라고 할 수 있다.[69] 세속주의를 표방한 지식인들의 이러한 형식적인 시도가 아무 의미 없음을 자신들도 알고 있고 또한 이에 대해 대중도 냉소적인 반응을 보낸다. '다시 폭동이 있고 통금령이 내리고 좀 느슨해지면 다시 우리는 다 종교회의, 평화행진, 경찰의 호위 속에 바로 그 사람들이

69) '다리 건너편 구시장의 시계탑이 있는 곳에서 배화교도, 자이나교도, 무슬림, 기독교, 시크의 모든 종교 지도자가 올 것이다'(Shree, 1998: 47).

다시 깃발에 평화의 메시지를 올리고 간다. 서로 보고서 이상하게 옆을 엿본다. 왜냐하면 창문으로 보는 사람들의 눈에는 침묵의 경멸이 있기 때문에, 왜냐하면 우리가 스스로 이것으로 어떤 변화도 오지 않을 것이라는 것을 느끼고 있기 때문에 모두 의미 없는 것이다'(Shree, 1998: 125).

사회지도층은 세속주의를 지킬 수 있는 의미 있는 전략을 세우거나 실천하기 보다는 상황의 변화에 따라 스스로 변해서 세속주의를 버리고 힌두근본주의의 편에 서게 된다. 극단적 힌두세력에 반하여 집회를 주도했던 난단 교수도 '이제 힌두의 정서도 이해해야 한다고 하며 무슬림이 있는 곳에 폭동이 있고 (무슬림이) 없는 곳에는 (폭동이) 없다'(Shree, 1998: 260)는 의견을 피력할 정도로 변한다. 이런 상황에서 다른 선생들과 학생들의 생각에도 변화가 나타나고 그들이 힌두근본주의의 주장을 되풀이하게 되는 것은 자연스럽다고 할 수 있다. 언론인 바부 빼따르도 처음에는 세속주의의 시각에서 작성된 리포트를 긍정적으로 보고 사람에게 알릴 필요성이 있나고 하지만(Shree, 1998: 163) 변하여 리포트 내용을 수정해서 신문에 게재하고(Shree, 1998: 170) 심각하게 왜곡된 기사가 나가게 방치한다(Shree, 1998: 270-271). 자신은 세속주의자로 어느 쪽으로도 편향되어 있지 않음을 강조하던 경찰관리 까빠리야도 힌두들이 많이 참았다는 생각을 나타낸다(Shree, 1998: 221). 이와 같이 작가는 이 작품에서 사회지도층의 기회주의적인 태도와 행위를 보여주는데 이는 이 소설에 스치듯이 언급된 국가를 운영하던 통치자들이 세속주의에 대한 철저한 신념 없이 기회주의적으로 국가를 운영한 전략과 행위를 반영하는 것이라고 할 수 있다.

(ii) 언론과 대학의 부정적 역할

이 작품에서는 힌두-무슬림의 갈등을 야기하는 주요 요인으로서 정부의 철저하고 적절하게 시행되지 않은 정책과 역할에 대한 서술이 직접적이지 않다면 여론형성층에 대한 서술은 직접적이고 비교적 상세하다. 가장 두드러지는 것은 언론기관에 대한 것이다. 이 작품에서 나타나는 언론은 대부분 힌두근본주의의 행위와 전략에 따르고 있다. 수도원의 수장의 사진을 매일 내보내는 신문은 힌두근본주의 세력에 의해 장악된 언론의 모습이라고 하겠다. 무슬림에 대한 편견과 적대감을 증가시키는 데에 그리고 무슬림 지식인을 파멸로 몰아가려고 악의적인 뉴스를 만들어 유포하는 데에 일부 언론이 앞장선다.

세속주의를 대변하던 바부 뻰따르는 처음에는 리포트의 영향이 긍정적이라고 생각하면서 '화내는 사람이 있기는 하지만 확성기 외에 들을 수 없었던 많은 예민한 사람들이 알기를 원하는 것은 좋은 일이다'(Shree, 1998: 160)라고 하지만 사회의 분위기가 세속주의자들의 주장을 점차로 외면하게 되자 리포트의 내용을 수정하면서 '지금과 같은 분위기 속에서 무엇을 어떻게 이야기해야 하는지 좀 주의해야만 한다는 것을 이해하려고 하십시오(Shree, 1998: 170)라고 슈루띠를 설득한다. 그는 자신이 일하는 신문의 편집자가 학과에서 편집자에게 보낸 편지를 마음대로 편집해서 조작된 내용을 신문에 나도록 방치한다. '우리가 돈을 받고 부정직을 행했다. 거짓된 혐의를 두었던 것을 철회한다. 우리는 용서를 구한다. 우리는 실제로 종교에 관해 아무 것도 모른다. 힌두교에 관해 아무 것도 모른다'(Shree, 1998: 270)는 조작된 내용은 세속주의를 주장하던 학과가 힌두근본주의에 완전히 투항한 모습이다.[70] 금권이든 정권이든 권력에 대항해서 언론은

70) 학과에서 보낸 편지에는 원래 '우리는 돈을 가지고 수도원에 대해 부정직의 거짓된 혐의를 두는 것이 아니다. ...우리가 힌두교와 종교의 위대함을 염두에 두고 물었다, 지금 팔리고 있는 것이 힌두교인지 종교인지. 우리가 잘못 이해해서 죄 없는 사람들에게 상처를 주었다면 그들에게 우리는 용서를 구한다. ...지금 만들어지고 있는 바로 그것이 진

살아남기 힘든 상황이다. 그래서 언론이 여러 가지 부당한 방식으로 권력의 입맛에 맞게 여론을 호도해 가는 데에 앞장선다.

이 소설의 주인공들이 대학교수들이기 때문에 자연스럽게 대학의 사회적 역할도 중요하게 그려진다. 대학은 이성과 지성의 상징으로서 그래도 외형적으로는 세속주의를 옹호하는 입장을 취하는 것처럼 보인다. 그러나 이미 대학도 세속민주주의가 개인에게 미치는 역기능적 효과를 세속민주주의와 동일시하고 있었다. 그래서 학과에서 '질서가 없어진 것은 관용주의 정책 때문이고 민주주의는 무정부상태를 전파하는 무기'(Shree, 1998: 91)라고 한다.

그래도 교수들은 종파주의에 비판적인 리포트를 준비한다. 그리고 신문에 발표하는 것은 잘 하는 것이 아니고 학과의 악명을 높이고 있다는 학교 당국의 비판에도 일부 교수는 리포트를 신문에 발표하여 호도된 여론을 조금이라도 바로 잡기를 원한다. 그러나 학교당국자는 대학의 현실참여를 반대하면서 학교 밖의 이야기가 학교에서 없기를 희망한다(Shree, 1998: 156). 대학도 사회의 흐름에서 완전히 사유로울 수 없다. '보는 사람마다 묻는 것은 지금 무슨 말을 하시오, 아직도 그 이야기만 되풀이하시오'(Shree, 1998: 216)라고 한다며 난단 교수는 세속주의를 버리라는 사회의 비판을 심정적으로 수용한다. 그리고 더 나아가 그는 지금 일어나고 있는 것은 힌두교의 예외이다. 그러나 그들을 원수로 해서 우리는 아무 것도 얻을 수 없을 것이다. 홀로 뒤쳐질 것이다'(Shree, 1998: 243)라고 하면서 힌두근본주의 세력과 결탁하여 무엇인가 얻으려고 한다.

대학은 학생들을 중심으로 힌두근본주의 세력의 한 지부로 전락하게 된다. 전국적인 힌두전당이 생기게 되고 그 학생지부가 이 대학에서 결성되는데 그때의 주빈은 수도원의 수장이다. 학생들 중에는 수

짜라면 우리는 실제로 종교에 관해 아무 것도 모른다. 힌두교에 관해 아무 것도 모른다(Shree, 1998: 270-271)'는 내용이 있다.

도원에 가서 종교의식을 먼저 하고 학교에 오는 학생들도 있다. 세속주의를 반대하는 학생들의 소리를 세속주의를 옹호하는 교수들의 소리가 이기지 못한다. 학생들은 극단적 근본주의를 반대하고 세속주의를 옹호하는 집회에서 교수에게 돌팔매질을 하고 집단적인 행위를 통해 교수의 파면을 결의하고 종국에는 자신들의 교수를 무슬림이라는 이유로 사회에서 완전히 추출하려는 집단적인 폭력행위를 하려다가 이를 막는 노인을 내팽개치는 광기를 보인다.

이와 같이 언론도 대학도 사회의 반세속주의 흐름에 휩쓸리게 된다. 이미 통치자들은 자신의 권력에 대한 야망으로 세속주의를 버렸고 권력에 비판적이면서 여론을 바르게 이끌어가야 할 언론이나 대학도 사회에 대한 고유한 사명과 기능을 잃어버리게 되고 세속주의는 최대의 위기상황을 맞게 된다.

(iii) 문화와 역사의 재해석에서 문제점

이 작품에는 세속주의자의 입장에서 인도의 사회, 문화, 역사를 재해석한 대화, 토론, 글, 리포트, 연설 등에 관한 서술이 많다. 세속주의자들은 인도 역사에서 힌두-무슬림의 조화로운 공존을 통해 발전한 시기를 강조하고 인도의 문화는 힌두-이슬람을 비롯한 다양한 문화의 융합문화라는 주장을 곳곳에서 하고 있다. 지식인으로서 주인공들이 다원사회인 인도에서 세속주의를 공고히 하려고 가장 집중적으로 활동한 분야라고 할 수 있다.

세속주의자들은 두 집단의 접촉이 무슬림에 의한 인도정복보다 힌두-무슬림의 조화에서 시작되었다고 주장한다. 샤라드는 '가장 먼저 무슬림이 온 곳은 북부 인도[71]가 아니고 남부 인도이다. 무슬림들이 말라바르(Malābāra)해변에 장사를 하러 와서 공격을 가하지 않고, 피

71) 2부에서도 보았듯이 대체로 가장 먼저 인도에 온 무슬림은 8세기 초 인도 서북부의 신드지방을 침략했던 무하마드 빈 까심이라고 한다.

를 흘리지 않고 남부 인도에 정착했고 그 곳의 라슈뜨라꾸따왕과 짤루꺄왕은 힌두였는데 그들을 환영했다. 힌두-무슬림은 함께 결혼하고 자식을 낳았다, 바야사라(Bayāsarā)라는 이름으로 다른 집단을 만들었다'(Shree, 1998: 67-68)고 그 역사적 사례를 제시한다. 또한 '그 혼합된 문화, 우리의 문명은 모든 분야에 있다-음악, 문학, 건축, 철학, 무용, 음식, 의상, 없는 곳이 어디 있느냐?'(Shree, 1998: 29)고 반문하고 그 다양한 예를 구체적으로 보여준다.[72] 융합된 사회적 관습의 예로 화장하고 매장하는 것을 합친 장례의식을 든다. '힌두-무슬림의 두 공동체가 서로 영향을 주었다. 구즈라뜨에는 아직도 힌두들의 무덤이 있다'(Shree, 1998: 97)고 이야기한다. 또한 할례를 예로 들면서 관습의 유사성 또는 관습이 갖는 보편적 가치를 주장한다(Shree, 1998: 62). 융합을 강조하는 역사적 사실, 문화적 현상, 사회적 관습에 관한 서술을 이 작품의 곳곳에서 찾아볼 수 있다.

글쓴이가 만난 대부분의 인도사람들은 인도사회의 악습들이 무슬림 때문에 인도에 들어왔거나 심각해졌다고 생각했다. 특히 이슬람세력의 승전탑이라고 할 수 있는 꿉뜹 미나르(첨탑)가 있는 이슬람사원의 건축재가 힌두교와 자이나교 사원을 파괴한 것이기 때문에 힌두들은 내면적으로 자신들의 패배에 대한 상처를 가지고 있다고 정부관리로 있는 진보적 지식인임을 자처하는 동창의 의외의 고백을 들은 적도 있다. 샤라드는 '빠르다(Paradā 여성의 남성에 대한 내외법)도 무슬림들이 오기 전부터 있었고 사띠(Sati 과부 화장제도)도 전부터 있었다(Shree, 1998: 67)고 하며 무슬림이 인도를 정복하고 힌두사

72) 나즈룰 이슬람(Nazarula Islāma)과 아미르 쿠스로, 아랍어, 페르시아어, 산스끄리뜨어 그리고 일상의 언어가 합쳐져 만들어진 힌디어, 코발트색, 물방울 등 색과 이미지 등. 베다의 영원한 것(사나따니, Sanātaniī)은 무엇이 남아 있는지도 모를 정도로 융합되어 있다고 본다(Shree, 1998: 103-4).

원을 파괴하고 이슬람사원을 세운 것에 대해서 '어떤 왕조를 끝내고 자신의 왕조를 시작하면 옛 건물 위해 다른 건물이 세워지고 이렇게 자신의 승리를 선포한다(Shree, 1998: 54-55)' 라고 하며 이슬람교뿐만 아니라 모든 종교나 정권이 수립되는 과정에서 나타나는 폭력성을 이야기한다. 그들은 종교의 관점에서 보기보다 정권창출과정에서 나타나는 통치자 계급이 피통치자계급에 대해 자신의 우월성을 보여주려는 통치상의 전략으로, 어느 곳에서나 있을 수 있는 보편적인 사건으로 보려고 한다.

세속주의자들은 '무슬림들의 손에 의한 파괴로, 부서진 사원들, 힌두 시체들을 향하여 우리의 고개가 돌려지고, 다른 면들은 덮어두려고 한다'(Shree, 1998: 67)면서 무슬림들에 의한 학정만 대중의 귀에 들려지고 분열의 상징만이 강조되며 자신들의 주장이 일반인들에게 도달하지 않는 것을 안타까워한다. 그들은 역사나 사실에 대해, 앞으로 언급하겠지만 일방적이고 단면적이며 자의적인 해석을 시도하는 힌두근본주의자들과 비교할 때 보편적이고 복합적인 해석을 시도하고 문화의 상대적인 이해를 강조하는 것을 알 수 있다.

세속주의자들 인도역사 및 문화를 보는 시각에는 인도정부가 국가통합을 위해 내건 캐치프레이즈는 '다양성 속의 통일성'이 작용하고 있음을 엿볼 수 있다. 그리고 그들의 인도역사와 문화에 대한 재해석에는 '다양성 속에 통일성'에서 다양성보다는 지나치게 통일성에 중점을 둔 정부의 의도가 반영되어 있다고 할 수 있다. 이들이 지식인으로서 이런 캐치프레이즈가 안고 있는 문제점을 인식하고 통일성이라는 정부의 이상보다는 다양성이라는 인도사회의 현실을 직시하고 역사와 문화에 대해 재해석을 시도하였다면 강요된 통일성으로 초래될 수 있는 극단적 분열이 완화되고 인도사회의 구성원들이 서로 동등하게 상호 수용할 수 있는 풍토가 조성될 가능성이 더 높았으리라고 생각된다.

(iv) 세속주의에 대한 성찰 결여

힌두근본주의자들이 대중매체를 이용하여 세속주의자들을 비판하면서[73] 자신의 세력을 팽창시켜 나갔지만 세속주의자들은 힌두근본주의 세력의 증가에 대해 처음에는 방관자적인 자세를 취하고 있었다. 하니프와 샤라드는 망이 있는 창문에서 사원의 흰 기둥을 보고 그 위에는 힌두근본주의의 상징적인 색깔인 사프란색의 기가 날리는 것을 보고만 있다. 그리고 이편으로 올 것을 우려할 정도이다. 그러나 상황이 심각해지자 힌두근본주의의 증가는 산업이 되었다는 슈루띠의 비판과 이렇게 모두 되고 있을 때 우리는 어디에 있었느냐는 하니프의 반성이 2행에 간략하게 언급되어 있다(Shree, 1998: 51).

이렇게 이 작품에서 작가는 세속주의나 세속주의자에 대한 반성 내지 성찰의 필요성을 제기하고 있지만 실제로 이러한 반성이나 성찰은 찾아보기 힘들고 시대에 영합하는 분위기가 주조를 이룬다. 성찰이 가능하지 않은 분위기이다. 자신들을 돌아보자는 제안은 극단으로 간 분위기 속에서는 오해와 불신만 가져온다. 역사해석을 놓고 보여주는 샤라드와 하니프의 갈등이 이를 말해준다. 샤라드가 '단순화의 실수를 우리는 해서는 안 된다. 만약에 그들이 과거를... 자신의 종파적인 생각을 위해서 부수고 구부린다면 혹시 우리는 자신의 세속적... 무엇이든 원리를 위해...'(Shree, 1998: 190)라고 의구심을 표하자 하니프와 모든 사람들이 놀라서 듣는데 그 이유는 그의 입에서 이런 이야기가 나올 것이라고는 모두 기대하지 않았기 때문이다. 어떠한 이데올로기에 대해 의구심을 갖는 것이 허용되지 않는 분위기 속에서 성찰은 불가능하다. 성찰이 지도층에 의해 행해졌다면 상황은 달라질 수도 있었을 것이다. 적어도 세속주의를 지지하거나 표방했던

73) TV에서 스와미(Swamy, 힌두교 지도자)는 오늘 우리나라의 정치는 우리를 모욕한다. (그래서) 우리는 우리의 종교를 따를 수가 없다고 연설한다(Shree, 1998: 39).

지도층 인사들이 힌두근본주의로 기울거나 세속주의자들 간의 갈등을 일으키는 일은 없었을 것이다.

이 작품에는 세속주의자의 한계에 대한 비판이 나오는데 이는 세속주의자에 대한 성찰을 요구하는 것이라고 생각된다. 슈루띠는 일반인들의 종교 감정도 힌두근본주의자의 음모의 하나로 생각한다. 가게 주인, 박따(Btakta 신에 헌신한 자), 전 가족이 이 음모에 참여하고, 모두 함께 거짓을 만들어낸다고 생각한다. 이에 닷두는 '그들에게 정말로 여신이 왔다, 그들의 가족을 구하려고. 그들은 진심으로 박띠(Bhakti, 신에 대한 믿음과 사랑과 헌신)를 하고 있다'(Shree, 1998: 131)고 대중의 심정을 이해할 것을 촉구한다. 한마디로 대중의 심정을 이해하려고 하지 않고 대중을 어떤 세력에 이용당하는 무지한 집단으로 무시하는 태도이다. 세속주의의 적용이 실패한 데에는 세속주의자 지식인의 대중과의 괴리감도 한 몫을 했음을 알 수 있다.[74] 세속주의자들은 대중도 대중의 감정도 이해하려고 하지 않았고 어떤 면에서 대중에게 세속주의를 가르치는 교훈자의 우월적인 위치에 있다는 자기 교만에 빠져 있었다고 할 수 있다. 대중과 단절된 세속주의를 주장하는 사회지도층의 이야기가 대중에게 얼마나 설득력을 가질 수 있을지 의심스럽다.

이 소설은 인도사람과 사회에게 성찰을 요구하고 있는 작품이라고 할 수 있다. 작가의 이러한 의도는 창작의 어려움을 토로하면서 이 작품이 머리를 부수는 돌이 되고 '그 돌은 가서 사람의 머리에 맞고 고름이 흐르면 그들은 자신이 피를 무엇으로 만들었는가 생각할 것이다'(Shree, 1998: 34)라며 자신의 작품이 성찰의 계기라 되기를 희망하는 것에서 알 수 있다. 특히 세속주의가 최대의 위기상황에 처하게 된 데서 이 소설이 끝나는데 이는 세속주의에 대한 성찰이 절실히

---

74) 이에 관해서는 (김주희 외, 2004: 7) 참조 바람.

요구되는 때임을 강조하는 작가의 의도를 반영하고 있다고 할 수 있다. 따라서 작가가 세속주의에 대한 성찰이 없었던 것이 그 쇠퇴의 원인의 하나로 보고 있다고 추정하는 것은 무리가 아니라고 생각된다.

(2) 힌두근본주의세력의 팽창과 그 전략

① 힌두근본주의세력의 팽창

세속주의의 쇠퇴는 근본주의의 팽창을 의미한다고 할 수 있다. 작가는 이 작품에서 힌두와 무슬림이 모두 극단적인 근본주의로 가는 것을 그리고 있다. 그래서 '사원에서 아르띠(Āratī)의 소리가 큰 만큼 이슬람사원의 탑에서 울려나오는 아잔(Ajāna 예배 전의 부름)이 울린다'(Shree, 1998: 183)고 했다. 자신들의 주장만을 일방적으로 전파하는 확성기의 판매가 급증한 데에는 무슬림들도 한몫을 한 것임을 알 수 있다(Shree, 1998: 182). 그러나 작가는 이 작품에서 이슬람원리주의에 관한 언급은 힌두근본주의에 대한 여러 종류의 대응에 관해 매우 간략하게, 주로 암시를 통해 표현하고 있다. 그런 암시를 통해 이슬람세력도 힌두근본주의 세력에 대응하기 위해 노력하고 있음을 알 수 있다. 이 작품에서 주로 묘사되는 것은 힌두근본주의 세력의 팽창에 관한 것이다.[75]

인도사회에서 과격한 힌두근본주의 세력의 급격한 팽창을 소설 초반에 '이전에 아이들은 놀러 오고 무슬림은 나마즈(예배)하러, 개는 오줌을 싸러 오던 (사원과 붙어 있는) 들판에 이제 나마즈는 없었다/그 해에는 여신사원의 축제가 아주 성했다'(Shree, 1998: 27)라고 암시적으로 밝히고 있다. 힌두근본주의 세력이 얼마나 무섭게 팽창해

75) 힌두의 입장에서는 힌두교가 과격화하는 것은 무슬림 때문이라고 한다. 경찰고위관리 까빠리야는 무슬림은 누구도 죽지 않는다. 순교자가 된다. 요사이 힌두도 죽지 않고 희생된다. 힌두교가 이슬람화했다(Shree, 1998: 221)라고 한다.

가고 있는지 소설이 끝날 때까지 지속적으로 서술된다. 총리가 수도원의 수장과 만날 것이고 사원 앞에 고가도로의 이름은 여신의 이름으로 명명될 것이다(Shree, 1998: 124). 많은 수도자들이 유럽에서 온다(Shree, 1998: 140). 매일 고급관리, 각료들, 고위인사들이 수장을 알현하러 오고 매일 신문에 난다. 오늘은 유명한 자본가, 샴푸쁘라까슈(Shambhu Prakāsh) 부부와 찍은 사진이 나왔다(Shree, 1998: 163). 수도에 전국 규모의 전인도용맹당이 새롭게 창당되고(Shree, 1998: 222) 대학까지 침투하여 수도원의 수장을 주빈으로 학생지부가 결성된다(Shree, 1998: 223). 힌두를 각성시키려고 단식과 같은 과격한 수단을 비롯하여 (Shree, 1998: 224) 비열하고 저급한 전략으로[76] 세력을 팽창시키면서 교육기관도 설립하고 정치세력화도 시도한다.

힌두근본주의 세력은 인도사회의 모든 영역에서 권력을 행사하고 정권까지 쟁취하려고 한다. 작가는 힌두근본주의 세력의 팽창으로 나라의 토대가 흔들리는 상황에까지 이르게 된 것을 '그 해에 신들의 농사가 정말 지어졌다. 씨가 뿌려지고 그 위에 손가락만한 신상들이 놓여졌다, 여신 자그담바(Jagadambā)의. 대지를 찢고 나무와 여신이 나타나자 자그담바의 승리로 확성기가 울리기 시작하고 벽이 흔들리고 교회와 이슬람 사원의 토대가 흔들렸다/ 토대는 사원의 것도 흔들렸다./ ... 나라의 토대가 흔들렸다(Shree, 1998: 101)고 개탄한다. 작가는 '정말 많은 먼지가 일어났다, 그 해에는. 눈에는 먼지가 가득 차서 보는 힘이 약해졌고(Shree, 1998: 124) 거리에서 인간은 사라지고 고양이가 떼 지어 다니게 되었다(Shree, 1998: 112)고 상징적으로 이야기한다. 작가는 이 작품에서 먼지는 종교를, 고양이는 종파주의를 상징한다는 것을 직설법적으로 밝히고 있다(Shree, 1998: 114-115). 증가하는 힌두근본주의 세력에서 자유로운 사람은 없었음을 작가는

76) 일반 대중 사이에 공포를 자아내는 행운의 편지 등을 예로 들 수 있다.

'이런 상황 속에 학과사람들, 옛날 도시 사람들, 사원사람들, 이 집사람들, 하나도 빼지 않고 모두 있었다'(Shree, 1998: 124)고 표현한다. 이미 살펴보았듯이 그 영향으로 확고한 세속주의자이었던 이 소설의 주인공들도 변화하기 시작한다.

② 세력팽창의 전략 및 행위

(i) 힌두 공동체의식의 강화

힌두근본주의자들은 다수의 힌두를 위한 '힌두 라슈뜨라'의 건설을 궁극적인 목표로 한다. 그들은 '나라가 분리되게 놔두어라, 그렇다, 우리는 분리될 수 없는 인도(아칸드 바라뜨)를 다시 만들 것이다. 침묵하는 것은 비겁함이다. 애국심으로 가득 채우라, 우리의 인도는 위대하다. 우리의 인도, 우리의'(Shree, 1998: 64)라고 목표를 실현하기 위해서는 다시 나라가 분리되어도 좋다는 극단적인 주장을 하는 것도 주저하지 않는다.

힌두근본주의자들은 위대한 힌두 라슈뜨라라는 힌두공동체 개념을 대중 앞에 제시하고 그 힌두공동체의식을 강화하기 위해 이미 여러 번 언급했듯이 무슬림을 '그들' 그리고 힌두를 '우리'로 설정하고 '그들'에 대한 '우리'의 적대감과 복수심을 고취시켜 '우리'를 하나로 결속시키려는 많은 시도를 한다. 그 중에 하나가 무슬림에 대한 수많은 악의적 편견을 만들어 유포하여 무슬림에 대한 적대감을 증가시키는 것이다. 수도원은 확성기를 통해 '어떤 한 자띠(Jāti, 민족, 종족)는 증가한다, 이혼이라고 세 번 이야기하고 자유로워져 아무 걱정 없이 욕망을 충족한다, 이렇게 저렇게. 하나를 배워라, 자신의 종교를 위해 죽는 것, 높고 낮은 모두를 평등하게 보는 것, 다른 민족을 없애는 것을 자신의 삶의 유일한 목적으로 삼는 것, 칭찬할 만하다, 무슬림들은'(Shree, 1998: 54-55)이라며 무슬림에 대해 일방적이고 자의적인 주장을 전파하며 일반 대중을 호도한다.

일부 언론도 힌두근본주의자들과 같은 주장을 반복하여 일반 대중 사이에 무슬림에 대한 편견과 적대감을 증가시키는 데에 앞장선다.[77)]작가는 거기에는 서구의 영향도 있다고 본다. 서구에서 냉전 이후 새로운 악마가 필요했고 그 새로운 악마가 이슬람(Shree, 1998: 57)이라는 사실에 주목하지만 이에 관한 폭넓은 서술이나 분석은 없다. 이 소설에 스쳐가듯 언급된 힌두 대중이 가지고 있는 무슬림들에 대한 편견으로는 무슬림은 나쁘고 신의가 없고[78)] 폭력적이며[79)] 힌두여성의 가상의 성 폭력자라는 것[80)] 인도에 남아 있는 무슬림들이 파키스탄 편이라는 것[81)] 등이 있다. 이러한 편견의 끊임없는 재생산을 통해 인도사회에서 무슬림들은 힌두 대중의 영원히 적대해야 할 '그들'로 자리 잡게 된다.

인도에 남아 있는 무슬림에 대한 힌두근본주의자들의 태도는 분명하다. 그들이 인도에 살려면 '사랑으로, 우유에 설탕처럼(살아야 한

---

77) 한 신문기사에 따르면 "가족계획의 강제성이 없고, 아이들을 벌레처럼 생산해대고, 결혼에 관한 자신들만의 법을 만들고 세 번 이혼이라고 하여 인생에서 아내들을 바꾸고 한꺼번에 네 명의 아내를 거느리고 다른 여성을 정절을 깨뜨리면 술을 주고 암소를 잡으면서 축복하는 어른이 있고, 그들의 힘이 증가하고 있다"(Shree, 1998: 120)고 힌두근본주의의 주장을 반복한다.

78) 채소장수(Shree, 1998: 184) 학과 사무실에서 일하는 사람(Shree, 1998: 199)은 어떤 의미도 없이 알지도 못하고 아무 의식 없이 무슬림에 대한 편견을 습관적으로 말한다.

79) 가축을 살생하는 것을 근거로 한 학생의 발언(Shree, 1998: 110)

80) 학생이 '딸과 같은 여학생의 정절을 더럽힐 수 있는 선생님은 말하지 마시지요'(Shree, 1998: 246)라고 무슬림에 대한 편견을 근거로 하니프를 모욕한다.

81) 학생의 의견은 모든 무슬림들은 파키스탄을 자신의 선망하는 신이라고 생각한다(Shree, 1998: 106)는 것이고 파키스탄과의 크리켓 친선경기를 할 경우에 나타날 상황에 대해 우려하면서 까빠리야가 하는 말에서도 인도에 남은 무슬림과 파키스탄을 한데 엮는 것을 알 수 있다.

다). 레몬이 된다면 어떻게 되겠는가? 우유는 분리되어 치즈가 될 것이다, 그 가격은 증가할 것이다. 그러나 레몬은 잘리고 짜여서 쓰레기 더미에 던져질 것이다... 이미 너희들에게 파키스탄을 주었는데 왜 여기에 앉아 있느냐, 다른 파키스탄을 만들면서?'(Shree, 1998: 45)라고 반문하면서 힌두공동체에 동화되어 살든지 아니면 2등 시민으로 전락하든지 아니면 인도를 떠날 것을 주장한다.

하니프는 우리가 무슬림이라는 것이 문제가 아니고 우리가 힌두가 아니라는 것이 문제(Shree, 1998: 201)라며 힌두근본주의자들의 전 국민을 힌두화하려는 책략에 우려를 표한다. 힌두근본주의자들은 전 인도를 힌두화하여 완벽한 힌두들만의 공동체를 만들기 원했다. 그래서 시작한 것이 일종의 역사바로잡기운동이다. 앞에서 언급했듯이 그들은 인도 역사를 세 시기로 나누고 고대는 황금기, 중세는 쇠퇴기 그리고 근대는 부흥기로 보고 무슬림이 통치했던 중세에 잘못된 것을 바로 잡아야 하는데 그 출발점을 힌두사원 복원운동에서 시작했다. 아요댜사건의 직접적인 원인은 바로 이 운동이었다. 이 소설에서도 시위대에서 '인도를 위대하게 만들려면/모스크를 파괴하여 무너뜨려야한다(Shree, 1998: 117)는 구호가 나오고 '우리 도시'의 곳곳에 있는 모스크들이 힌두사원으로 변하는 이야기가 여러 번 언급되면서 전 인도가 힌두화되는 단면이 드러난다. 여기에서 우리는 인도사회에서 다수힌두집단이 소수무슬림집단을 힌두국가라는 정치적 실체로 통합시키려는 시도로 인해 힌두-무슬림의 갈등과 긴장은 더욱 심각해지고 확산되는 것을 볼 수 있다.

(ii) 폭동의 일상화

이미 언급했듯이 힌두들만의 공동체의식을 강화하는데 빈번하게 사용된 대표적 전략은 폭동이라고 할 수 있다. 어떤 공동체라도 다양한 영역에서의 자신의 공통된 이익을 지키거나 확대하려고 많은 노력을 한다. 이러한 노력 중에서 폭동은 가장 위험하면서도 쉽고 효과적인 방법이라고 생각된다. 왜냐하면 폭동은 직접적으로 일반 대중의 실질적인 삶에 많은 영향을 미칠 수 있기 때문이다.

폭동이 일어나는 데에는 다양한 원인이 있겠지만 이 작품에서는 경제적인 어려움, 정치적 긴장, 표밭(vote-bank)의 정치, 젊은이들의 질식할 것 같은 상황(Shree, 1998: 85), 자본가들의 하수인, 마피아들을 통한 이권 쟁취 욕심, 정치가들의 집권 야욕(Shree, 1998: 332) 등을 토론이나 간략한 언급을 통해 원인으로 밝히고 있지만 이에 관한 자세한 서술은 없고 주로 힌두근본주의자들이 자신의 세력 확장을 위한 책략으로 폭동이 그려진다.

이 소설에서 종파폭동은 마치 배경의 효과음과 같이 지속적으로 나온다. 그러나 이 작품은 종파주의를 다룬 다른 작품과는 달리 종파폭동을 상세하게 사실묘사하거나 종파폭동 자체에 큰 비중을 두지 않는다. 이런 점에서 이 작품은 다른 종파주의를 다룬 작품과 다르다. 오히려 힌두근본주의자들이 힌두 대중의 자각을 촉구하는 내용에 더 비중을 둔다. 공공연하게 수도원의 수장이 확성기로 '지금은 희생할 때이다. 신상을 파괴하고 소를 먹는 자에 대해 여신은 복수(계산)를 요구한다. ...우리는 우리의 저주를 씻어야한다. ...그때야 다시 평화와 비폭력으로 삶을 보내는 시대가 올 것이다'(Shree, 1998: 234)라며 폭력을 동반한 복수심을 불러일으킨다. 그리고 역사적인 사건을 자의적이고 감정적으로 해석하여 용맹스런 힌두전통을 일깨우며 각성을 촉구한다. '쉬바지의 자손, 바가뜨싱(Bhagatasingh, 독립운동가), 라나쁘라땁(Rānāpratāpa 용감한 라즈뿌뜨왕)의 자손, 아르준(Arjun)과 빔(Bhīma, 인도대서사시『마하바라따』의 주인공)의 아들들아, 일어나라... 악마들의 학정이 증가하면 신들도 분노한다. 일어나라. 깨라. /구하라'(Shree, 1998: 10)고 군중을 설득하고 더 나아가 '그렇지 않으면 우리에게 불의가 증가할 것이다. 우리의 피의 강이 흐를 것이다, 흐르고 있다. 사원과 시크교사원은 파괴될 것이다. 우리의 명예와 재산은 노략질 당할 것이고 우리의 딸들은 납치당할 것이고 당하고 있고 노략질 당하고 있고 힌두는 개나 고양이처럼 방황할 것이다. ... 너는 너의 나라에서 2등, 3등 시민이다'(Shree, 1998: 22-23)라고 위기의식을 조성한다.

작가는 공공연한 복수심과 적개심의 촉구 속에 폭동이 일상적이고 전국적임을 암시한다. 작가는 '우리 도시에는 폭동이 많이 있고 우리 도시는 다른 도시와 같다'(Shree, 1998: 15)고 하면서 이것이 인도에서 보편적인 현상임을 이야기한다. '한, 두 건의 살해가 없으면 도시는 자연스럽지 않다... 죽고 죽이고 폭탄이 터지고 불이 나고, 통행금지령이 선포되는 것'(Shree, 1998: 18)은 일상이 되어 있다. 그래서 통행금지령 내려 있지만 골목, 골목에 아이들이 크리켓을 하고 있으며 샤라드가 베브랄리에게 폭동이 일어났던 곳을 관광지처럼 보여준다.

작가는 날로 심각해지는 폭동의 심각한 상황을 설명하지 않고 간략하게 암시로 표현하고 있다. 예를 들면 '도시에 C.R.P.(Central Reserve Police)를 철수시키고 B.S.F.(Border Security Force)를 주둔시켰다'(Shree, 1998: 66). '들린다, B.S.F를 철수시키고 고르카 부대를 배치하려고 한다'(Shree, 1998: 77) 등의 한 행의 간략한 정보를 전하듯 상황의 심각성을 그린다. 이처럼 상황의 심각함을 평범한 알림처럼 서술된 것 자체가 폭동의 일상화를 말해주는 것이라고 볼 수 있다.

작가는 이 작품에서 무슬림에 대한 적대감을 힌두 대중에게 고취시키려는 책략으로서 힌두근본주의 세력이 폭동을 빈번하게 악용하면서 폭동은 일상의 일부분이 되고 이에 따라 폭동에 무감각해진 인도사회의 심각한 상태를 '우리 도시'를 통해 보여주고 있다.

(iii) 통치이념 및 정책 비판

힌두근본주의세력의 궁극적인 목표는 세속민주국가인 인도를 힌두

민족국가 즉 '힌두 라슈뜨라'로 전환시키는 것이다. 그들은 세속민주주의를 자의적으로 해석하여 세속민주주의가 무슬림들만을 위한 통치제도라고 주장한다. 그들에 따르면 '이교도가 이교를 구하는 것이 민주주의다. 우리에게는 입을 다물고 가만히 있으라고 강요하는 것이 민주주의이다'(Shree, 1998: 64). 또한 역사적인 사실의 자의적인 해석을 토대로 세속주의는 무슬림을 위한 것이고 힌두를 말살하려는 것으로 보고 있다. 그들에 따르면 '712년에 무하마드 빈 까심이 신드 지방을 침략했다. ...까심이 힌두 여성을 무슬림 군인들에게 나누어 주었다,...힌두사원을 부수고 이슬람사원을 세웠다, 이렇게 세속주의의 씨는 이렇게 심어졌다. ... 세속주의의 나라에 반역하는 힌두들의 도움으로 이 나라는 힌두스딴이 아니고 이슬라미스딴이 되어 가고...'(Shree, 1998: 50) 이것이 그들이 출간한 역사책 "우리의 증명되는(쁘라마닉) 역사"에 정의된 세속주의이다. 힌두근본주의자들에 의해 국가의 통치이념인 민주주의도, 세속주의도 모두 무슬림의 이익의 동의어로 해석된다.

다른 한편 힌두 대중 사이에서는 소수집단으로서 무슬림이 받는 정부의 보호정책에 대한 비판과 함께 무슬림이 소수집단이라는 것에 대한 회의가 나오게 된다. 두, 세 곳에서 폭탄이 폭발했을 때 '무슬림들의 피에는 고통을 주어 죽이는 성향이 있다. 이제 그들의 할일은 한가지이다. 그들의 수를 늘리는 것이다. 힌두들은 죽이고 자식 수를 늘려라, 우리가 망하고 있다, 바로 우리가...그들의 하나가 우리의 열과 같다. 이것은 구구표이다. 이제는 계산을 해보아라, 누가 소수집단인가?'(Shree, 1998: 130)라며 힌두 대중이 무슬림에 대한 불편한 심기를 드러낸다. 그런 회의를 갖게 되는 데에는 이미 언급한 힌두근본주의 세력에 의한 무슬림들에 대한 적대적인 편견이 주요 요인으로 작용하고 있음을 알 수 있다. 폭동이 증가하고 무슬림에 대한 악의적인 소문이 난무하면서 힌두 대중은 공개적으로 정부의 보호정책을 비판하면서 '특별 지위가 그들의 머리를 망가뜨려 놓았다. 무슬림들은 자신들 사이에 있는 히틀러집단이다'(Shree, 1998: 209)라고 극도의 증오감을 표현한다.

이제는 다수힌두집단으로서 소수무슬림집단에 대한 배려는 덕목이 아니고 피해의 다른 이름이 되어 간다. 다수 힌두집단이 가지고 있는 피해의식이 지속적으로 언급된다.[82] 샤라드는 '힌두들에게도 이 현대의 변화의 시대에 영역(땅)이 좁아지고 있다. 불확실성은 증가하고 있다. 그래서 그가 나누어야할 모든 사람들에게 화를 낸다. 조금도 장소를 주기를 원하지 않는다'(Shree, 1998: 107)고 힌두들이 처한 입장을 이해한다. 이런 상황에서 국가는 적절한 정책 수행이 절실히 필요하다. 정부는 개인의 인간적인 욕구를 실현시켜 줄 수 있는 정책을 세우고 실행하여야 하는데 세속주의를 표방한 정부의 대표적인 보호정책은 힌두-무슬림 두 집단의 인간적인 욕구를 실현하는 데에 실패하고 이에 따라 힌두-무슬림의 갈등이 더욱 증폭됨을 알 수 있다.

그 밖에도 힌두근본주의 세력은 풍부한 재성으로 대중 속으로 파고들어가 다양한 사회복지, 교육, 문화 프로그램을 운용하여 힌두 대중의 지지를 끌어낸다. 그들은 도시뿐만 아니라 누구의 손길도 닿지 않았던 아디와시(Ādivāsī, 부족민)가 사는 곳에서도 교육 프로그램을 수행한다.[83] 힌두근본주의 세력이 급격히 팽창할 수 있었던 이유 중

82) 토론 중에 학생은 '힌두를 비난하여야 세속적이 되는가요, 우리는 왜 힌두만 비난하지요? ...이제 사람들은 힌두들이 화를 내야만 한다고 생각하기 시작했어요'(Shree, 1998:105-106)라고 또 '그들은 언제부터 고통당하고 있다고 느끼고 있다. 때론 그들은 배우지 못했으니 용서해라 때론 네루가 말했으니 조용히 있어라'(Shree, 1998: 221)라고 발언한다. 까빠리야는 힌두들이 많이 참았다(Shree, 1998: 221)고 하고 난단 교수도 힌두의 정서를 이해해야 한다고 한다(Shree, 1998: 243).

83) 이런 프로그램의 궁극적인 목적은 힌두를 각성시켜 힌두국가를 만들어야 하는 필요성을 주입시키는 것이다. 아디와시가 사는 곳에 연 아

에 하나는 데에는 대중의 심리를 잘 파악하고 그 심리를 이용한 전략을 세우고 성공적으로 프로그램을 진행시켜 갔기 때문이다. 이러한 점은 세속주의 정부나 세력이 힌두 대중의 필요성을 충족시켜 주지 못했던 정책이나 조치와 대비된다.

(3) 사회심리적 요인

세속주의가 쇠퇴하고 힌두근본주의 세력이 팽창하는 데에는 심정적으로 세속주의보다 힌두근본주의를 지지하는 사회심리적 요인도 있었다고 본다. 특히 1947년 인도-파키스탄의 분리독립 당시 파키스탄에서 피난 온 인도인들에게서 반 무슬림, 친 힌두의 정서를 찾아볼 수 있다. 그들은 공개적으로 드러내지 않던 정서를 까슈미르 문제[84]를 비롯하여 끊임없이 지속되는 파키스탄과의 대립, 분쟁과 갈등과정을 겪으면서 표출하게 된다. 독립 이후 세대의 많은 힌두들은 분리독립 이후 인도에 남아 있는 무슬림들과 상호이해가 이루어질 수 있을 만큼 충분한 관계를 가지 못한 채 성장했다. 잠재되었던 반 무슬림정서와 무슬림에 대한 이해 부족이 상황변화와 함께 힌두근본주의의 강화와 세속주의의 쇠퇴로 이어졌다(김주희 외, 2004: 6).

그러나 작가는 이 작품에서 이런 사회심리적인 요인과 다른, 힌두-무슬림 사이에 드러나지 않은 어떤 심리적인 요인을 찾고자 하는 것 같다. 그것은 세속주의에 신념을 가졌던 지식인들이 사회적 정체성의 근거를 종교에서 찾게 되는 과정에서 모르는 사이에 작용한 의식(산스까르)[85]과 관련되어 있다고 할 수 있다.

슈람샬라(Āshrāmshalā)의 문에는 붉은 색으로 '힌두들아, 깨어라, 나라를 구해라'라고 써 있다(Shree, 1998: 227).

84) 이 작품에도 까슈미르 문제로 힌두 대중이 무슬림에 대한 불신과 적대감을, 세속주의에 대해 회의를 갖게 되는 것에 관한 언급이 있다 (Shree, 1998: 135)

작가는 모르는 사이에 작용하는 의식을 드러내려고 한다. 그래서 모든 의식적인 노력이 무의미해지고 의미가 없어지는 것에 대한 안타까움이 없어지고 무감각해지게 되는 상황을 설정한다. 주인공들에게 '평화행진도 무의미, 모두 의미 없는 것이다...통계도 의미 없었다. 역사도 의미가 없어졌다. 자꾸 무감각해지는 우리의 심정과 의식에게 의미 없는 것도 이미 무감각해졌다'(Shree, 1998: 125)고 한다. 이렇게 무감각해질 때 인간은 본능과 무의식에 의해서, 아니 내면 깊숙이 자리 잡아 무의식적으로 작용하는 의식으로 행동하게 된다.

작가는 하니프와 슈루띠의 대화를 통해 무의식적으로 작용하는 의식이 무엇인가를 다음과 같이 추상적으로 밝힌다. '마치 조금도 움직이고 있지 않는 것 같다. 모두가 있는 그 곳에 그대로 있다. 아무 것도 변하지 않는다. 어딘가 겹겹이 안에, 논리의 뒤에 깊이 숨은 그 점이 있다. 그것은 뿌리이고 깊이 박혔으며 거기에는 폭동의 바람도 가지 못하고 논리의 바람도 가지 못한다. 그것은 누구도 만질 수 없으며 완전한 상태의 자아 만족의 점이다. 거기에서 언제부터인지 모르지만 힌두와 무슬림이 서로 적대하고 있다'(Shree, 1998: 125-126).

작가는 이 소설에서 모르는 사이에 작용한 의식의 중심에는 힌두-무슬림 간의 적대감이 존재한다는 것을 공언하지만 어떻게 그 적대감이 어떤 것도 건드릴 수 없는 내면 깊숙한 곳에 자리 잡게 되었는지 명확하게 밝히지 않았다. 어쨌든 하니프와 샤라드의 말과 행동에서 내면 깊숙한 곳에 자리 잡은 힌두-무슬림에 대한 상호 적대감정을 읽을 수 있는데 그 토대가 되는 심리는 힌두인 샤라드의 경우에는 무슬림들에 대한 우월의식과 그 밑에 깔려 있는 열등의식이고 하니프의 경우는 무슬림으로서 갖고 있는 피해의식이라고 생각된다.

---

85) 산스까르(Sanskāra)는 개선, 정화, 연마, 교양, 풍습 등 다양한 사전적 의미를 가지고 있는데 여기에서는 환경, 교육, 전통과 관습 등의 영향으로 형성된 어떤 개인의 의식이라고 할 수 있다.

샤라드는 당연하다고 생각하던 소수집단에 대한 배려를 귀찮다고 생각하면서 죄의식을 이야기하는데 동등한 입장이라면 배려를 하지 않는다고 해서 그렇게 죄의식을 느끼지는 않을 것이다. 죄의식을 느끼는 것은 자신이 우월하다는 의식의 또 다른 표현이라고 할 수 있다. 일반적으로 열등한 집단에 대해 우월한 집단은 자신의 잘못에 대해 더 수치심을 느끼게 된다.86) 이 소설에서 죄의식과 동정심은 동의어로 사용된다. 힌두의 무슬림에 대한 적대감은 죄의식, 동정심으로 표현된다. 그래서 샤라드는 힌두 지식인의 의식을 분석하면서 '아마도 우리는 자신의 반무슬림 감정을 스스로에게서 감추려고 마음에 그들에 대한 죄의식과 동정심을 채우고 있다. 왜냐하면 그들에 대해 불쌍한...이라고 말하면서 우리는 자신의 시선에 깨끗이 죄가 없어진다'(Shree, 1998: 335)고 생각한다고 이야기한다. 다수집단의 폭동의 원인을 힘과 교만으로 보는 것(Shree, 1998: 111)도 이런 우월의식과 관련된 것이라고 할 수 있다.

힌두의 무슬림에 대한 적대감에는 우월의식과 동시에 열등의식도 숨겨져 있다고 생각된다. 샤라드는 하니프의 자유로운 행동을 거만스런 행동으로 보게 된다. 샤라드는 하니프가 얼마나 우월하고 거만한 음성으로 말하는지 모른다고 불평하고(Shree, 1998: 153) 경찰관리 까빠리야는 무슬림들이 아직도 왕의 후손이라는 자부심을 가지고 통치하는 것 외에는 다른 것을 하려고 하지 않는다고 비판한다(Shree, 1998: 129). 또한 하니프에 대해서 자신의 조상들이 통치했듯이 혼자서 마음대로 전횡할 수 있는 학과장이 되려고 한다는 소문이 학과에

86) 샤라드는 "소수집단에 공격이 가해지면 나는 그들의 편에서 희생할 준비가 되어 있다. 그들을 달래야 할 때 번번이 달려간다. 그러나 그들에게 조금이라도 잘못된 것을 말하려고 하면 우리는 왜 더듬기 시작하는가? ...우리에게는 다수집단이라는 죄의식이 얼마나 심한지 다른 사람이 잘못한 것을 보고서 스스로 부끄러워한다(Shree, 1998: 242)"고 말하기도 한다.

펴지는데(Shree, 1998: 168) 이런 반응의 어딘가에는 무슬림들의 통치를 정치권력의 통치로 보기보다 종교권력의 통치로 보기 때문에 갖게 된 힌두들의 무슬림에 대한 열등의식이 숨어 있는 것은 아닌가 생각하게 된다. 작가의 작품에서 이러한 힌두들의 반응은 무슬림 등장인물이 힌두등장인물의 뜻대로 행하지 않을 때나 자신보다 우월하다고 생각될 때 나오는 힌두들의 열등의식을 표현한 것이라고 보아도 무리가 없다고 생각된다.

두 친구 사이에 단절이 심화되어 갈 때 샤라드는 하니프에게 대화를 시도하지만 하니프는 주로 무반응으로 나온다. 두 태도에는 우월의식과 피해의식이 각각 작용하고 있다고 할 수 있다. 하니프가 학과장직을 고사하는 것도 무슬림으로서의 피해의식을 갖고 있기 때문이라고 할 수 있다. 무슬림의 피해의식은 소수집단이 일으키는 폭동의 원인을 규명하면서 밝히기도 했다. '소수집단은 불안에서 자신을 폐쇄하고 담을 쌓고 산다. 그러다가 공포를 느끼고 전투적이 되어 돌을 든다. 그러나 실제적인 시작은 이것이 아니다. 그 인에 모욕에 대한 고뇌, 무시당하는 것의 분노'(Shree, 1998: 109)라고 했는데 이는 소수집단으로서 무슬림의 피해의식을 말해주는 것이다.

작가가 이야기한 적대감정이 어떤 형태로 나타나든지 그것은 닷두의 발언을 통해 작가가 이야기한 인간 속에 존재한 동물적 야만성[87]과 연관되어 있다고 생각할 수 있다. 그러나 힌두 무슬림 간의 상호 적대감정이 사회심리로 보편화된 데에는 역사적으로 힌두-무슬림을 두 집단으로 갈라놓고 인간의 야만성을 부추기면서 두 집단 사이에 긴장과 갈등을 심화시켜 자신의 제국주의적 야욕을 이루어간 식민통

87) 인간에는 야만적인 요소가 항상 있어 왔다. 그의 야만적 광기가 밖으로 나오면 그런 단계는 연속적으로 올 것이다. 어제까지 우리와 너희로 지내던 그들이 갑자기 야만적인 동물이 될 것이다, 그리고 내일 다시 우리와 너희가 될 것이다. 동물들에게서 조심해야한다(Shree, 1998: 245).

치자들의 역할이 가장 결정적이었다고 생각된다.

3) 갈등의 결과

힌두-무슬림이 극단주의로 가면서 삶의 모든 영역에서 극단적인 분열현상이 나타나고 극단으로 분열된 상황에서 힌두-무슬림의 상호 불신, 공포감도 극에 달한다. '우리의 물탱크에 독을 풀었다고 무슬림들이 소동을 피웠다. / 힌두들도 같은 소동을 피웠다./ 신문의 사진. 길에 물이 흐르고 있다. / 탱크의 물을 흘려보냈다'(Shree, 1998: 206). 그래서 그해에는 길에 강이 흘렀는데 그 이유는 전 지역이 하나도 빠지 않고 독에 대한 공포로 물탱크의 물을 다 흘려보냈기 때문이다(Shree, 1998: 7). 물에 독을 넣었다는 소문은 사실의 유무를 떠나 두 집단에 팽배한 극심한 불신과 공포감과 적대감의 재생산을 보여주는 것으로 갈등의 결과로 나타나는 심리적 경직화라고 할 수 있다. 작가는 이 작품에서 심리적 경직화가 이미 대중 사이에 깊이 자리 잡고 있다는 것과 함께 갈등의 결과로 나타나는 개인 삶과 인도문화와 사회에서의 왜곡 또는 기형화 현상도 다루고 있다.

(1) 문화와 사회에 나타나는 왜곡현상

작가는 극단적인 분열현상과 함께 인도문화에 나타나는 왜곡현상을 언어문제를 통해 보여주고 있다. 언어야말로 그 사용지역의 사상, 문화, 역사, 관습, 삶이 담겨져 있는 그릇이 아닌가? 일반적으로 사람들은 언어와 종교를 연결시켜 우르두는 무슬림의 언어, 힌디어는 힌두들의 언어라고 생각한다. 까빠리야는 샤라드가 순수 우르두 단어를 사용하는 것을 놓고 '너의 친구도 너의 언어를 받아들였는가? 우르두 어휘를 사용하지 마라. 두 집단의 언어가 다르다'(Shree, 1998: 154)고 한다. 작가는 힌두인 닷두는 우르두를 먼저 배우고 나중에 힌디를 배웠고, 무슬림인 하니프는 우르두를 모른다고 설정하여 이러한 견해에 반대한다. 작가는 힌디가 아랍어, 페르시아어, 산스끄리뜨어 그리고 일상의 언어가 합쳐져 발전한 인도의 혼합된 문화의 대표적인 예라고 주장한다.

그러나 모든 영역에서 힌두-무슬림을 가르는 예민한 상황에서 사람들은 종교와 언어를 연관시켜 언어를 힌두-무슬림의 차별의 근거로 하려고 한다. 그래서 무슬림에게 이야기할 때는 무조건 j를 z, k를 q로 발음하게 하는 점(누끄따 Nuqtā)을 첨가하여 발음한다. 한 과의 조시 교수가 하니프의 성 재디(Jaidi)를 재디(Zaidi)라고 z 발음을 세게 한다. 샤라드가 재디(Jaidi)가 재디(Zaidi)가 되어가고 있다고 농담하지만 하니프가 농담으로 받아들이지 못하고 샤라프의 행동이 힌두근본주의자 같다고 하자 샤라드가 기분 나쁘게 생각하게 되고(Shree, 1998: 120) 분열된 상황에서 언어를 종교와 연결시키는 경향은 두 친구 사이에 균열을 자극한다.

다른 한편 힌두근본주의자들은 언어에서도 힌두화하는 시도를 한다. 그래서 인도양(Hind Mahāsāgara)은 힌두양(Hindū Mahāsāgara)이 되고 힌두스딴(Hindustāna)은 힌두스탄(Hindūsthāna)이 된다(Shree, 1998: 22). 이것은 힌두화된 힌디로 산스끄리뜨적인 힌디와 다른 언어의 인위적인 왜곡화라고 할 수 있다.

힌두-무슬림이 극단적으로 가면서 사회 전반에 배타성과 보수성이 더욱 심하고 광범위하게 나타난다. 학과에서는 교수를 채용하면서 다른 지역의 사람들은 배제하려고 한다. 이렇게 배타적인 지역감정을 드러내는 우르밀라 교수에 대해 학과를 키워온 난단 교수는 미온적인 태도를 보인다(Shree, 1998: 131-132). 점차로 인간중심이고 민주적이던 학과의 전통이 무너지게 되고 학과의 진보적이고 세속주의적인 색깔은 보수적이고 종파적인 색깔로 전환된다. 학과의 행사에 모든 여성들에게 사리를 입고 오라고 하는데(Shree, 1998: 171) 이는 의상을 통해 보여주는 여성에 대한 보수적인 시각을 드러내는 것이다.

대학에서 이런 보수화 경향이 나타나는데 수도원에 관해서는 더 언급할 필요가 없을 것이다. 15-16살 정도 여자아이에게 여성의 정숙함을 상징하는, 가슴을 가리는 숄을 사용할 것을 강요한다(Shree, 1998: 178). 이와 같이 극심한 분열현상으로 야기된 불신과 적대감 속에서 삶의 모든 영역에서 배타성과 보수성이 만연하게 된다.

(2) 기형화된 개인 삶

작가는 인도 사회와 인도인들에 미친 종파주의의 파괴적인 영향력을 이렇게 표현하고 있다. －'모두의 파멸. 폭동의 계절, 통행금지령의 계절, 사람들이 미치는 계절. 힌두, 무슬림을 파멸시키는 계절(Shree, 1998: 124).'－이런 상황 속에서 한 개인의 삶이 어떻게 파멸로 가고 있는지 이미 사회적으로 인정을 받고 있는, 대학교수 하니프의 삶을 중심으로 살펴보자. 이 소설에서 대학은 더 이상 이성과 지성에 의해 움직이는 사회가 아니고 종교적 감정에 움직여지는 인도사회의 축도가 되었다고 이해해도 좋을 것이다.

하니프도 무슬림이라는 이유로 일상 삶에서 곤경에 처하고 위기를 맞게 된다. 그는 어디에 가서 자신의 무슬림 이름을 마음대로 말할 수 없다. 한번은 불시 검문을 받았을 때 아내 슈루띠가 대신에 자신의 이름을 말해서 위기를 모면하기도 한다(Shree, 1998: 75-76). 폭발사고 이후 사태는 더욱 심각해진다. 하니프는 '크게 이름을 말하지 마세요. 폭탄이 터진 이후로 아주 조심스럽다'(Shree, 1998: 137)고 주의를 받는다. 이렇게 예민한 상황에서 하니프는 새로운 학칙에 따라 학과장직을 맡는 문제로 시달린다. 그는 학과장 직을 맡으려고 하지 않지만 학과장직을 놓고 악의적인 뉴스[88]가 지속적으로 나오고 하니프는 가지 않는 곳이 많아지고 자유롭게 거리를 다니지도 못하게 된다(Shree,

88) 그 중 하나가 난단 교수가 하니프가 그의 자리를 탈취하므로 심장마비로 입원해서 병원에 누워서 울고 있다(Shree, 1998:164)는 것이다.

1998: 232). 그는 자신이 '이슬람의 이름과 연결되고 무슬림적인 것이 강제적으로 나에게 실려졌다'고 인식하게 된다(Shree, 1998: 233). 그에 대한 위험은 점점 심각해지고 학생들의 생각에도 힌두근본주의 주장이 들어오면서 무슬림에 대한 편견 때문에 학생들에게서 '당신의 딸과 같은 여학생의 정절을 더럽힐 수 있는 선생님은 말하지 마시지요'(Shree, 1998: 246)라는 모욕을 직접적으로 당한다. 그의 기고활동을 문제 삼아 학생들은 그의 해고를 결의하고 그는 화제의 중심이 되면서 편지, 협박 전화, 그를 음해하는 독자투고 형식의 글로 시달리고 종파주의를 전파하고 있다고 모함을 받으며 마녀사냥의 대상이 된다(Shree, 1998: 272-282). 하니프가 강의하는 과목에서 14명의 학생들이 수강을 철회하자 그는 소리 내어 운다(Shree, 1998: 307). 그는 신변의 위협을 느끼고 살던 곳을 떠나라는 충고를 받게 되고 암살의 공포도 느낀다(Shree, 1998: 317-321). 수도원의 수장이 암살되고 내부 갈등으로 암살되었다고 알려졌지만 점차로 외부의, 무슬림의 짓이었다고 소문이 퍼지고 대학 쪽으로 의심의 눈길이 가면서 당연시되던 학과장직은 하니프가 아니라 샤라드에게 넘어간다(Shree, 1998: 325-333). 결국 학생들이 폭도가 되어 그의 집에 쳐들어와 욕설을 하며 그를 끌어내려고 한다(Shree, 1998: 349).

이 작품에서 개인적인 삶이 기형화되면서 개인의 인간적인 욕구가 실현되는 것이 매우 어렵다는 것을 알 수 있다. 작가는 하니프의 삶을 통해 소수집단인 경우에는 인간적인 욕구의 실현이 다수집단에 비교할 수 없을 정도로 어렵다는 것을 보여준다. 쾌활하고 관용적이던 샤라드가 고독하고 무능한 존재로 변해가는 것은 다수집단에게도 욕구실현이 어렵다는 것을 말해준다. 그러나 샤라드는 자신의 자리에서 뿌리가 뽑히지 않지만 하니프의 경우는 다르다. 소설의 시작을 보면 하니프는 '우리 도시'를 떠나 어떤 곳에서 저술활동을 하면서 지내는 것으로 나오고 샤라드는 계속 '우리 도시'에 살면서 슈루띠를 영접하러 나온다. 슈루띠는 '우리 도시'를 찾을 수 있지만 하니프는 그렇지 못하다. 작품 속에서도 언급되어 있듯이 인도의 중심부에 활동했던 최고 교육을 받은 무슬림에게 이런 일이 가능한데 평범하고 가난한 무슬림들에 대해서는 어떠할까? 작가는 결과적으로 종파갈등 속에서 소수집단으로서 무슬림의 삶이 더 기형적으로 될 수밖에 없는 상황을 부각시키고 있다고 생각된다.

또한 하니프가 학과장직을 맡지 못하는 것에서 어떠한 권력도 무슬림에게 주어지는 것이 어렵다는 것을 알 수 있다. 하니프는 학과장직의 승계문제로 학과정치의 중심에 오게 된다. 학과의 한편에서는 "하니프가 다음 학과장직을 맡아야 한다. 그렇지 않으면 누구든 그가 무슬림이기 때문에 되지 않았다고 퍼뜨릴 것이고 학과의 악명이 높아질 것이다"(Shree, 1998: 137, 159)라고 하고 다른 한편에서는 선생들 사이에는 순번제로 하는 새로운 학칙을 한, 두 해 연기하자는 의견을 개진하면서 하니프가 학과장이 되는 것을 간접적으로 저지하려고 한다. 이 순번제로 학과장직을 맡는 학칙과 '우리 도시'에 일어난 힌두-무슬림 폭동과 어떤 의미가 없다는 것을 모두 알고 있다. 학과에 이런 감정이 없었다. 그러나 이제 그것은 도시에 일어난 폭동과 관계를 갖게 된다. 하니프는 더 이상 자연인 하니프가 아니고 힌두-무슬림의 극렬한 갈등 가운데 힌두 대중에게는 무슬림의 상징이 되고, 사회 지도층에게는 스스로 의지와 힘을 상실한 세속주의의 상징이 된다. 작가는 하니프가 학과장이 되든 그렇지 않든 패배라고 보는데(Shree, 1998: 157) 학과장이 된다면 사회 분위기의 압력을 견뎌내기는 했지만 학과의 전통이 이미 소멸된 가운데 어쩔 수밖에 없는 선택에서 나온 내부적인 패배일 것이고 학과장이 되지 않으면 강압적인 사회 분위기에 백기를 든 것과 다름없기 때문일 것이다. 결과적으로 학과의 선택은 백기를 드는 것이다. 이 작품은 크고 작은 권력이 무슬림들에게는 차단되어 있으며 종파적 갈등으로 제도가 기형화되는 상황 속에서는 권력이 무슬림들에게 돌아가는 것이 더욱 어렵다는 것을 하니프의 사건을 통해 보여주고 있다.

4) 힌두-무슬림 갈등의 해결책

이 작품은 개인의 삶을 기형적으로 만들어 인간을 파멸로 내친 종파주의라는 인도사회의 주요한 문제를 다루고 있는 작품이다. 작가는 이 작품에서 문제의 해결책을 제시하려는 것 보다 문제의 원인을 제시하려는 것 같다. 실제로 힌두-무슬림의 갈등과 같은 예민한 문제의 해결책을 쉽게 제시한다는 것은 불가능하다. 그래서인지 닷두는 이에 대한 해결책이 없다고 단언한다. 그러나 이 작품을 자세히 살펴보면 해결책도 암시되어 있다. 그리고 그 해결책은 어떤 구체적인 제안이라기보다 해결책의 기본 원칙과 같은 것이라고 할 수 있다. 이 작품에서는 무엇보다도 먼저 서로 상대방을 실체로서 인정할 필요성을 이야기하면서 현실을 무시한 이상을 삶에 강요하는 것이 문제해결에 도움이 되지 못하는 것을 보여준다. 샤라드가 오랜만에 빠탄의 의상을 입은 하니프를 보면서 그에게 무슬림적인 것이 전혀 없기를 바라는 심정을 표현한(Shree, 1998: 194-195) 것이 그 예라고 할 수 있다. 이런 점은 세속주의자들이 인도문화와 역사를 재해석하면서 조화로운 역사, 융합된 문화를 강조하는 관점에서도 나타난다. 닷두는 세속주의, 세속주의 노래를 부르면서 이상을 실현하려고 비현실적인 시도를 하기보다는 실체로서 서로 인정하고 받아들이고 상대방을 배려하고 존중하는 것을 강조한 것도 이런 점에서 이해될 수 있다. 닷두는 "힌두-무슬림의 결혼과 같은 것이 이전에는 가능하지 않았지만 많은 축제와 의식을 함께 했다. 그러나 식사는 따로 했다. 닷두가 무슬림 집에 가면 힌두 아이가 힌두가게에 가서 음식을 사다 주고 닷두의 집에는 무슬림 손님을 위해서 따로 그릇을 마련해 놓았다. 이런 것을 우리는 기분 나쁘게 생각하지 않았다. 너희는 구별을 하지 않지만 우리는 구별을 했다. 그러나 힌두-무슬림들이 서로 훨씬 더 많이 받아들였다"(Shree, 1998: 60)고 회상하는데 여기에는 하나라는 이상보다는 다름이라는 현실을 인정하고 존중하는 것을 중요시하는 작가의 생각이 반영되어 있다.

이 작품에서 작가는 상대집단을 실체로서 인정하고 공존하면서 상호 교류할 것을 주장한다. 그래서 작가는 "양쪽에서 서로 만나고 공개적으로 결혼하고, 오해가 없어지면... 그때..."(Shree, 1998: 109)를 기다린다. 지난 시절의 교류에 관한 묘사도 이런 맥락에서 이해할 수 있을 것이다.[89] 현재 '거기에 사랑과 대화의 길은 막혀 있고 거기에 다른 생각들이 있으나 인간의 명예는 저도 살고 나도 살게 두는 생각에 있으니 이런 생각이 지속적으로 내려오길'(Shree, 1998: 108) 소망한다. 작가는 공장방화사건에 관해 서술하면서 '무슬림의 공장에 방화사건이 일어났다. 그 불이 번져 옆에 힌두가 주인인 공장도 재로 만들었다. 그 곳에 함께 살고 있던 힌두와 무슬림들은 적대감이 없었다고 하면서 외부에서 와서 방화를 저질렀다고 한다. 불을 내면 둘 다 재가 되고 불을 켜면 둘 다 밝아진다'(Shree, 1998: 168-169)고 하면서 공존만이 살길임을 다시 한번 강조한다.

작가는 공존을 위해서 종교의 정체성보다 계급의 정체성을 강조하면서(Shree, 1998: 110) 여성이 권리를 위해 싸우는 것과 같이 무슬림도 마찬가지라고 한다. 문화와 역사를 재해석할 때 보여주었던 어떤 현상이나 사실에서 보편성을 찾으려는 세속주의자들의 시도를 여기

89) 엄마의 동급생 중에 (무슬림) 수그라 비(Sugarā Bī)가 있었고 그녀가 만든 음식-수많은 겹으로 된 다흐깔리 빠란타(Parāṇṭha), 까밥(Kabāba), 달걀 할와(Halvā), 이드(Īd) 축제에 세바이얀(Sevaiyan)을 보내왔고 먹었다. 수그라 비의 아들, 자말(Jamal)은 슈루띠의 남자형제의 친구였고, 이드, 디발리, 홀리 등 축제 때에 서로 왕래했다(Shree, 1998: 56). 닷두는 친할머니가 돌아가셨을 때 일 년 동안 할머니의 무슬림 친구의 가정에서 지냈다(Shree, 1998: 261).

에서도 볼 수 있다. 인도에서 힌두-무슬림의 관계도 약한 계급과 강한 계급 사이에 있을 수 있는 보편적인 사실로 본다. 그리고 그 보편성은 인본주의를 토대로 한 것임을 알 수 있다. 닷두는 '힌두들에게 종파적 감정이 결코 적은 적이 없었다. 때로 부추기면 밖으로 나왔고 그렇지 않으면 내면에 그냥 있다. 모스크가 파괴되고 사원이 파괴되고 그래서 어떻다는 거냐, 신이나 알라가 그것으로 살거나 죽지 않지 않았나? 인간만이 죽었다'(Shree, 1998: 89)며 인본주의적 태도를 보인다. 작가는 인본주의를 토대로 한 보편성의 추구를 해결책의 기본 원칙으로 보는 것 같다.

작가는 이 작품에서 힌두-무슬림의 갈등을 해소하는 구체적인 해결책도 제시했는데 그것은 연대의 필요성이다. 샤라드가 기고한 글에서 '만약 우리가 확고한 의지와 모든 종파주의에 반대하는 세력과 함께 일어난다면 수구적이고 구습적인 세력을 물리칠 수 있다. 이제 이것만이 우리의 전쟁이라는 사실을 외면해서는 안 된다'(Shree, 1998: 33)고 주장하고 슈루띠는 '좋은 힌두와 좋은 무슬림이 만나고 이 강경하고 오도하는 힌두와 무슬림에 대항하여 하나가 되어야 한다'(Shree, 1998: 157)고 강조한다. 그러나 이러한 구체적인 방안들이 실제로 실행되기 어렵다는 것을 그들 사이에서 힌두-무슬림이라고 부르는 것 자체에 과민반응을 보이는 곧 이어지는 대화를 통해 보여주고 있다. 이는 종파문제의 실효성 있는 해결책을 찾는 것은 매우 지난한 과제임을 말해주고 있다.

4. 형상화의 특성

여기에서는 간략하게 극심한 사회갈등으로 비롯되는 한 인간의 삶의 파멸을 효과적으로 형상화한 이 작품의 형식상의 특성을 살펴보도록 하자. 먼저 작가는 언어의 사용에서 독특한 신선함을 보여준다. 작가는 아랍어와 페르시아어 계통의 어휘를 많이 사용했는데 이는 힌디 문학계에서 진보적 성향의 문인들에게서 찾을 수 있는 공통적인 특성이다. 이것은 이미 언급했듯이 언어와 종교를 연관시키는 일반적인 경향에 반대하는 심리를 나타내는 것으로 볼 수 있다. 또한 영어도 많이 나온다. 때로는 문장 전체가 영어이고(What do you mean) 때로는 중요한 상징이 영어단어로 나오고(scapegoat theory, menopause) 때로는 힌디와 영어가 합쳐져 있다(Daranā(두려워하는 것) is ridiculous Na(아니냐)). 잦은 영어의 사용은 주인공이 지식인들이기 때문에 자연스럽기는 하지만 일반 힌디독자에게는 거리감을 느끼게 한다. 작가의 다른 작품에서 보여주었던 문법의 파괴가 이 작품에서도 보이지만 그렇게 많지는 않다. 전체적으로 언어의 사용이 자연스럽다.

작가는 독특한 대화체를 많이 사용했다. 다리 이편의 세속주의자인 주인공들과 다리 건너 저편의 힌두근본주의 세력 또는 힌두근본주의를 지지하는 다양한 인물 또는 집단 사이에 대화 또는 대화 아닌 대화 형식이 눈에 띈다. 샤라드와 사원에서 들려오는 확성기의 대화 아닌 대화 등 작가는 사람과 카세트, 연설, 책 등과의 대화체를 시도한다. 이러한 대화체는 세속주의자들과 힌두근본주의 세력이나 그 세력의 영향을 받은 인물과의 다양한 주장을 소개할 때 많이 나온다. 많은 경우는 대화가 아니라 독백의 나열이 지속된다. 이것은 한 집단의 일방적인 주장 더 나아가 두 집단 사이에 단절을 나타내는 좋은 장치라고 할 수 있다.

쓰지 않고는 견딜 수 없는 작가의 절박함이 이 소설의 구조상의 특성을 가져왔다고 할 수 있다. 작가는 이 작품에서 '비록 모두가 되풀이되어 온 이야기이고 그것을 써서 변할 것이 없다. ... 정부의 구호처럼 아무런 의미도 없는 것이 되었다. 그때 나는 무엇인가 하지 않을 수 없다고 느꼈다. 어찌되었든 쓰지 않을 수 없다. 이해를 하든 하지 않든, ... 단순히 베끼는 자가 될 수 있다'(Shree, 1998: 7)라고 하면서 상황이 너무 엄청나기 때문에 생각하거나 이해하는 것은 불가능하고 단순히 베끼는 일만 할 수 있을 뿐이라며 자신의 절박함을 표현한다. 베끼는 자로서 화자 '나'는 분명히 드러나지 않지만 소설 안에 있기도 하고 소설 밖에 있기도 하면서 1행으로 된 메모에서 10쪽에 이르는 메모 등 다양한 길이의 메모(기록)를 한다. 이 소설은 이러한 메모들로 소설 전체가 짜여져 있다. 작가는 장으로 나누어 쓰려고 했으나 기대했던 효과가 나타나지 않아서 작은 일기의 많은 조각의 형태를 택하면서 이야기의 지속성을 위해 많은 타협을 해야만 했다고 했다. 비평가들은 콜라주기법으로 이해하기도 한다. 아마도 다양한 길이의 메모들이 전체적으로 자연스럽게 어울려져 있음을 이야기하는 것이라고 생각된다.

이 작품에는 상징적인 표현이 많다. 작가가 이미 앞에서도 언급했듯이 소설에서 직접 밝힌 상징으로는 고양이는 종파주의, 먼지는 종교(Shree, 1998: 114) 등이 있고 그밖에도 슈루띠가 심고 열심히 가꾸는 마두말띠(Madhumālatī) 나무는 이상향, 다시 말해 세속주의자라는 새가 마음껏 깃들일 수 있는 있는 곳, 파키스탄은 단절된 무슬림 공동체, 확성기는 근본주의자들의 일방적 자기주장, 카세트는 일반 대중 사이에 전파된 힌두근본주의의 주장의 상징이라고 할 수 있다. 주요 등장인물에도 상징성을 찾아볼 수 있다. 인도의 가장 예민한 사회문제를 다루고 있고 사실의 기록이라는 강조가 있지만 인물이 갖는 상징성 때문에 작가의 바람과 이상을 인물화한 경향도 보인다. 중반에 등장했다가 퇴장한 영국여성 바브랄리는 근본주의나 세속주의의 개념을 전혀 가지고 있지 않은 인물로 극단으로 간 인물들 사이에 객관적이고 중립적인 관점을 상징하고 있다. 작가는 상징을 통해 현실을 극명하면서도 명확하게 표현하고 있다. 예를 들면 샤라드는 하니프에 대한 증오심을 보이다가 갑자기 마두말띠(덩굴)를 칼로 자르는 장면이 나오는데(Shree, 1998: 340) 이는 세속주의자에 의해 인도에서 세속주의에 의한 이상향이 불가능함을 선언하는 것이라고 생각된다. 또한 상징의 사용을 통해 시적인 요소를 가져와 상상력을 통해 소설 밖의 상황도 감지하게 한다.

이 작품의 언어, 대화, 장면은 자연스럽고 일상적이어서 극단적 종교 감정의 광기로 인한 인간의 파멸을 그리는 무서운 이야기가 자연스런 삶의 이야기처럼 읽힌다. 또한 이 작품이 가지고 있는 상징성은 소설에서 직접적으로 이야기하지 않은 소설 밖의 더 큰 배경과 음모와 사건들까지 암시하고 있다. 한마디로 작가는 일상화된 사회갈등의 폭력성을 성공적으로 형상화했다고 평가할 수 있다.

5. 나가기

기딴잘리 슈리는 인도사회의 예민하고 고질적인 문제를 새로운 기법으로 형상화하여 주목을 받은 작가이다. 작가는 두 번째 소설 『그 해의 우리 도시』에서 인도의 종파주의를 다루고 있다. 작가는 소설의 초반부에서는 상상할 수 없었던 세속주의에 대한 확고한 신념을 가지고 이에 따라 행동하던 지식인계층의 힌두와 무슬림친구 사이에 나타나는 심리적 단절을 중반부 이후에 그리고 있다. 이들 사이에 나타나는 심리적 단절은 아자르의 용어를 빌어 표현하면 갈등의 심리적 고착화이다. 확고한 세속주의자에서도 종교로 인한 갈등의 심리적 고착화가 나타나는 것은 이 현상이 인도사회에서 얼마나 넓게 확대되어가고 있었는가를 보여주고 있는 것이다. 이것은 세속주의의 위기이며 인도사회 전체의 위기라고 할 수 있다.

작가는 이런 위기적 상황을 초래한 다양하고 복잡한 원인들을 여러 관점에서 찾고 있다, 가장 먼저 인도에서 세속주의가 제 기능과 역할을 다하지 못하고 쇠퇴하였음을 그 원인으로 생각할 수 있다. 작가는 세속주의에 대한 철저한 신념 없이 기회주의적으로 국가를 운영한 통치자들과 사회지도층의 전략과 행위, 사회에 대한 고유한 사명과 기능을 잃어버리고 권력과 야합하는 언론과 대학의 부정적 역할, 다양성이라는 인도사회의 현실보다 통일성이라는 국가의 이상을 강조하여 힌두 대중의 호응을 얻기에 어려웠던 세속주의자들에 의한 인도역사와 문화의 재해석 그리고 세속주의에 대한 성찰 부족 등을 그 쇠퇴의 원인으로 본다.

위기적 상황을 초래한 또 다른 원인으로 힌두근본주의 세력의 팽창을 꼽을 수 있는데 이 작품에서는 이 점이 가장 강력하게 부각된다. 이 작품의 시작에서 끝까지 힌두근본주의 세력이 무서운 속도로 삶의 전 영역으로 팽창하는 과정과 그 세력의 영향력에서 자유로운 사람과 영역이 하나도 없게 되는 현상을 보여준다. 힌두근본주의가 세력 확장을 위해 채택한 전략은 힌두 라슈뜨라라는 개념을 통한 힌두 공동체 의식의 강화, 힌두 대중에게 무슬림에 대한 적대감을 고취시키는 폭동의 일상화, 자의적인 해석을 근거로 한 국가통치이념과 보호정책의 비판 그리고 사회복지, 교육, 문화 프로그램의 운용 등을 꼽을 수 있다. 무엇보다 힌두근본주의 세력은 대중의 심리를 잘 파악하고 그 심리를 이용한 전략을 수행하여 힌두 대중의 지지를 끌어내는 데에 성공한다.

작가가 이 작품에서 위기적 상황을 초래하는 데에 결정적인 역할을 한 사회심리적인 요인 즉, 모르는 사이에 작용하는 의식(산스까르) 깊숙한 곳에 숨어 있는 힌두-무슬림의 서로에 대한 적대감에 주목한다. 그 적대심리는 힌두인 샤라드의 경우에는 무슬림들에 대한 우월의식과 그 밑에 깔려 있는 열등의식의 형태로 그리고 하니프의 경우는 무슬림이 갖고 있는 피해의식의 형태로 말과 행동에서 나타난다. 이 적대심리는 인간 속에 존재한 동물적 야만성과 연관되어 있을 수 있으나 사회심리로 보편화된 데에는 역사적으로 힌두-무슬림을 두 집단으로 갈라놓고 인간의 야만성을 부추기면서 두 집단 사이에 긴장과 갈등을 심화시켜 자신의 제국주의적 야욕을 이루어간 식민통치자들의 역할이 가장 결정적이었다고 할 수 있다.

갈등의 심리적 고착화의 확대의 결과 삶의 모든 영역에서 극단적인 분열현상이 나타나고 분열현상으로 야기된 불신과 적대감 속에서 삶의 모든 영역에서 힌두와 무슬림이 극단으로 가는 왜곡현상이 나타나고 배타성과 보수성이 만연하게 된다. 또한 기형화되어 가는 개인의 삶과 제도에서 인간적인 욕구의 실현이 매우 어렵다. 작가는 이 작품에서 하니프의 삶을 통해 소수집단으로서 무슬림의 욕구 실현이 다수집단인 힌두의 그것에 비해 더 어렵고 크고 작은 권력이 무슬림들에게는 더 차단될 수밖에 없음을 보여주고 있다.

이 작품은 문제를 제시하는 열린 구조로 끝난다. 그러나 작가는 문제 제시만 한 것이 아니고 문제에 대해 정확한 해결책의 기본 원칙을 제시하는데 그것은 인본주의를 토대로 한 보편성의 추구이다.

극심한 사회갈등으로 비롯되는 한 인간의 삶의 파멸을 그리는 무서운 이야기가 자연스런 삶의 이야기처럼 읽히도록 언어, 장면, 문체, 구조가 자연스럽고 일상적이면서 긴장감이 있다. 그리고 이 소설에는 인물, 사물, 사건 등의 상징적인 표현이 풍부한데 특히 소설 밖의 더 큰 배경과 음모와 사건들까지 암시하는 상징의 사용이 성공적이다.

결론적으로 작가는 이 작품에서 국가의 통치이념이었던 세속주의가 힌두근본주의의 강력한 도전을 받아 위기에 처하게 되는 상황을 인도에서 세속주의의 필요성을 절감하고 이를 위해 노력하던 지식인의 파멸을 통해 보여주면서 이러한 상황에 이르게 되는 데에 가장 중요한 요인으로 작용한, 모르는 사이에 자리 잡은 인도인의 의식(산스까르) 속에 적대감에 주목하고 이를 드러내고 그 맥락을 파헤치려고 했다고 할 수 있다. 작가는 그렇게 함으로 적대감이라는 내적 상처를 치유하여 인도 사람과 사회가 극도의 갈등과 분열에서 자유로워지기를 희망하고 있는 것 같다.

텍스트

Chaman, Nahal, 2001[1975], *Azadi*, New Delhi: Penguin Books

Sāhnī, Bhīṣma, 1983, 'Amritsar Ā Gayā'(*Merī Priya Kahāniyān*, 53-65), Delhi: Rajpal and Sons

Shree, Geetanjali, 1991, 'Bela Patra'(*Anugūṁja*, 21-34), N.Delhi: Rajkamal Prakashan

_____, 1998, *Hamārā Shahara Usa Barasa*(그 해의 우리 도시), N.Delhi : Rajkamal Prakashan

참 고 문 헌

간디, M., 안찬수 옮김, 2002, 『힌두스와라지』 서울: 도서출판 강

고홍근, "인도종파주의에 대한 연구: 장기화된 사회갈등이론에 의한 분석", 『부산정치학회보』, 7집 1호

김우조, 1998, "독립 50년과 인도문학" 『인도연구』, 3권 131-155, 서울: 한국인도학회

_____, 2002, "『마이』(*Māī*, 어머니)에 나타난 여성성" 『세계문학비교연구』, 제6집 61-84, 서울: 세계문학비교학회

김주희 · 김우조 · 류경희, 2002, "힌두근본주의와 인도의 여성: 여성정체성 정책과 사회문화적 적용" 『한국여성학회지』, 제 18권 2호, 서울: 한국여성학회

_____, 2004, "힌두근본주의와 인도의 여성: 힌두근본주의의 부상이 진보와 우익 여성계에 미친 영향" 『인도연구』,9권, 1호, 1-46, 서울: 한국인도학회

김진식, 1990,『인도에 대한 영국제국주의정책의 한 연구』, 서울: 지식산업사
랭톤, 김정위 옮김, 1992,『중세 이슬람 국가와 정부론』, 서울: 민음사
정병조, 1992,『인도사』, 서울: 대한교과서주식회사
조길태, 1993,『인도 민족주의 운동사』, 서울: 신서원
_____, 1994,『인도사』, 서울: 민음사
_____, 1999, "파키스탄 분립운동",『남아시아연구』 4호, 서울: 남아시아 연구소
사흐니, 비스므, 이정호역, 1987,『암흑』, 서울: 지학사
쿠슈완트 싱, 정성호 옮김, 1992,『몬순(*Train to Pakistan*)』, 서울: 혜문서관
한국이슬람학회, 2002,『끝나지 않은 전쟁-이슬람 세계의 소수민족 분쟁』, 서울: 청아출판사
山崎元一, 1979,『インド社會と新佛教』, 刀水書房
山内昌之, 1996, イスラム原理主義とは何か. 東京: 岩波書店
Ahmed, Rafiuddin, 1981, *The Bengal Muslims 1871-1906 A Quest for Identy*, Delhi: Oxford University Press
Ahmed, I., 1969. 'Secularism and Communalism' in *Economic and Political Weekly*. July Vol IV, no. 28, 29 and 30 Bombay: A Sameeksha Trust Publication
Ali Mubarka, 2002, "Pakistan's Search for Identity" in Paul R Brass (ed), *Competing Nationalisms In South Asia*, New Delhi
Ambedkar, Bhimrau R., 1945, *Pakistan or Partition of India*, New York: AMS Press
_____, 1946, *Pakistan or the Partition of India,* Bombay: Thacker & Co.
Asaduddin, M., 2002, 'Fiction as History : Partition Stories' in *Pangs of Partition*(Vol 2(Settar. S & Gupta. Indira B.(ed)), N.Delhi :

Manohar

Azar, Edward E., 1990, *The Management of Protracted Social Conflict; Theory and Cases,* Hampshir: Dartmouth

Baig, M.R.A, 1974, *Muslim Dilemma in India*, New Delhi: Vikas

Bajwa, Yahya Hassan, *Pakistan-Indian Peace Initiatives*: online-book

Basham. A.L. (ed), 1975, A *Cultural History of India*, Oxford: Clarendon Press

Bhalla, Alok, 2002, 'The Landscape of Memories and Writing of Tamas' in *Pangs of Partition*(Vol 2(Settar. S & Gupta. Indira B.(ed)), N.Delhi : Manohar

Bhardhan, A. B., 1994, "Prejudices and Myths that Feed Communalism X-rayed" in Thapar, Romila et. al., *Selected Writings on Communalism.* New Delhi: People's Publishing House

Bismillāh, Abdul, 1986, *Jīnī-Jhīnī Bīnī Cadariyā*(아주 섬세하게 짜여진 천), N.Delhi : Rajkamal Prakashan

Brass, Paul R & Vanaik, Achin (ed). 2002, *Competing Nationalisms in South Asia*, New Delhi: Orient Longman

Brass, R, Paul, 1998, *Theft of an Idol: Text and Context in the Representation of Collective Violence,* Calcutta: Seagull Books

Center for Historical Studies of Jawaharlal Nehru University, 1988, *The Political Abuse of History: Babri Masjid? Rama Janmabhoomi Dispute*, New Delhi: J.N.U

Chakraborty, S., 1994. "Communalism in India; The Changing Scenario" in Chatterji, R. ed. *Religion, Politics and Communalism.*, New Delhi: South Asian Publishers

Chakravarti. P.C., 1959, "Genesis of the Partition of Bengal" in *The Modern Review*, vol CV

Chakravartty, Gargi, 1994, "BJP-RSS and Distortion of History." in Thapar, Romila et. al., *Selected Writings on Communalism,* New Delhi; People's Publishing House

Chand, Tara, 1983, *History of Freedom Movement in India* vol.3, New Delhi

Chanda, Amitava, 1990, *Against Communalism and Fundamentalism,* Calcutta: Society and Change

Chandra, Bipan, 1987, *Communalism in Modern India*, New Delhi: Vikas

Chandra Satish et al, 1993, *Religious Minority Educational Institutions*: New Delhi

Chandra Satish, 1972, *Parties and Politics at the Mughal Court: 1707-40*, New Delhi

Chitkara, M.G., 1997, *Hindutva,* New Delhi: APH Publishing Co.

Chourei, Youssef M., 1990, *Islamic Fundamentalism*, London: Pinter Publishers

Coward. Harold G. (ed), 1991, *Modern Indian Responses to Religious Pluralism*, Delhi

Desai, A. R., 1954, *Social background of Indian Nationalism,* Bombay: Popular Book Depot

Doctor, A. H.b, 1967, 'Interest Group in India' in *Quest.* Bombay: Quest. April-June. no. 53

Dumont, Louise, 1970, 'Nationalism and Communalism.' in *Religion/ Politics and History in India.* Paris: Mouton Publishers

Ehateshām, Manjūr, 1986, *Sūkhā Bargad* (메마른 반얀나무), N.Delhi : Rajkamal Prakashan

Elst, Koenraad, 1992, *Ayodhya and After: Issues before Hindu*

Society, New Delhi: Voice of India

Engineer, A. A., 1989, *Communalism and Communal Violence in India*, Delhi: Ajanta

______, 1994, "Communalism, Its Facets, Roots and Remedies." in Thapar, Romila et.al. *Selected Writings on Communalism.* New Delhi: People's Publishing House

______, 1996, "Communal Riots: The Causes." in *Communalism in India; A Historical and Empirical Study,* New Delhi: Vikas

Gail Omvedt, 1994, *Dalits and the democratic Revolution*, New Delhi: Sage Publication

Ghatak (ed), 1997, *Dr. Ambedkar's Thought*, New Delhi

Golwalkar, M. S., 1939, *We or Our Nationhood Defined.* Bengalore; Bharat Publication

______, 1966, *Bunch of Thought*, Bengalore: Bharat Prakashan

Gopal, S, 1965, *British Policy in India 1868~1905*, Cambrige

Harman, S., 1976, *Plight of Indian Muslims*, New Delhi: P. L. Publications

Hasan, Mushirul, 2002, *Islam in the Subcontinent Muslim in a Plural Society,* New Delhi: Manohar

Jagmohan, 1993, *My Frozen Turbulence in Kashmir*, New Delhi: Allied

Jalal, Ayesha, 1995, "Conjuring Pakistan: History as Official Imagining" in *International Journal of Middle East Studies*, 27

Kamleshvar, 2000, *Kitne Pakistan*(수 많은 파키스탄), N.Delhi : Rajpal & Sons

Kapur, Rajiv A, 1986, *Sikh Separatism ; The Politics of Faith*, New Delhi: Vikas

Kashyap, Anirban, 1988, *Communalism and Constitution*, New Delhi: Lancer Books

Kaur, Surinder, 1977, *The Secular Emperor Babar,* Sirhind: Lokgeet Prakashan

Kautsky, J. H., 1967, 'An Essay in the Politics of Development. in J. H. Kautsky (ed), *Political Change in Underdeveloped Countries; Nationalism and Communism,* New York: Prentice Hall

Khalidi, Omar, 1996, *Indian Muslims since Independence*, New Delhi: Vikas

Kothari, Rajni, 1988, *State against Democracy: In search of Humane Goverance,* Delhi: Motilal

Kumar, Akhilesh, 1991, *Communal Riots in India: Social & Economic Aspects,* New Delhi: Commonwealth Publishers

Kumar, Pramod, 'Communal Ideology: The Instruments, Basis and Social Appeal' in Grover V.(ed), *Political System of India,* New Delhi: Deep & Deep Publications

Lamb, B.P., 1975, *India: A World in Transition,* New York: Holt, Rinehart & Winston

Lapierre, D. and Collins, L., 1998 reprint, *Freedom at Midnight,* New Delhi: Vikas

Mathew, George, 1988, "Politicization of Religion: Conversions to Islam in Tamil Nadu." in Shakir Moin. (ed), *Religion, State and Politics in India*, Delhi: Ajanta Publications

Muhammad, Maulana Hafiz Sher, Zahid Aziz(tr), 1995, *Dr. Sir Muhammad Iqbal and the Ahmadiyya Movement -His views of, and relations with, the Ahmadiyya Movement from beginning to end,* Lahore: Ahmadiyya Anjuman Isha'at Islam Lahore Inc

Miller, R.E., 1991, "Modern Indian Muslim Response" in Harold G. Coward (ed), *Modern Indian Responses to Religious Pluralism*, Delhi

Naidu, Ratna, 1980, *The Communal Edge to Plural Societies: India and Malaysia,* Ghaziabad: Vikas

Naikar, Basavaraj, 2002, "The Trauma of Partition in Azadi" in B. Naikar (ed), *Indian English Literature* vol.1, Atlantic Publishers and Distributors

Nandy, Ashis, 1991, "Hinduism Versus Hindutva" -The Inevitability of A Confrontation- *Times of India*(February 18)

Nehru Jawnharlal, 1998, *Grimpses of World History* with 50 maps by Horrabin.J.F, Oxford University press(1st Impression 1982, 13th Impression 1998)

Nizami, Z. A., 1975, *Jamaat-e-Islami: Spread of Seperatism*, New Delhi: Ministry of Information & Broadcastiong, Government of India

Pāṇḍe, Mriṇāl, 2001, 'Andar Ke Pāniyon Kā Sapanā' in *Hans*(3월호) New Delhi: Aksar Prakashan

Pandey, Geetanjali, 1989, *Between Two Worlds*: *An Intellectual Biography of Premchand*, New Delhi: Manohar

Poole, Stanley Lane, 1903, *Mediaeval India under Mohammedan Rule* (A.D. 712-1764), New York : G.P. Putnam's Sons

Puranik, S.N., 1989, 'The Problem of Commercial Harmony in India' in V. Grover(ed.), *Political System of India.* New Delhi: Deep & Deep Publications

Rahman, Mushtaqur, 1966, *Divided Kashmir*, London: Lynne Rienner Publishers

Rai, S. M., 'Gandhi and the Communal Politics in India' in *The*

Indian Political Science Review (Oct. 1969 - Mar. 1970) vol. IV, no. 1

Rajā, Rāhī Māsūm, *Ādhā Gāṁva* (절반 농촌), N.Delhi : Rajkamal Prakashan

Rajgopal, P. R, 1987, *Communal Violence in India,* New Delhi: Uppal Publishing

Rawlison, H.G, 1965(first ed. 1952), *India, A short cultural History.* New York: Frederick A. Prager.

Rāy, Vibhūti Nārāyaṇa, 1988, *Śahara Meṁ Karfyū* (도시에 통행금지), N.Delhi: Radhakrishna Prakashan

Richards, John F, 1993, *The Mughal Empire*. Cambridge: Cambridge University Press

Rudolph, Lloyd & Rudolph, Susanne H, 1987, *In Pursuit of Lakshimi: Political Economy of the Indian State*, New Delhi: Orient Longman

Sarkar, Jadunath, 1950, "The Condition of Hindus under Muslim Rule", *The Hindusthan Standard, Calcutta*: Puja Annual (Deepavali special)

Seth Sanjay, 1999, "Rewriting Histories of Nationalism: The Politics of "Moderate Nationalism" in India 1870-1905" in *The American Historical Review* vol. 104 number 1. February 1999

Sheshadri, K, 1967, "Integration or Disintegratuion: The Need for Understanding" in *Quest*, Bombay. Oct.-Dec. No. 55

Shourie, Arun, 1993, *Indian Controversies; Essays on Religion in Politics*, Delhi: ASA

Shree, Geetanjali, 1991, *Anugūṁja* (반향(反響)), N.Delhi : Rajkamal Prakashan

_______, 1993, *Māī* (어머니), N.Delhi : Rajkamal Prakashan

_______, 1999, *Vairāgya* (탈속(脫俗), N.Delhi : Rajkamal Prakashan

_______, 2001, *Tirohita* (감추어진 것들), N.Delhi : Rajkamal Prakashan

Singh, Baccan, 1996, *Hindi Sāhitya Kā Dūsrā Itihās*, N.Delhi: Radhakrishna Prakashan

Singh, Dūdhnāth, 2003, *Akhiri Kalam*(마지막 펜) N.Delhi: Rajkamal Prakashan

Smith, D.E., 1970, *India as a Secular State*, Princeton: Princeton University Press

Smith, Robert Aura, 1947, *Divided India*, New York: McGraw-Hill Book

Sobati, Krishna, 1979, *Zindagināmā* (인생 이야기), N.Delhi : Rajkamal Prakashan

Srivastava, Sushil, 1991, *The Disputed Mosque*, Delhi: Vistaar Publ

Talib S. Gurbachan Singh (ed), 1947, *Muslim League Attack on Sikhs and Hindus in the Punjab*, ch2.(internet book: http://voi.org/books/mla /ch2.htm)

Thapar, Romila. 1985, "Syndicated Moksha." in *Seminar* no. 365 (September)

Titus, M. T., 1930, "Indian Islam" in *A religious history of Islam in India*, London.: Oxford University Press

Wallbank, T. Walter, 1958, *A Short History of India and Pakistan*, New York: The New American Library

_______, 1963, *A Short History of Indian And Pakistan*, Montor Book

Yashpāl, 1960, *Jhūṭhā Sacha* (거짓된 진실), Illahabad : Lokbharti Prakashan

Zahoor, Akram, 2000, *Muslim in The Indian Subcontinent*: online-Ebook

Zaidi, A. M, 1993, *The Annual Register of Indian Political Parties*

1991. New Delhi: Indian Institute of Applied Political Research.
Zakaria, R., 1970, *Rise of Muslims in Indian Politics*, Bombay: Somaiya Publications Pvt. Ltd

참고 인터넷 사이트

http://www.mkgandhi.org/Famous%20Speeches/qui.htm
<인도철퇴연설>

http://www.kashmir-information.com/LegalDocs/68.html
<라호르 선언>

http://www.kashmir-information.com/LegalDocs/69.html
<진나 연설문>

http://www.indiansaga.info/history/partition_league.html
<진나의 국민회의 비난>

http://www.mkgandhi.org

http://www.freeindia.org

http://www.srcm.org,

http://www.storyofpakistan.com

http://www.pakistan.gov.pk

http://search.com.bd/banglapedia

찾아보기

ㄱ

가나빠띠(Ganapati)축제 31
가즈니(Ghazni) 39, 74, 75, 142
각료사절단(Cabinet Mission) 133, 135, 137, 138
간디(M. K. Gandhi) 31, 49, 54, 56, 87, 98, 109, 110, 111, 112, 113, 123, 124, 125, 127, 128, 129, 130, 131, 141, 143, 149, 151, 173, 190, 192
고드라(Godhra) 59, 63, 168
고질화 8, 9, 11, 14, 15, 17, 18, 19, 20, 21, 30, 189, 190, 192
고칼레(G.K.Gokhale) 97
골왈까르(M.S. Golwalkar) 38, 40
구루 고빈드 싱(Guru Gobind Singh) 40
구르(Ghur) 74, 142
국민회의(당 Indian National Congress) 38, 49, 52, 54, 55, 57, 73, 87, 91, 93, 95, 97, 99, 102, 108, 110, 111, 112, 115, 116, 117, 120, 121, 122, 124, 126, 127, 129, 130, 132, 133, 134, 135, 136, 137, 138, 145
근본주의 28, 29, 30, 34, 36, 37, 44, 45, 48, 50, 51, 52, 207, 212, 234
기독교 81, 94, 203
까슈미르(Kashmir) 30, 34, 45, 48, 49, 50, 67, 73, 221
까피르(Kafir) 44
깔리(Kali) 97, 193
꾸뜹 우딘 애박(Qutb-uddin-Aibak) 75
꾸레쉬(I. H. Qureshi) 115, 118

ㄴ

나이두(Ratna Naidu) 12, 13, 147
네루(Jawaharlal Nehru) 38, 56, 57, 60, 109, 111, 126, 127, 139, 141, 145, 157, 173, 220
네루보고서 104, 105, 106, 108, 109, 110, 111, 112, 113, 116
노예왕조 77
니자무딘(Shaikh Nizamu'd-Din) 84

ㄷ

다르마(Dharma) 67, 68, 69
다르샨(Darshan) 83
다수종파 15, 16
다수집단 27, 37, 43, 95, 107, 190, 194, 223, 228, 237
다스(P.B.Das) 97
다원주의 44
다종파사회 15, 16, 17
단절 6, 154, 156, 158, 159, 160, 161, 179, 185, 189, 193, 194, 197, 200, 202, 211, 224, 234, 235
단찌히(Danzig) 121

달하우지(Lord E.Dalhousie) 88
델리 무슬림제안 104, 108
독립운동 123, 126, 128, 145
동인도회사 88, 89
동파키스탄 49, 140
두 국가 이론 114, 115, 118, 120
두퍼린(Lord Dufferin) 94
듀몽(Louis Dumont) 12, 13, 147
딘일라히(Din Ilahi) 80, 81, 84
뚜글라끄(Tughluq) 78
뚜르끼스딴(Turkestan) 78
띨락(Bal Gangadhar Tilak) 97

ㄹ

라나데(M.G.Ranade) 128
라마야나(Rāmāyana) 46
라슈뜨라(Rashtra) 39, 74, 208
라즈빠뜨 라이(Lala Lajpat Rai) 101
라즈뿌뜨(Rajput) 78, 79, 85, 217
라호르선언 101, 116, 117, 121, 123, 125, 126, 128, 129, 139, 170, 172
라흐마뜨 알리(Rahmat Ali) 115, 117, 118
람(Rāma) 46, 203
람가르(Ramgarh) 117
람둔(Ramdhun) 55

ㅁ

마누(Manu)법전 43
마누딴바잔(Manutanbhajan) 26
마운트배튼(L. Mountbatten) 56, 57, 134, 135
매콜리(T.B Macaulay) 92
모두디(Maulana Abul Maududi) 43
몬태규 첼름포드 개혁(Montague-chelmsford Reforms) 99
무갈제국 25, 51, 71, 78, 81, 82, 85, 89, 90, 91, 142, 144
무슬림 민법(Muslim Personal Law) 26, 35, 36, 37, 59, 134
무슬림연맹(Muslim League) 24, 27, 54, 55, 59, 92, 100, 103, 106, 107, 108, 110, 111, 112, 113, 116, 120, 122, 124, 126, 128, 131, 132, 133, 134, 135, 136, 137, 138, 140, 145, 152
무슬림종파주의 55, 71
무하마드 빈 까심(Mohammed Bin Qasim) 74, 207, 219
무함마드 고리(Muhammed Ghori) 74, 75
무하마드 샤피(Muhammad Shafi) 99
물라(Mullah) 36, 94, 132
미르 자파르(Mir Jafar) 88
민족자결원칙 28
민족주의 6, 23, 29, 31, 34, 39, 66, 67, 93
민족회의(National Conference) 50

ㅂ

바가바드기따(Bhagavad Gita) 97
바갈뿌르(Bhagalpur)폭동 63
바바르(Babar) 78, 84
바브리 이슬람교 사원 (Babri Masjid) 26, 46, 47, 60
바스코다가마(Vasco da Gama) 87
바하두르 샤 2세(Bahadur Shah Ⅱ) 90, 91
반데 마따람(Vande Mataram) 44
발루찌스딴(Baluchistan) 104, 105, 107, 114
배화교도 55, 203
버켄헤드(Birkenhead) 99, 103
베다(Vedas) 31, 155, 208
벵갈분할 35, 45, 54, 88, 92, 95, 96, 97,

98, 106, 107, 133, 144, 170
보류의석 104, 150
보이코트선전위원회 101
복고주의 13, 31
분리 대표제 102
분리선거 35, 104, 105, 107, 111, 112, 113
분리주의 19, 45, 57, 59, 67
분리통치 6, 23, 26, 27, 28, 90, 96
불가촉천민 32, 36, 43, 111, 113
불가촉천민 구호단(Harijan Sevak Sangh) 55
불복종운동 106
브라흐만(브라흐마 Brahma) 41
브로드릭(John Brodrick) 95
블런트(W.S. Blunt) 115
비슈누(Vishnu) 46
비자뿌르(Bijapur) 83
비폭력 124, 141
비협조운동 55, 111, 124, 137
빅토리아 여왕 89, 91, 120
뻔잡(펀잡) 35, 45, 89, 91, 101, 106, 107, 114, 133, 149, 151, 154, 158, 165

ㅅ

사땨그라하(Satyagraha) 55
사이드(Sayyid) 78
사이몬위원회(Simon Commission) 99, 100, 101, 102, 112, 114
사이에드 아흐마드 칸 (Sayed Ahmad Khan) 115
사피리그(Shafi League) 106
사회갈등이론 9, 11, 14
살만 룻시디(Salman Rushdie) 33, 44
샤 자한(Shah Jahan) 84, 85
세계힌두평의회(Vishwa Hindu Parishad) 34, 50
세속주의 7, 29, 38, 42, 53, 57, 73, 139, 141, 144, 145, 190, 192, 194, 196, 197, 199, 200, 202, 203, 204, 205, 207, 209, 210, 211, 212, 214, 219, 220, 221, 226, 229, 230, 231, 233, 234, 235, 237
세포이 대폭동(Sepoys Mutiny) 87, 89, 90, 120
셰이크 압둘라(Sheikh Abdullah) 49
소금행진 110, 112, 114
소수종파 15, 16, 22, 31, 34, 35, 38, 41, 42, 53, 67, 102, 107, 114, 136, 157
소수집단 23, 27, 34, 36, 37, 43, 53, 103, 105, 107, 109, 111, 112, 117, 144, 158, 168, 178, 192, 193, 194, 219, 223, 224, 228, 237
소외집단 144
쇼앱 꾸레쉬(Shoaib Qureshi) 103
수니파(Sunni) 80, 84
수피(Sufi) 80
쉬믈라회합 132
쉬바지(Shivaji) 25, 40, 217
쉬브 세나(Shiv Sena) 40
슈스따리(Qazi Naru'llah Shustari) 85
스태포드 크립스(Stafford Cripps) 122
시아파(Shia) 80, 85
시크(Sikh) 22, 23, 27, 28, 38, 57, 80, 85, 88, 89, 90, 91, 103, 111, 114, 134 139, 155, 170, 171, 172, 174, 175, 188, 203

ㅇ

아끄바르(Akbar) 78, 80, 81,83,84, 85
아누실란 사미띠(Anusilan Samiti) 98
아드와니(Lal Kishanchand Advani) 48, 67
아랴(아리아) 38, 39, 70

아랴 사마즈(Arya Samaj) 151, 155
아르에스에스(RSS Rashtriya Svay-amsevak Sangh) 31, 38, 50, 56, 58
아미르 쿠스로(Amir Khusrau) 84, 208
아슈라프(Asharaf) 79, 92
아요다(Ayodhya) 30, 34, 45, 46, 48, 60, 70, 73, 141, 145, 169, 203, 216
아우랑제브(Aurangzeb) 25, 39, 82, 83, 84, 85
아자드(Abul Kalam Azad) 117
아자르(Edward E. Azar) 8, 14, 17, 23, 147, 169, 194, 235
아칸드 바라뜨(Akhand Bharat) 58, 214
아힌사(Ahimsa) 55
악마의 노래(*Satanic Verse*) 44
알 발라티리(Al-Balathiri) 76
알라우딘(Alla-uddin) 76, 77
알라하바드(Allahabad) 103, 114, 118
알리 이맘(Syed Ali Imam) 103, 105
알리가르(Alighar) 35, 36, 61, 115
알왈리드(Khaled Ibn Al-Walid) 76
암베드까르(B.R.Ambedkar) 74, 117, 128
암소보호협회(Cow Protection Society) 55
어윈(Edward Wood Irwin) 111
어윈-간디 협약(Irwin-Gandhi Pact) 113
연방주의 45, 49
와르다(Wardha) 123
울라마(Ulama) 44, 79, 80
원탁회의 111, 112, 113, 114
웨벨(A. Wavell) 56, 132, 135, 136, 137, 138
웰리슬리(Lord Wellesely) 88
윤회사상 69
이끄발(Iqbal) 109, 114, 115, 117, 118
이슬람근본주의 29, 33, 34, 36, 43, 44, 45, 49, 51, 52, 212
이슬람율법(Shariat) 35, 50
이슬람협회(Jamat-e-Islami) 35, 43
이슬람형제당 43
인도무슬림신학자협회(Jamait-ul-Ulema-e-Hind) 35
인도위원회 89
인도인민당(Bharatya Janta Party, BJP) 7, 39, 45, 48, 52, 67, 68, 70, 73
인도철퇴(Quit India)선언 122, 123, 126, 128, 137
인도통치법 97, 99, 112, 114, 118, 124

ㅈ

자력갱생(Self Reliance)정책 32
자미아 밀리아(Jamia Millia) 대학교36
자이나교(Jainism) 22, 27, 38, 55, 81, 94, 203, 208
자한기르(Jahangir) 84
잔류권한(residuary powers) 107, 108, 134
전인도단체회의(All Partis Conference) 103
전인도무슬림연맹 106, 108, 114
정체성 5, 7, 11, 12, 13, 16, 17, 19, 24, 29, 31, 32, 36, 38, 40, 42, 49, 50, 55, 61, 67, 71, 115, 117, 125, 129, 143, 152, 153, 154, 155, 175, 176, 179, 183, 184, 185, 186, 189, 190, 191, 196, 198, 221, 231
제수이트교단(The Society of Jesuit) 81
조로아스터교 81, 94
종교집단 13, 22, 23, 24, 38, 175
종파갈등 5, 23, 60, 97, 98, 123, 132, 144, 145, 146, 147, 148, 149, 150, 153, 154, 161, 162, 164, 165, 173, 229

종파주의(Communalism) 5, 6, 7, 8, 9, 12, 13, 14, 17, 22, 23, 24, 25, 26, 30, 31, 33, 37, 42, 45, 48, 49, 53, 56, 59, 60, 62, 66, 148, 161, 162, 166, 193, 213, 217, 228, 230, 232, 234, 235
종파폭동 6, 22, 30, 47, 49, 58, 59, 60, 61, 62, 66, 168, 169, 217
지즈야(Jizya) 76, 77, 78, 82, 83
진나(M.A.Jinnah) 56, 100, 104, 105, 106, 108, 109, 116, 118, 121, 123, 124, 125, 127, 129, 130, 131, 134, 136, 137, 139, 152, 157, 172
진나 14개조 106, 108, 109, 110, 112, 116
짐미(Zimmis) 76
집단의식 20, 144
징세권(디와니, diwani) 88
짠드라(Bipan Chandra) 12, 13, 147

ㅊ

총독집행위원회 132, 135, 137

ㅋ

카스트 24, 31, 36, 51, 68, 69, 79, 95, 198
칼지(Khalji) 76, 77
커즌(George N. Curzon) 95, 96
코란 41, 80, 82
콘월리스(M.Cornwallis) 88
쿠슈완뜨 싱(Khushwant Singh) 118
크립스(Cripps) 제안 122
킬라파뜨(Khilafat)운동 54, 55

ㅌ

토지수익권 83
통치법 110, 116

ㅍ

파르시교도 134
파시즘 25, 29, 40, 41
파키스탄 결의 116, 121, 129
플랏시(Plassey)전투 88, 90, 120

ㅎ

하르딸(Hartal) 101
하자르뜨발(Hazartbal)사건 49
하층 카스트 102
합동 힌두교(Syndicated Hinduism) 70
해스팅스(Warren Hastings) 88
호머(Homer) 47
후마윤(Humayan) 78
흄(Allen Octavian Hume) 93
힌두 공동체 70, 214, 216, 236
힌두 라슈뜨라(Hindu Rashtra) 33, 143, 214, 219, 236
힌두국수주의 7, 35, 40, 42, 57, 73
힌두근본주의 30, 31, 33, 34, 38, 39, 40, 41, 42, 43, 45, 49, 50, 51, 75, 145, 194, 196, 200, 204, 205, 206, 209, 210, 211, 212, 213, 214, 226, 228, 233, 234, 236, 237
힌두뜨바(Hindutva) 39, 67, 68, 87, 143, 196
힌두마하사바(Hindu Mahasabha) 31, 54, 56, 58, 103
힌두-무슬림 갈등 120, 128, 130, 131, 136, 140, 142, 144, 145, 146, 180
힌두종파주의 24, 32, 56, 58, 67, 70, 71
힌두화 56, 66, 68, 216, 226

인도의 종파주의

초판 인쇄 2006년 7월 21일
초판 발행 2006년 7월 31일

지은이 ▪ 고홍근 · 김우조 · 박금표 · 최종찬
펴낸이 ▪ 박 철
펴낸곳 ▪ 한국외국어대학교 출판부
130-791 서울특별시 동대문구 이문동 270
전화: 02)2173-2494~5
FAX: 02)962-7122
홈페이지: http://press.hufs.ac.kr
전자우편: press@hufs.ac.kr
출판등록: 제6-6호(1969. 4. 30)
편집 · 디자인 ▪ ㈜이환D&B 02)2254-4301
인쇄 ▪ 동화인쇄㈜ 02)719-7181

ISBN 89-7464-423-1 93330 정가 13,000원

* 잘못된 책은 교환하여 드립니다.